はじめに

FPとは「Financial(ファイナンシャル)・Planning(プランニング)＝資金計画・立案」と「Financial(ファイナンシャル)・Planner(プランナー)」の2つを表す略称です。

個人の夢や目標の達成に向けたライフプラン(＝人生設計)には、さまざまな「お金」の問題が発生します。そこで、個人のライフプランに合わせた資金計画の立案には、一つの分野に特化した知識だけでなく、「年金」「保険」「不動産」「金融資産」「税金」「相続」など、さまざまな種類の「お金」の知識が必要となります。

「FP」は、これらの「お金」の知識を総合的に身に付けて、お客様のライフプランの実現に向けたアドバイスをする専門家です。

人生100年時代を迎え「お金」の知識を身に付けることは、当然、ビジネスとして活用することができますが、同時に、本書を手に取られているみなさまの人生の羅針盤にもなります。**学ぶことで「経済」が見える。「社会」が見える。「人生」が見える。そんな資格が「FP」なのです。**

「FP」を目指すみなさまの登竜門となる資格が「3級ファイナンシャル・プランニング技能士(FP技能士)」です。

本書は、「3級FP技能士」の合格を目的とし、初めて「FP」を勉強しようとされている方にわかりやすく「お金」の知識を身に付けていただけるような工夫を数多く盛り込んでいます。

本書を執筆いたしました「資格の大原　FP講座の専任講師」は、これまで数多くのFP技能士の合格者を輩出しております。試験傾向はもちろん、受検生が苦手な論点などを熟知しておりますので、本書の中に「合格のノウハウ」が余すことなく集約されております。

本書をご利用されるみなさまが必ず「3級FP技能士」の栄冠を勝ち取られることを、資格の大原　FP講座専任講師一同、心より祈念いたしております。

資格の大原　FP講座

本書の利用方法

第1節 | FPとライフプランニング

❶ FPの役割　⏱重要 📖暗記 🧮計算 ✏実技 (資産・個人・保険)

☆イチオシ☆

●「見開き完結スタイル」で理解度が大幅に UP !

(1) FPの定義　図表 1-1-1

ファイナンシャル・プランナー(FP)とは、ファイナンシャル・プランニングの専門家であり、次のように定義されています。

① 顧客の収入や資産、負債などに関するあらゆるデータを集め、

② 顧客の要望や希望、目標を聞き取り調査し、

　　　　　　　　　　　　　　　　貯蓄計画などの包括的

【左】ページ
文章による説明がありますので、
「赤文字」を中心に確認しましょう。

　　　　　　　　　　　　　　　　る専門家

> まずは、【左】ページ、
> そして、【右】ページを
> 確認しましょう!

※ レイアウトの都合上、見開きページでないところがあります。

☆おまけ☆

> 電子書籍版は赤シートに
> 対応していません。
>
> **赤シート**
> 受検書籍の定番アイテム。
> 重要な用語や金額等にかざすと消えます。
> 下線部分などを穴埋め問題として活用しましょう!

❷ 国民健康保険

(1) 概　要

国民健康保険は、わが国の公的医療保険制度の中で、健康保険などの被用者保険に加入していないすべての国民(後期高齢者医療制度の対象者を除く)を対象としており、業　　　　　　　　　　　　の病気、けがも対象となっています。

わかりやすく【合格】できる！　3大【イチオシ】コンテンツ

「アイコン」で本試験のポイントが一目でわかる！

⚠️重要　各節の中で本試験対策として「重要」な項目です！

📖暗記　本試験はココから出題されますので赤シートを活用してキーワードを絶対「暗記」です！

🖩計算　電卓を使用して、実際に「計算」してみてください！

✏️実技（資産・個人・保険）　「実技」試験の頻出項目が種類ごとにわかります！

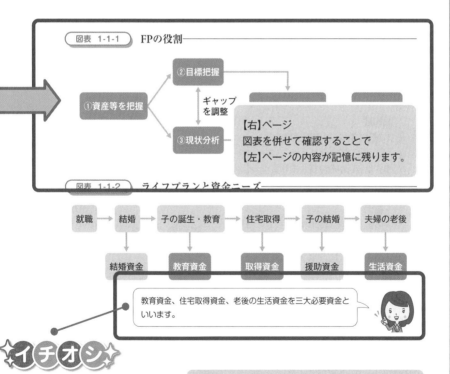

図表　1-1-1　FPの役割

①資産等を把握 → ②目標把握

ギャップを調整

①資産等を把握 → ③現状分析

【右】ページ
図表を併せて確認することで
【左】ページの内容が記憶に残ります。

図表　1-1-2　ライフプランと資金ニーズ

就職 → 結婚 → 子の誕生・教育 → 住宅取得 → 子の結婚 → 夫婦の老後

結婚資金　教育資金　取得資金　援助資金　生活資金

教育資金、住宅取得資金、老後の生活資金を三大必要資金といいます。

「講師コメント」が合格に導く！

学習のポイントになる部分が「講師コメント」です。
みなさんの理解度を上げ、「合格」に導きます。

まだまだ、あります！　充実のコンテンツ！

各章のトビラも注目！

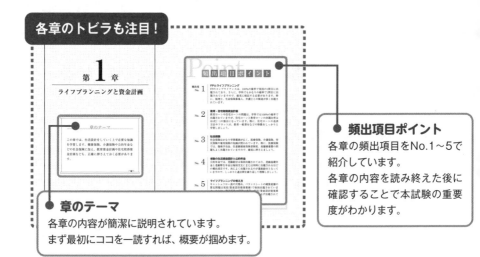

章のテーマ
各章の内容が簡潔に説明されています。
まず最初にココを一読すれば、概要が掴めます。

頻出項目ポイント
各章の頻出項目をNo.1〜5で
紹介しています。
各章の内容を読み終えた後に
確認することで本試験の重要
度がわかります。

本編のコンテンツ紹介

頻出度
本試験（学科）の出題頻度を
「A」〜「C」で表示。
まずは「A」から確認しましょう。

チェック
内容を確認したら、
忘れず「チェック」。
最低3回は確認しましょう。

設例
内容を本試験の問題形式で
確認できます。
必ず目を通してください。

用語解説
初めて見るコトバを
わかりやすく説明し
ています。

Hint！
学習項目の理解を手助けする「ヒント」となります。
必ず、関連する学習項目と併せて確認しましょう。

Plus one！
3級FPレベルよりもワンランク上の項目を紹介しています。
試験上の出題頻度は低いですが、より確実な合格を目指す人は確認しておき
ましょう。

3級FP技能検定　試験概要

● 試験実施機関

一般社団法人 金融財政事情研究会(以下、金財)	NPO法人 日本ファイナンシャル・プランナーズ協会 (以下、協会)
Tel：03-3358-0771 URL：https://www.kinzai.or.jp/	Tel：03-5403-9700 URL：https://www.jafp.or.jp/

● 受検資格

なし(FP業務に従事している者または従事しようとしているもの)

● 試験内容(出題形式・合格基準など)

	学科試験	実技試験
金財	◇試験内容 ライフプランニングと資金計画 リスク管理、金融資産運用、 タックスプランニング、不動産、 相続・事業承継 ◇出題形式 ・○×式(30問) ・三答択一式(30問) ◇試験時間 90分 ◇合格基準 60点満点で36点以上 ※学科試験は、金財、協会ともに共通	◇試験内容(下記より1つ選択) ・個人資産相談業務 ・保険顧客資産相談業務 ◇出題形式 事例形式(三答択一式)5題 (15問) ◇試験時間 60分 ◇合格基準 50点満点で30点以上
協会		◇試験内容 資産設計提案業務 ◇出題形式 三答択一式　20問 ◇試験時間 60分 ◇合格基準 100点満点で60点以上

<トピックス>
2024年4月より、「3級FP技能検定(学科試験、実技試験)」は、全国で随時受検ができる
「CBT(Computer Based Testing)試験」へ移行されました。

3級FP技能検定■合格スケジュール

次の日程を参考に各自の合格スケジュールを立てましょう！

学習内容	学習範囲		9月受検の モデルケース	1月受検の モデルケース	5月受検の モデルケース
テキスト（本書）を読む	第1章	ライフプランニングと資金計画	6月上旬	11月上旬	3月上旬
	第2章	リスク管理			
	第3章	金融資産運用			
問題集※（学科）を解く	第1章	ライフプランニングと資金計画	6月中旬	11月中旬	3月中旬
	第2章	リスク管理			
	第3章	金融資産運用			
テキストを読む	第4章	タックスプランニング	6月下旬	11月下旬	3月下旬
	第5章	不動産			
	第6章	相続・事業承継			
問題集※（学科）を解く	第4章	タックスプランニング	7月上旬	12月上旬	4月上旬
	第5章	不動産			
	第6章	相続・事業承継			
問題集※（実技）を解く	受検予定の実技試験の問題		7月中旬	12月中旬	4月中旬
問題集※の正解率80％を達成			8月上旬	12月下旬	5月上旬
最終確認や弱点補強など			試験の直前1週間前		
3級FP技能検定（CBT試験）			随時（休止期間を除く）		

※問題集は別冊となります。

― 法令基準日 ―

　3級FP技能検定の法令基準日は、2024年6月～2025年5月実施分は「2024年4月1日」となります。

目　次

第3章　金融資産運用 ･････････････ 127

第4章　タックスプランニング ……………………………185

第5章　不動産 ·······································259

第6章　相続・事業承継……313

本書は、2024年4月1日現在の施行法令等により作成されています。

第 1 章

ライフプランニングと資金計画

章のテーマ

この章では、生活設計をしていく上で必要な知識を学習します。健康保険、介護保険や公的年金などの社会保険に加え、教育資金計画や住宅取得資金計画なども、正確に押さえておく必要があります。

頻出項目ポイント

頻出度 No. 1　FPとライフプランニング

FPの法令順守(コンプライアンス)は、学科および実技(資産設計提案業務)のいずれも1問目に出題される確率の高い項目ですので、確実に暗記する必要があります。特に、税理士、生命保険募集人、弁護士との関連が多く出題されています。

No. 2　教育・住宅取得資金計画

教育ローンや住宅ローンの問題は、学科では高確率で出題されていますが、住宅ローンと教育ローンの出題比率はほぼ2：1の割合になっています。特に、住宅ローンの返済方法やフラット35、教育一般貸付などの特徴をしっかりと学習しましょう。

No. 3　社会保険

社会保険はかなり学習範囲が広く、医療保険、介護保険、労災保険や雇用保険の知識が問われています。特に、医療保険では、傷病手当金、任意継続被保険者制度、高額療養費の問題もよく出題されていますので、確実に押さえましょう。

No. 4　老後の生活資金設計と公的年金

公的年金では、老齢給付は毎回出題されており、老齢基礎年金と老齢厚生年金は毎回交互にまたは同時に出題されるほどの頻出項目です。次によく出題されるのが遺族給付となっていますので、しっかりと理解しましょう。

No. 5　企業年金・自営業者のための年金

確定拠出年金(DC)や国民年金基金は、特に学科での頻出項目です。いずれも個人の負担した掛金が所得税の計算上控除されるなど、第4章タックスプランニングとも関連が深い項目ですので、しっかりと理解しましょう。

第1節 | FPとライフプランニング

❶ FPの役割

重要　実技（資産）　チェック ✓✓✓

（1）FPの定義

図表 1-1-1

ファイナンシャル・プランナー（FP）とは、ファイナンシャル・プランニングの専門家であり、次のように定義されています。

① 顧客の収入や資産、負債などに関するあらゆるデータを集め、

② 顧客の要望や希望・目標を聞き取り調査し、

③ 現状を分析した上で、

④ 他の専門家の協力を得ながら、貯蓄計画などの包括的な資産設計を立案し、

⑤ それを顧客が実行する際に援助する専門家

（2）ライフプランと資金ニーズ

図表 1-1-2

ライフプランとは、自分の夢や生き甲斐を基にした「人生設計」のことをいいます。

人は誕生の時から死亡に至るまでのライフサイクルの中で、それぞれの夢や目標を描きながら生活しています。しかし、その夢や目標を達成するためには資金が必要になるため、「何のために、いつ、どれくらいの資金が必要か」を予測しておくことは、ライフプランの実現にとって必要不可欠なものとなります。

（3）FPの社会的役割と法令順守（コンプライアンス）

暗記　図表 1-1-3　図表 1-1-4

FPの社会的役割は、顧客の経済的自立を促しながら、作成した資金計画に基づいて顧客の幸福を経済面から支援することにあります。

FPの領域は他の専門家の職業領域と重なる部分も多いことから、顧客を援助する際には、税理士法、保険業法、金融商品取引法および弁護士法などの法令に抵触する行為をしないよう注意をしなければなりません。

なお、職業上の倫理として、顧客の利益を優先させること、顧客情報などについての守秘義務を厳守することも重要です。

図表 1-1-1 FPの役割

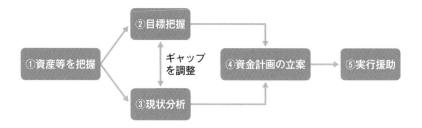

図表 1-1-2 ライフプランと資金ニーズ

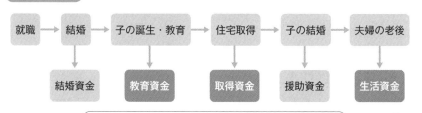

就職 → 結婚 → 子の誕生・教育 → 住宅取得 → 子の結婚 → 夫婦の老後

結婚資金　教育資金　取得資金　援助資金　生活資金

教育資金、住宅取得資金、老後の生活資金を三大必要資金といいます。

図表 1-1-3 資格を有しない(登録をしていない)FPができないこと── 暗記

税理士	具体的な税務相談(有償無償問わず)や税務書類(確定申告書など)の作成
生命保険募集人	生命保険や損害保険の募集や媒介(仲介)
金融商品取引業	具体的な投資判断(時期、数量、投資方法)の助言
弁護士	具体的な法律相談や法律事務(遺産分割の交渉など)
社会保険労務士	報酬を得て行う、行政機関等に提出する社会保険関係書類の作成

※ 金融商品取引業を営むためには、内閣総理大臣の登録が必要です。

図表 1-1-4 資格を有しない(登録をしていない)FPでもできること── 暗記

税理士	セミナーなどにおける一般的な税法の解説など
生命保険募集人	生命保険や損害保険の一般的な解説や保険証券の説明・必要保障額の計算など
金融商品取引業	金融商品に関する過去のデータや資料の提示など
弁護士	民法など法律の一般的な解説など
社会保険労務士	将来支払われる年金額の計算など

第2節 | 教育・住宅取得資金計画 頻出度 A

❶ 教育資金と住宅取得資金

チェック ✓ ✓ ✓

（1）教育資金

図表 2-1-1

子供に掛かる教育費は、高校・大学と進学するにつれて高額になり、一度に用意するのは不可能なことから計画的な準備が必要になります。また、子供の教育費は、少子化の影響もあり1人当たりの金額は年々増加傾向にあります。

（2）住宅取得資金

図表 2-1-2

住宅の取得に際して、すべてを現金で賄う人は少なく、一定の自己資金（頭金）以外の部分は住宅ローンを活用するのが一般的です。

なお、住宅の取得には手数料や税金などさまざまな費用が掛かります。これらの費用は合計すると物件価格の10％程度にも及ぶこともありますので、住宅取得資金としては、この諸費用分も考えて計画しなければなりません。

以上から、住宅販売の現場で無理をしないためにも、住宅を購入する際には、事前に以下の3点を確認しておくことが必要です。

① 購入時点の自己資金の額を確認
② 自分の年収で返済できる住宅ローンの額を確認
③ 諸費用を含めた購入可能額の総額を確認

図表 2-1-1　教育資金

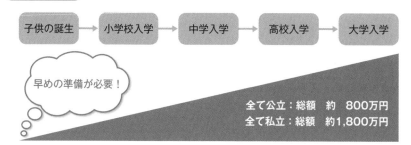

子供の誕生 → 小学校入学 → 中学入学 → 高校入学 → 大学入学

早めの準備が必要！

全て公立：総額　約　800万円
全て私立：総額　約1,800万円

子供が誕生する前後からライフプランの中に組入れ、マネープランを立てて準備しておく必要があります。

図表 2-1-2　住宅取得資金

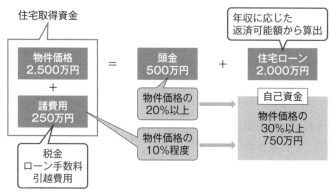

住宅取得資金

物件価格
2,500万円
＋
諸費用
250万円

＝

頭金
500万円

＋

年収に応じた
返済可能額から算出

住宅ローン
2,000万円

物件価格の
20%以上

物件価格の
10%程度

税金
ローン手数料
引越費用

自己資金

物件価格の
30%以上
750万円

住宅ローンを組んだ場合の年間返済額は、民間の住宅ローンを利用する場合、概ね年収の25%程度が妥当と考えられています。

Plus one!

財形貯蓄制度

勤労者（会社員）の財産形成を促進する目的で創設された貯蓄制度です。

会社から給与の支払いを受ける際に積立金が天引き徴収され、積立貯蓄を行います。

財形貯蓄制度には、積立の目的を定めない「一般財形貯蓄」と、住宅取得（増改築）資金や老後の生活資金を積み立てる「財形住宅貯蓄や財形年金貯蓄」があります。

なお、財形住宅貯蓄や財形年金貯蓄は、資金の目的が定められているため、一定の金額まで運用益が非課税とされますが、積立開始時期が満55歳未満であること、1人1契約しかできないことなど、一定の制約があります。

❷ ローンに関する基礎知識

　教育資金にしても住宅取得資金にしても、すべての資金を自己資金で確保することができれば良いのですが、自己資金で確保できない場合には、各種ローンを利用することにより不足資金を補う必要があります。

　この項では、必要資金を確保するためのローンに関する基礎知識について学習していきます。

(1) 各種ローンの種類　　　図表 2-2-1

　ローンには大きく分けて、資金の使い道が限定される「目的別ローン」と資金の使い道が決められていない「フリーローン」があります。

① 目的別ローン

　教育資金を融資する「教育ローン」、住宅取得資金を融資する「住宅ローン」、住宅のリフォーム資金を融資する「リフォームローン」、マイカーの取得資金を融資する「自動車ローン」などがあり、主に銀行や信用金庫を中心とした金融機関での取扱いが一般的です。

② フリーローン

　資金の使い道が限定されないため、生活資金や投資資金など自由に利用することが可能なローンであり、消費者金融で扱うローンや銀行およびクレジットカード会社のカードローンなどは、フリーローンが一般的です。

③ 適用金利

　一般に、資金の使い道を限定している目的別ローンは、融資手続きの際に資金の使い道を証明する書類が必要であり、融資の審査も厳格に行われる反面、フリーローンと比較して低い金利で融資を受けることができます。

(2) ローン金利の種類　　　図表 2-2-2

　ローン金利の基本は、固定金利型と変動金利型の2種類です。

　固定金利型は、当初の契約で定めた借入金利が返済終了時まで変わらないタイプのローンです。

　一方、変動金利型は、返済期間中の市場における金利情勢の変化によって、借入金利が年2回見直されるタイプのローンです。

図表 2-2-1　ローンの種類

ローンの種類
- 目的別ローン（低金利融資）
  - 教育ローン
  - 住宅ローン
  - リフォームローン
  - マイカーローン　など
- フリーローン（高金利融資）
  - 消費者金融
  - カードローン　など

図表 2-2-2　固定金利型と変動金利型の特徴

固定金利型	低金利時	当初の金利で固定されるため有利
	高金利時	当初の金利で固定されるため不利
変動金利型	金利上昇局面	市場金利に連動して上昇するため不利
	金利低下局面	市場金利に連動して低下するため有利

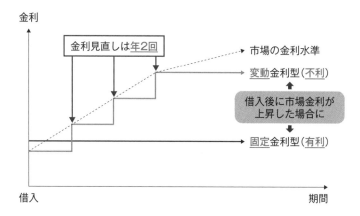

貸金業法の総量規制

過度な借入れから消費者を守るため、個人が貸金業者（消費者金融など）による個人向け貸付を利用する場合には、原則として、年収の3分の1を超える借入れが禁止されています。なお、銀行などは貸金業者に該当しないため、銀行などからの借入れは総量規制の対象となりません。

❸ 教育資金のための借入金

　教育資金が自己資金で確保できない場合、(1)学生・生徒自身が借り入れる各種奨学金や(2)学生・生徒の保護者が借り入れる教育ローンを利用することになります。

(1) 奨 学 金 制度
しょうがくきん

図表 2-3-1

　学習意欲をもつ学生・生徒自身の経済的負担を軽減するための制度です。

　独立行政法人日本学生支援機構の奨学金や、各種学校独自の奨学金制度などがあります。

(2) 教育一般貸付（公的教育ローン）

📖暗記　図表 2-3-2

　(株)日本政策金融公庫が行う教育ローンであり、原則として学生・生徒の保護者が借り入れて返済する教育ローンです。主な借り入れの要件は、次表のようなものがあります。

収 入 制 限	扶養する子供の人数に応じて、利用する保護者の世帯年収に以下の制限があります。		
	子供の人数	給与収入	事業所得
	1人	790万円	590万円
	2人	890万円	680万円
	3人	990万円	770万円
融資限度額	学生・生徒1名につき350万円（所定の海外留学、自宅外通学、大学院等の場合450万円）		
金　　利	固定金利		
返済期間	18年以内　※　在学期間中は利息のみの返済とすることができます。		
資金使い道	受験費用、入学金、学費、通学費、下宿代、パソコン代、国民年金保険料等		

(3) 銀行等の教育ローン（民間教育ローン）

　都市銀行や地方銀行などでも教育資金を目的とした教育ローンを取り扱っています。各金融機関によって金利水準は異なりますが、一般的に教育一般貸付などの公的教育ローンと比較して金利は高めに設定されています。

図表 2-3-1 奨学金制度

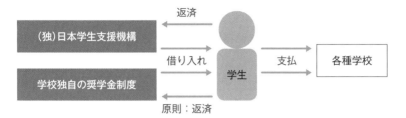

奨学金には、返済義務のある貸与型のほか、返済義務のない給付型もあります。なお、給付型奨学金の対象者は、授業料と入学金の免除・減額を受けることができます。

＜（独）日本学生支援機構の貸与型奨学金＞

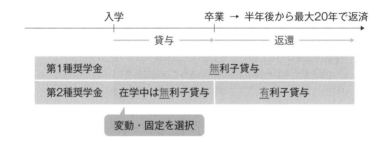

無利子貸与の<u>第1種</u>奨学金と有利子貸与の<u>第2種</u>奨学金（在学中は無利子）があり、家計支持者による収入制限があります。
なお、<u>第1種</u>奨学金は、学業成績が特に優れた者または経済的に就学困難な者を対象としていますので、<u>第2種</u>奨学金よりも選考基準が<u>厳しく</u>なっています。

図表 2-3-2 教育一般貸付など

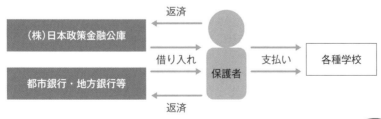

教育一般貸付は、日本学生支援機構の奨学金との併用も<u>可能</u>です。
なお、子供の学業成績は問われません。

❹ 住宅取得資金のための借入金　　　⏰重要　

　一般的に、住宅取得資金はすべて自己資金で確保することが困難であるため、公的住宅ローンや民間金融機関の住宅ローンを利用することになります。

(1) フラット35（公的住宅ローン）　　　図表 2-4-1　図表 2-4-2

　民間金融機関と<u>独立行政法人住宅金融支援機構</u>が提携して提供する長期<u>固定金利型</u>の住宅ローンです。

　<u>住宅金融支援機構</u>が、民間金融機関の住宅ローン債権を買取り、MBS（Mortgage Backed Security）という証券にして投資家に売却する仕組みを採用しています。この仕組みにより、窓口となっている銀行などの民間金融機関は債務者からの資金回収に関するリスクを回避することができる点に特徴があります。

> 融資を受けることができる金額は、返済額が所定の返済負担率（返済額÷年収×100）を超えないように決定されます。

(2) 銀行等の住宅ローン（民間住宅ローン）　　　図表 2-4-3

　都市銀行や地方銀行などでも住宅取得資金を目的とした住宅ローンの取扱いがあります。各金融機関によって金利水準は異なりますが、一般的にフラット35や財形住宅融資などの公的住宅ローンと比較して金利は高めに設定されています。

> 民間の住宅ローンには、変動金利型や固定金利型の住宅ローンに加え、5年・10年など一定の特約期間のみ固定金利を適用し、特約期間終了後に変動金利型か固定金利型（特約期間の再設定）を選ぶことができる「<u>固定金利選択型</u>」という商品もあります。
> なお、固定金利型は、固定されている期間が長ければ長い程、設定される金利は高くなります。

図表 2-4-1　フラット35の仕組み

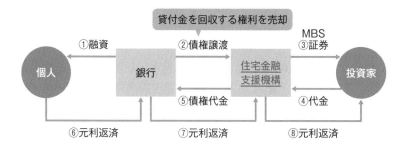

図表 2-4-2　フラット35の内容　　　　　　　　　　　　　　　📖暗記

	主 な 内 容
融資条件	・本人が住むための住宅 ・中古住宅についても適用可 ・申込日現在の年齢：原則として70歳未満 ・床面積の制限あり　一戸建て：70㎡以上など ・ローンの借換えに利用可
返済期間	原則として15年以上35年以内（1年単位）
融資限度額	100万円以上8,000万円以下 （購入価額等×100%以内）
返済負担率	年収400万円以上：35%以下 年収400万円未満：30%以下
保証人・保証料・繰上返済手数料	不要 繰上返済は、原則100万円以上 （インターネットサービスを利用すると、10万円以上から可能）
金利	・固定金利（利率は金融機関で異なる） ・融資実行時の金利を適用

図表 2-4-3　固定金利選択型

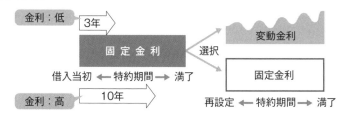

❺ 住宅ローンの返済計画

(1) 住宅ローンの返済方法

図表 2-5-1　　図表 2-5-2

住宅ローンの返済方法には、元利均等返済と元金均等返済があります。

	元利均等返済	元金均等返済
内　容	毎回の返済額(元金と利息の合計額)を一定にする返済方法	毎回の返済額のうち元金部分を一定にする返済方法
特　徴	元金と利息の返済額の割合は、返済当初は利息部分が大きく、返済するにつれて元金部分が大きくなります	返済当初から一定額の元金が減っていくため、利息を含めた毎回の返済額が減少します

(2) 住宅ローンの繰上返済

📖暗記

繰上返済は、手元資金に余裕がある場合、元金の一部または全部を繰り上げて返済することです。繰上返済は返済総額の削減に大きな効果を発揮しますが、その方法には、以下の2種類があります。

返済額軽減型	返済期間を変えずに、毎回のローン返済額を少なくする方法
期間短縮型	毎回のローン返済額を変えずに、返済期間を短縮する方法

一般的に、返済額軽減型よりも期間短縮型の方が利息の軽減効果が大きくなります。

また、元利均等返済の場合、借入当初は返済額に占める利息の割合が大きいため、繰り上げの実行時期が早いほど、利息の軽減効果が大きくなります。

図表 2-5-1 において、1年目が経過した時に元金を129万円(=63万円+66万円)分繰上返済すると、期間が2年短縮されます。

2年短縮されることで、この2年間に支払うはずだった利息191万円(=97万円+94万円)の節約ができることになります。

用語解説

元　金：金融機関などから借り入れた金額(債務額)

利　息：元金(返済が進んだ場合は残っている金額─残債─)に対して所定の借入利率を乗じて求めた金額

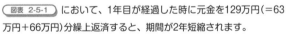

第1章 教育・住宅取得資金計画

図表 2-5-1 元利均等返済

（例）住宅ローン：2,000万円、返済期間：20年、利率年：5％、年1回払い

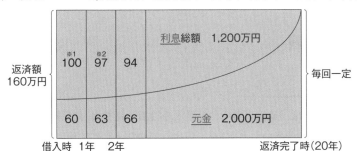

※1　2,000万円×0.05＝100万円
※2　(2,000万円－60万円)×0.05＝97万円
※3　返済総額＝2,000万円＋1,200万円（利息総額）＝3,200万円
※4　必要年収＝160万円÷0.25＝640万円（返済負担率25％の場合）

図表 2-5-2 元金均等返済

（例）住宅ローン：2,000万円、返済期間：20年、利率年：5％、年1回払い

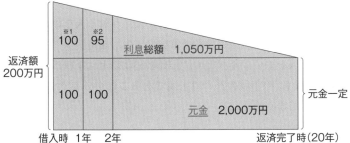

※1　2,000万円×0.05＝100万円
※2　(2,000万円－100万円)×0.05＝95万円
※3　返済総額＝2,000万円＋1,050万円（利息総額）＝3,050万円
※4　必要年収＝200万円÷0.25＝800万円（返済負担率25％の場合）

返済負担率を一定の範囲に押さえるために、元利均等返済を利用している場合が多いですが、金利・返済回数・借入期間などの条件が同じである場合は、元金均等返済の方が元利均等返済に比べて返済総額（利息の支払総額）が少なくなります。

第3節 ｜ 社会保険

❶ 健康保険

（1）概　要

健康保険は、適用事業所に勤務する役員や従業員（被保険者）およびその家族（被扶養者といいます）が、<u>業務外</u>で病気・ケガ、分娩、死亡した場合に保険給付を行う制度です。健康保険には、保険者の種類によって、次の2種類があります。

保　険　者	対　象　者
<u>全国健康保険協会（協会けんぽ）</u>	主に中小企業の役員や従業員およびその家族
<u>健康保険組合（組合健保）</u>	主に大企業の役員や従業員およびその家族

（2）被保険者と被扶養者

被保険者とは法人などの適用事業所に使用される人をいいます。

また、被扶養者とは被保険者の家族で、生計維持関係にある一定の要件を満たした人をいい、<u>年収130万円未満</u>（60歳以上は<u>年収180万円未満</u>）で被保険者（扶養者）の年収の2分の1未満であることが必要です（配偶者は内縁関係を含みます）。

（3）保険料

被保険者の給与を所定の等級表に当てはめて求めた標準報酬月額および標準賞与額に対して所定の保険料率を乗じて計算します。

原則として、保険料は被保険者と事業主が<u>2分の1</u>ずつ負担し、事業主が被保険者分も含めて納付義務を負います。なお、当月分の保険料は翌月分の給料から徴収されます。

用語解説

保　険　者：社会保険制度の運営主体（運営者）

被保険者：保険に加入している者（加入者）であり、社会保険制度が提供する給付を受けることができる人

保　険　料：社会保険制度を運営する資金を賄うため、被保険者などが保険者に拠出する負担金

標準報酬月額

＜標準報酬月額表―抄―＞

標準報酬		報酬月額		
等級	月　額	円以上		円未満
1	58,000			63,000
2	68,000	63,000	～	73,000
3	78,000	73,000	～	83,000
		(省略)		
17	200,000	195,000	～	210,000
18	220,000	210,000	～	230,000
19	240,000	230,000	～	250,000
		(省略)		
48	1,270,000	1,235,000	～	1,295,000
49	1,330,000	1,295,000	～	1,355,000
50	1,390,000	1,355,000	～	

保険料の計算を簡略化するため、被保険者の報酬月額（給与）を最低58,000円から最高1,390,000円までの50等級に区分した「標準報酬月額」に当てはめ、この標準報酬月額を基礎として保険料や保険給付の額を計算します。
標準報酬月額は、4月・5月・6月に支払われた報酬額と支払基礎日数を基に計算され（定時決定）、原則として、その年の9月から翌年の8月まで適用されます。

保険料率（協会けんぽの場合）

月給	標準報酬月額に対する保険料率	平均10.0%（労使折半）
	標準報酬月額の上限・下限	上限　1,390,000円 下限　58,000円
賞与	賞与等に対する保険料率	平均10.0%（労使折半）
	賦課対象の賞与等の上限・下限 （1,000円未満切捨）	上限　5,730,000円（年度累計の上限） 下限　なし

協会けんぽの場合、健康保険の保険料率は全国平均で約10.0%ですが、都道府県ごとの医療費を反映するため各都道府県単位で異なります。
それに対し、介護保険の保険料率は全国一律となっています。

（4）保険給付

① 療養の給付

📖暗記　　図表 3-1-3

　業務外の事由による病気・ケガについて、病院または薬局などで療養の給付（現物給付）が行われます。被保険者本人およびその家族が診療や薬剤の提供を受ける場合、医療機関等の窓口で一定の自己負担額を負担しますが、被保険者本人およびその家族（被扶養者）の負担割合は原則として3割です。

> 小学校就学前（6歳に達した最初の年度末までの子）は2割、70歳以上75歳未満は2割（現役並所得者は3割）となっています。

② 高額療養費

🧮計算　　✏実技（資産）　　図表 3-1-4

　1ヵ月間（1日〜月末）に医療機関の窓口で支払う自己負担額が、一定の自己負担限度額を超えた場合、その超えた金額が高額療養費として払い戻されます。

　また、70歳未満の人は、あらかじめ保険者から入手した限度額適用認定証（所得区分が明示された書面）を医療機関に提示すれば、医療機関の窓口での支払上限は自己負担限度額となります。

> 厚生労働大臣が指定する先進医療に係る治療や入院時の食事代・個室差額ベッド代金などは保険が適用されない部分であるため、高額療養費の対象となりません。

③ 傷病手当金

📖暗記　　図表 3-1-5

　病気やケガなどで働けず、給料などが支払われない場合において、連続して勤めを3日以上休んでいるときは、4日目から通算して1年6ヵ月を限度として支払開始日以前12ヵ月の各標準報酬月額の平均額÷30×3分の2相当額が支給されます。

④ 出産育児一時金

図表 3-1-6

　被保険者が妊娠4ヵ月以上の出産をした場合、1児につき原則として50万円が支給されます。

　また、被扶養者が出産する場合は、家族出産育児一時金が支給されます。

用 語 解 説

現役並所得者：原則として標準報酬月額が28万円以上の人

17

図表 3-1-3 療養の給付

図表 3-1-4 高額療養費の自己負担限度額＜70歳未満の場合＞

所 得 区 分	自己負担限度額（世帯ごとの1ヵ月の上限額）
標準報酬月額83万円以上	252,600円＋（総医療費－842,000円）×1％
標準報酬月額53万円～79万円	167,400円＋（総医療費－558,000円）×1％
標準報酬月額28万円～50万円	80,100円＋（総医療費－267,000円）×1％
標準報酬月額26万円以下	57,600円
低所得者（市町村民税非課税世帯など）	35,400円

図表 3-1-5 傷病手当金

図表 3-1-6 出産育児一時金

出産育児一時金は、原則として保険者から医療機関に直接支給されますので、被保険者が医療機関の窓口で負担する金額は、出産費用の総額から50万円を控除した金額になります。

出産手当金

被保険者が出産のために休んだ場合、一定の出産手当金が支給されます。

❷ 国民健康保険

(1) 概　要

図表 3-2-1

　国民健康保険は、わが国の公的医療保険制度の中で、健康保険などの被用者保険に加入していないすべての国民(後期高齢者医療制度の対象者を除く)を対象としており、<u>業務外・業務上</u>のいずれの病気、ケガも対象となっています。

　なお、国民健康保険では、加入者の一人ひとりが<u>被保険者</u>となっているため、健康保険のような被扶養者という区分は存在しません。

　また、国民健康保険は、<u>都道府県</u>および<u>市区町村</u>が保険者となっているものと、医師、税理士、理容美容業、建設業など同種の事業または業務に従事する300人以上で組織される<u>国民健康保険組合</u>が保険者になっているものがあります。

(2) 保険料

　国民健康保険の保険料は世帯単位で割り当てられます。したがって、世帯の構成員の数およびその人の所得に応じて計算され、世帯主が納付義務者となります。

　なお、保険料は<u>市区町村</u>ごとに計算方法が異なります。

(3) 保険給付

　国民健康保険の保険給付は、健康保険の保険給付とほぼ同等の内容となっていますが、健康保険で給付される<u>傷病手当金</u>および<u>出産手当金</u>は支給されません。

　被保険者が診療や薬剤の提供を受ける場合、医療機関等の窓口で一定の自己負担額を負担しますが、被保険者の負担割合は原則として<u>3割</u>です。

> 小学校就学前(6歳に達した最初の年度末までの子)は<u>2割</u>、70歳以上75歳未満は<u>2割</u>(現役並所得者は<u>3割</u>)となっています。

用 語 解 説

現役並所得者：原則として課税所得金額が145万円以上でありかつ、収入金額が383万円以上の人

図表 3-2-1 健康保険と国民健康保険のまとめ ────── 📖暗記

	健康保険（健保）	国民健康保険（国保）
対象者	適用事業所に使用される人（被保険者）およびその家族（被扶養者）	健康保険など被用者保険に加入していないすべての国民（自営業者など）
適用範囲	業務外で病気、ケガ、分娩、死亡した場合	業務内、業務外を問わない
保険者	全国健康保険協会（協会けんぽ） 主に中小企業の役員や従業員およびその家族が加入対象 健康保険組合（組合健保） 主に大企業の役員や従業員およびその家族が加入対象	都道府県（財政運営の責任主体） および 市区町村（保険料徴収等の実施主体） 国民健康保険組合 （医師、税理士等の同業種組合）
保険料	被保険者と事業主が1/2ずつ負担し、事業主が被保険者分も合わせて納付	金額は市区町村ごとに異なる 世帯単位で割り当て 世帯の構成員およびその人の所得に応じて計算
主な保険給付	療養の給付 高額療養費 傷病手当金 出産育児一時金 出産手当金　他	療養の給付 高額療養費 出産育児一時金　他 ※　傷病手当金と出産手当金はなし
自己負担割合	原則：3割 小学校就学前：2割 70歳以上75歳未満：2割 （現役並所得者：3割）	健康保険と同じ

国民健康保険では、加入者の一人ひとりが被保険者になりますので
世帯の構成員（妻、子など）の数が増えると保険料も増額されます。
会社員の家族は被扶養者として健康保険の保険料を負担する必要は
ありませんので、区別して理解しておきましょう。

❸ 後期高齢者医療制度

(1) 概　要

図表 3-3-1

　　後期高齢者医療制度は、都道府県を単位とする後期高齢者医療広域連合が保険者となり、75歳以上の人および65歳以上75歳未満で保険者から一定の障害認定を受けた人を対象者とする医療制度です。

　　対象者は、それまで加入していた国民健康保険や健康保険から脱退して、新たに後期高齢者医療制度に加入することになります。

　　したがって、被保険者である後期高齢者1人ひとりに後期高齢者医療被保険者証が交付され、被保険者は負担能力に応じて都道府県単位で異なる保険料を負担します。

(2) 保険料

図表 3-3-2

　　都道府県を単位とする後期高齢者医療広域連合ごとに金額が計算され、被保険者の老齢年金などからの特別徴収(天引き)、または、市区町村による普通徴収(個別納付)のいずれかの方法によって徴収されます。

(3) 医療費の自己負担割合

図表 3-3-3

　　被保険者が診療や薬剤の提供を受ける場合、医療機関等の窓口で一定の自己負担額を負担しますが、被保険者の負担割合は1割(一定以上所得のある人は2割、現役並所得者は3割)です。

🚿Hint!　後期高齢者医療制度の対象となった場合

健康保険の被保険者が75歳以上となり、後期高齢者医療制度の被保険者になると、その家族は健康保険の被扶養者の資格を失いますので、何らかの医療保険制度に加入しなければなりません。
その場合、①国民健康保険に加入する、②子など他の健康保険の被保険者の被扶養者となることが考えられます。

図表 3-3-1　後期高齢者医療制度

国民健康保険の被保険者（原則75歳未満）

健康保険の被保険者等（原則75歳未満）

原則75歳以上 → 後期高齢者医療制度の被保険者

図表 3-3-2　医療保険のまとめ

	協会けんぽ	組合健保	国民健康保険	後期高齢者医療
保険者	全国健康保険協会	健康保険組合	都道府県・市区町村 国民健康保険組合	後期高齢者医療広域連合
対象者	主に中小企業の従業員とその家族	主に大企業の従業員とその家族	被用者保険に加入していない人	75歳以上の人 65歳以上75歳未満の障害認定者
保険料	労使折半 都道府県単位で異なる	労使折半または会社が半分以上 組合単位で異なる	全額自己負担 世帯単位で割当て 市区町村で異なる	全額自己負担 都道府県単位で異なる

図表 3-3-3　自己負担割合のまとめ

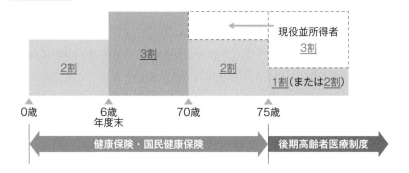

❹ 退職後の医療保険制度

(1) 健康保険の任意継続被保険者制度

📖暗記 〔図表 3-4-1〕 〔図表 3-4-2〕

　退職などによって健康保険の被保険者の資格を喪失した後であっても、下記の要件を満たすことで、退職後も<u>健康保険を継続すること</u>が認められています。

　ただし、任意継続被保険者には、傷病手当金、出産手当金は原則として支給されません。

要　件	・継続して<u>2ヵ月以上</u>、健康保険の被保険者であること ・原則として、資格喪失日(退職日の翌日)から<u>20日以内</u>に届出を行うこと
保険料	・会社負担がないため、<u>全額自己負担</u>
継続期間	・最長で<u>2年間</u>

(2) 国民健康保険制度

　退職などによって健康保険などの被用者保険に加入しない場合には、原則として、国民健康保険に加入することになります。

(3) 健康保険の被扶養者

　結婚や定年退職などによって収入が減少している場合、他の扶養者(配偶者や子供など)が加入する健康保険の被扶養者となることもできます。

　被扶養者の要件に該当すれば、保険料の負担をせずに、被扶養者の病気、ケガ、死亡または出産に関して保険給付を受けることができます。

健康保険の任意継続被保険者の保険料

健康保険の任意継続被保険者の保険料は、「退職時の標準報酬月額」と「健康保険の全被保険者の標準報酬月額の平均額」を比較して、いずれか少ない金額に保険料率を乗じて算定します。
ただし、組合管掌健康保険(組合健保)では、健康保険組合の規約により「退職時の標準報酬月額」に保険料率を乗じて算定することもできます。

図表 3-4-1　任意継続被保険者制度

入社　　　　　　　退職 翌日　　　　　　　　　　　　　　　　　　最長で2年間
　　　2ヵ月以上　　　　　　　20日以内に届出

図表 3-4-2　国民が加入する医療保険の全体像

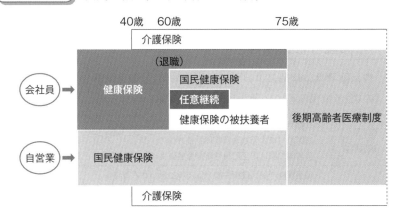

第1章　社会保険

Hint!　退職後の医療保険制度

結婚や定年退職などによって、他の扶養者が加入する健康保険の被扶養者になれる場合、保険料を支払わずに保険給付を受けることができるので、この方法が有利になります。例えば、定年退職をした父親や母親は75歳に達して後期高齢者医療制度に加入するまでは、要件を満たせば子供の被扶養者になることができます。

一方、会社員などが退職して会社などに就職しない場合(独立起業するなど)は、健康保険の任意継続被保険者制度や国民健康保険への加入を検討することになります。

その場合の判断基準は、①被扶養者の有無や②保険料の金額によって判定すればよいでしょう。一般的に配偶者や子供などの被扶養者がいる場合、保険料の負担をせずに給付を受けることができる任意継続被保険者制度が良いとされています。国民健康保険には被扶養者という規定がないため、国民健康保険を選択すると配偶者や子供などの分を加えた保険料を負担しなければならないからです。

なお、任意継続被保険者制度は、保険料を滞納すると加入の継続ができず、国民健康保険に加入することになりますので、保険料の支払期日には注意をしましょう。

❺ 介護保険

チェック

（1）概　要

　　介護保険は、<u>市区町村</u>が保険者となり、加齢に伴って生ずる心身の変化に起因する病気などにより要介護状態になった人に対し、その有する能力に応じて自立した生活ができるように支援する制度です。

（2）被保険者と保険料

　　被保険者は、年齢によって<u>65歳以上</u>の第1号被保険者と<u>40歳以上65歳未満</u>の第2号被保険者に区分され、保険料の額、納付方法も異なります。

第1号 被保険者	・老齢年金など(年額18万円以上)からの<u>特別徴収(天引き)</u> ・市区町村による普通徴収(個別納付) ・保険料の額は市区町村や所得金額により異なる(全額自己負担)
第2号 被保険者	・健康保険や国民健康保険の保険料と合わせて徴収 ・健康保険加入者の場合、保険料は労使折半で事業主が半分負担 ・国民健康保険加入者の場合、保険料は全額自己負担

（3）介護認定

図表 3-5-1

　　介護給付(サービス)を受けるためには要介護認定が必要となります。

　　要介護認定には<u>5段階</u>の要介護と2段階の要支援があり、介護認定審査会という市区町村の付属機関が審査および判定を行い、その結果に基づいて保険者である<u>市区町村</u>が認定(保険証の交付など)をします。

（4）利用者負担

図表 3-5-2

在宅サービス	・介護費用の<u>1割</u>※
施設サービス	・介護費用の<u>1割</u>※、食費・居住費の<u>全額</u>
住宅改修費	・バリアフリー住宅改修費(利用上限20万円)の<u>1割</u>※

※　所得水準の高い第1号被保険者は2割または3割

（5）介護給付

図表 3-5-3

　　第1号被保険者と第2号被保険者の区分に応じて、介護給付を受けることができる要介護者または要支援者が異なります。

図表 3-5-1 介護認定

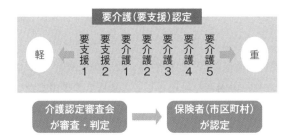

図表 3-5-2 利用者負担

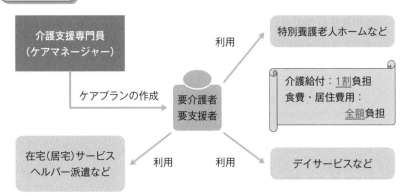

介護支援専門員（ケアマネージャー）によるケアプランの作成については、被保険者本人が作成することもできます。

図表 3-5-3 介護給付

第1号 被保険者	入浴、排泄、食事などの日常生活動作で介護が必要な要介護者 日常生活の一部に支援が必要な要支援者
第2号 被保険者	老化を原因とした16種類の特定疾病（末期がん、若年性認知症、パーキンソン病、脳血管疾患など）による要介護者または要支援者

第2号被保険者の人は、交通事故などによって要介護状態になった場合、介護保険の利用はできません。

❻ 労働者災害補償保険(労災保険)

(1) 概　要

労働者災害補償保険(労災保険)は、政府が保険者(窓口は労働基準監督署など)となり、労働者を対象として、<u>業務上</u>の事由または<u>通勤途上</u>による病気・ケガ・障害・死亡などに対して保険給付を行う制度です。

(2) 適用対象者

労働者を1人でも使用していれば、労災保険の<u>強制適用事業</u>となります。

適用事業で使用されている労働者であれば、常用、日雇、アルバイト、パートタイマーなどの<u>雇用形態や労働時間の長短</u>を問わず、<u>すべての労働者</u>が適用対象者となり、外国人労働者も対象になります。

労災保険は労働者を対象としているため、原則として社長、専務、個人事業主などの経営者は対象となりません。

(3) 保険料

図表 3-6-1

労災保険の保険料は、労働者に支払った賃金の総額に<u>事業の種類</u>により異なる一定の保険料率を乗じた金額であり、その<u>全額</u>を事業主が負担します。

(4) 労災認定

業務上の事由または通勤途上による病気・ケガ・障害・死亡などに該当するか否かの労災認定については、<u>労働基準監督署</u>が行います。

(5) 主な労災保険給付

図表 3-6-2

労災保険から支給される主な保険給付には、療養(補償)給付、休業(補償)給付、遺族(補償)年金などがあります。

図表 3-6-1 労災保険の保険料率（例）

林業	5.2%
ずい道等新設事業	3.4%
建築業	0.95%
小売店、飲食店	0.3%
金融業、保険業	0.25%
その他各種事業	0.3%

図表 3-6-2 主な労災保険給付

給付の種類	給付内容
療養補償給付 （療養給付）	労災病院や労災指定病院などで、病気やケガの治療を治癒するまで受けることができます。 業務上災害の場合：受診時の自己負担額なし。 通勤災害の場合：初診時に200円の自己負担が必要。
休業補償給付 （休業給付）	病気やケガの療養のため通算して4日以上会社を休み賃金が支給されない場合に、休業4日目から給付基礎日額の60%が支給されます。業務災害の場合、3日目までは事業主が休業補償をします。
遺族補償年金 （遺族年金）	死亡した労働者の遺族に対して支給されます。 支給額は、受給権者(妻など受給資格者のうち最も先の順位にある者)と生計を同じくする受給資格者(遺族給付を受けることができる妻や子など)の人数によって異なります。

通勤災害の場合は使用者（雇主）側に補償責任がないため、「補償」という言葉を除いた名称になります。
なお、通勤災害として認定されるのは、通勤経路の途上で発生したものに限られます。通常の通勤経路から逸脱した場合は、原則として通勤災害が認定されなくなりますので注意しましょう。

❼ 雇用保険

（1）概　要

　　雇用保険は、政府が保険者（窓口は公共職業安定所など）となり、労働者が失業した場合や雇用の継続が困難となる事由が発生した場合に、労働者の技能向上や就労支援などに対して必要な給付を行う制度です。

（2）被保険者

　　労働者を1人でも使用していれば、雇用保険の強制適用事業となります。
　　適用事業に雇用されている労働者は、原則として一般被保険者になります。

> 一般被保険者とは、フルタイムで働く65歳未満の人です。
> なお、1週間の所定労働時間が20時間に満たない短時間就労者は、原則として雇用保険の対象外となります。

（3）保険料

　　雇用保険の保険料は、労働者に支払った賃金の総額に事業の種類などにより異なる一定の保険料率を乗じた金額であり、その一部を労働者が負担し、残りを事業主が負担します。

（4）基本手当

暗記　図表 3-7-1　図表 3-7-2

① 内　容

　　一般被保険者が失業した場合に支給される雇用保険の最も代表的な給付です。
　　基本手当は、雇用保険の被保険者が定年、倒産、解雇、自己都合などにより離職した場合に、離職者の申請により一定の条件（年齢、被保険者期間の長短）に従って支給されます。

> 基本手当の支給は、その人に働く意思や働く能力がある（働ける状態である）ことが前提条件となっているため、病気やケガなどですぐに就職できないときは支給されません。

② 受給資格

　　離職の日以前2年間に被保険者期間が通算で12ヵ月以上あることが必要です。

図表 3-7-1　基本手当の受給資格（被保険者期間の要件）

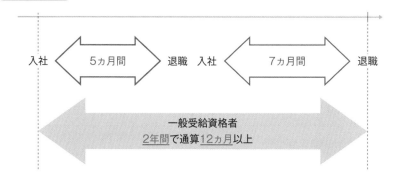

特定受給資格者と特定理由離職者は、
要件が緩和されています。

図表 3-7-2　基本手当の支給日数（定年、自己都合退職の場合）

被保険者期間	10年未満	10年以上 20年未満	20年以上
受給期間	90日	120日	150日

求職の申込みをした日以後、失業している日が通算7日（待期期間）に
なるまでは、基本手当は支給されません。
なお、自己都合退職（定年退職を除く）などの場合には、待期期間に加
えて最長3ヵ月間（5年間のうち2回目の離職までは2ヵ月間）は基本手
当が支給されませんので注意しましょう。

用語解説

特定受給資格者：倒産・解雇などによる離職者

特定理由離職者：派遣労働契約の打ち切りや病気などによる離職者

(5) 雇用継続給付

① 高年齢雇用継続基本給付金 暗記 図表 3-7-3

　　被保険者期間が通算で5年以上ある60歳以上65歳未満の一般被保険者が、60歳以降の賃金が60歳時点の賃金に対して75%未満に低下した状態で働いている場合、各月の賃金に最大15%（61%未満に低下した場合）を乗じた額が65歳に達する月まで支給されます。

高年齢雇用継続基本給付金	基本手当を受給しないで引き続き雇用されている人を対象とする給付

② 育児休業給付 図表 3-7-4

　　労働者が育児休業を取得しやすくし、その後の円滑な職場復帰を援助・促進することを目的とした給付です。

　　1歳（一定の理由がある場合は2歳）未満の子を養育するために育児休業を取得する一定の条件を満たした一般被保険者等（夫婦どちらでも可）に支給されます。

> 産休期間中に健康保険の出産手当金を受給し、その後、引き続き育児休業を取得する場合は、育児休業給付金の規定が適用されます。

③ 介護休業給付 図表 3-7-5

　　労働者が介護休業を取得しやすくし、その後の円滑な職場復帰を援助・促進することを目的とした給付です。

　　家族を介護するために介護休業を取得する一定の条件を満たした一般被保険者等に支給されます。

(6) 教育訓練給付（一般教育訓練給付） 図表 3-7-6

　　働く人の主体的な能力開発の取組みを支援するため、雇用保険の被保険者であった期間が3年以上（初めて支給を受けようとする人については、当分の間、1年以上）の人が、厚生労働大臣が指定する教育訓練を受講し修了した場合、教育訓練費×20%（上限は10万円）が支給されます。

図表 3-7-3 高年齢雇用継続基本給付金

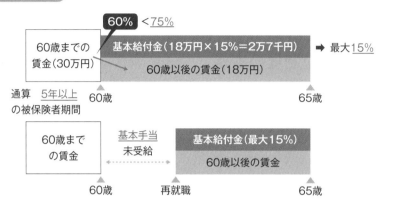

図表 3-7-4 育児休業給付

図表 3-7-5 介護休業給付

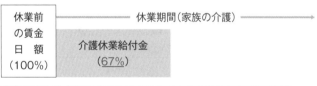

介護休業給付金は、同一の対象家族について通算して93日(3回まで分割可能)を限度に支給されます。

図表 3-7-6 教育訓練給付

第4節 | 公的年金制度の概要

❶ 公的年金制度の歩み

チェック ☑ ☑ ☑

(1) 1986(昭和61)年4月1日以後の改正 （図表 4-1-1）（図表 4-1-2）

　公的年金の学習をする際には、改正の背景を知ることが必要です。

　1985(昭和60)年における年金法の大改正により、1986(昭和61)年4月1日以後の新制度では、従来の職域をベースとした縦割りの年金制度から、すべての公的年金の土台とする基礎年金(国民年金)が導入され、年金制度の一元化が図られました。その他の主な改正内容は以下のとおりです。

年金制度の一元化	1985(昭和60)年における年金法の大改正により、すべての公的年金の土台として基礎年金(国民年金)を導入 日本国内に住んでいる20歳以上60歳未満の人は、全員国民年金に加入することが義務付けられ、共通の基礎年金を支給する制度に変更
2階建て年金制度	国民年金は全国民共通の基礎年金となり、会社員はこれに上乗せして厚生年金保険、公務員などの共済年金に加入する制度に変更 これによって、会社員や公務員などは同時に2つの年金制度に加入する制度が確立
会社員や公務員などの妻の強制加入	旧制度では、任意加入の取扱いであった会社員や公務員などの妻(専業主婦)は、将来の無年金状態を避けるため、新しい制度では国民年金への加入を義務づけ

(2) 2015(平成27)年10月1日以後の改正 （図表 4-1-3）

　2015(平成27)年9月30日までは、民間企業の会社員は厚生年金に加入し、公務員等は共済年金に加入していました。

　しかし、同一の報酬であれば同一の保険料を負担し、同一の公的年金給付を受けるべきであるという公平性を確保することが公的年金全体に対する国民の信頼を高めることになります。そのため、2015(平成27)年10月より、公務員などの共済加入者も厚生年金に加入することになりました(厚生年金と共済年金の一元化)。

図表 4-1-1　1986（昭和61）年3月31日以前の制度

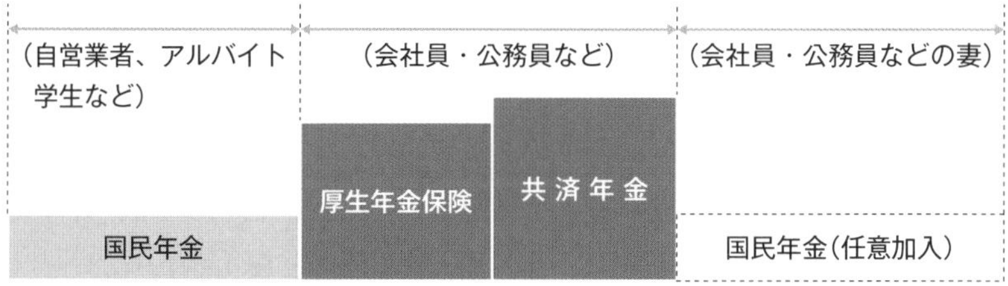

（自営業者、アルバイト学生など）	（会社員・公務員など）	（会社員・公務員などの妻）
	厚生年金保険　共済年金	
国民年金		国民年金（任意加入）

図表 4-1-2　1986（昭和61）年4月1日以後の制度

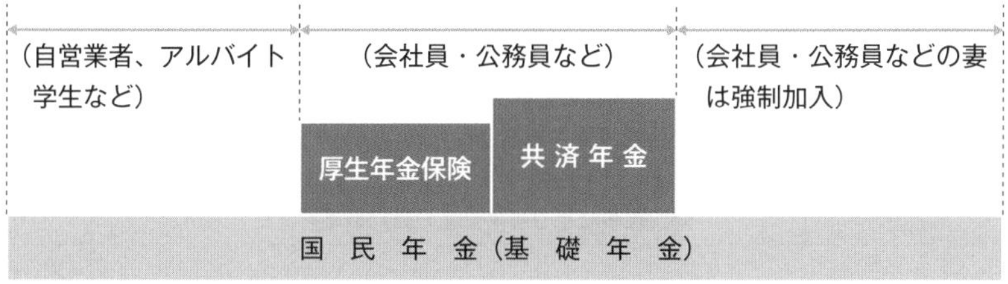

（自営業者、アルバイト学生など）	（会社員・公務員など）	（会社員・公務員などの妻は強制加入）
	厚生年金保険　共済年金	
国 民 年 金 （基 礎 年 金）		

図表 4-1-3　2015（平成27）年10月1日以後の制度

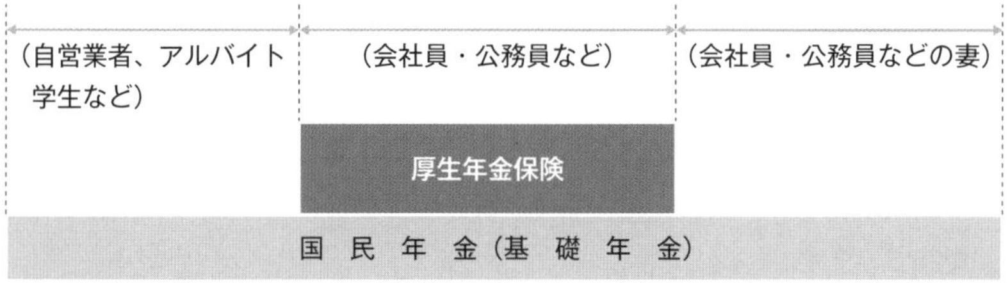

（自営業者、アルバイト学生など）	（会社員・公務員など）	（会社員・公務員などの妻）
	厚生年金保険	
国 民 年 金 （基 礎 年 金）		

❷ 国民年金

（1）被保険者

📖 暗記　　図表 4-2-1　　図表 4-2-2

① 強制加入被保険者

　　国民年金の強制加入被保険者には国籍要件はありませんので、外国人であっても次の要件を満たせば、強制加入被保険者となります。

第1号被保険者	日本国内に住所を有する20歳以上60歳未満の人（第2号・第3号被保険者に該当する人を除く）
第2号被保険者	厚生年金保険の被保険者 就職時（20歳未満を含む）から退職するまでの間が第2号被保険者 ただし、原則として65歳以降は在職中でも第2号被保険者とならない
第3号被保険者	第2号被保険者の配偶者であって、主として第2号被保険者の収入により生計を維持する人（第2号被保険者である人を除く。これを被扶養配偶者※という）のうち、20歳以上60歳未満の人 ※　健康保険などの被扶養者の認定基準を勘案して決定

（2）保険料

① 保険料の納付

図表 4-2-3

　　国民年金の保険料を個別に納付するのは、第1号被保険者のみです。

　　第2号被保険者および第3号被保険者の保険料は、厚生年金などの被用者年金制度からまとめて拠出されるため、個別に納付する必要はありません。

　　国民年金の保険料は定額であり、2019年度以降の基本額は月額17,000円になっています。

　　保険料は、当月分を翌月末日までに納付する毎月納付、一定期間（最大2年間）の保険料を一括納付する前納があります。前納を選択した場合、保険料の割引を受けることができます。

> 保険料は、納期限から2年を経過すると時効により納付することができなくなります。

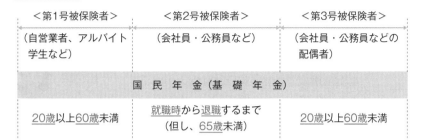

図表 4-2-1 国民年金の強制加入被保険者

＜第1号被保険者＞	＜第2号被保険者＞	＜第3号被保険者＞
（自営業者、アルバイト学生など）	（会社員・公務員など）	（会社員・公務員などの配偶者）
国 民 年 金 （基 礎 年 金）		
20歳以上60歳未満	就職時から退職するまで（但し、65歳未満）	20歳以上60歳未満

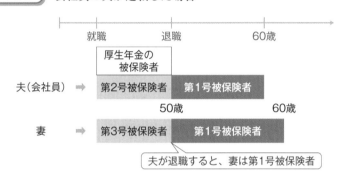

図表 4-2-2 会社員の夫が退職した場合

夫（会社員）⇒ 厚生年金の被保険者 第2号被保険者 第1号被保険者

妻 ⇒ 第3号被保険者 第1号被保険者

夫が退職すると、妻は第1号被保険者

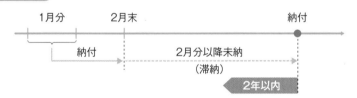

図表 4-2-3 保険料の納付

1月分 2月末 納付

納付 2月分以降未納（滞納）

2年以内

第3号被保険者の国内居住要件

第2号被保険者には国内居住要件はありませんが、第3号被保険者となる被扶養配偶者には、国内居住要件があります。日本国内に住所を有する者は、原則として国内居住要件を満たし第3号被保険者となりますが、たとえ日本国内に住所がなかったとしても、外国に赴任する第2号被保険者である夫に同行する妻など、日本国内に生活の基礎があると認められる者は、国内居住要件の例外とされ、第3号被保険者となります。
なお、健康保険の被扶養者にも同様の国内居住要件があります。

② 保険料の免除

図表 4-2-4

　第1号被保険者は保険料を個別に納付しなければなりませんが、納付することが困難になった場合、保険料の納付が免除される制度があります。

> 納付が困難になった場合のほか、第1号被保険者が出産した際に、産前産後期間の保険料が免除される制度もあります。

③ 追　納

暗記　図表 4-2-5

　追納とは、保険料の<u>免除</u>を受けた人が、その後保険料を納付できるようになった場合に、<u>免除</u>を受けた期間の保険料を後から納付することです。

　追納は、後から老齢基礎年金の額を増やすために認められているものですが、追納できる保険料は、追納の承認を受けた月の前<u>10年</u>以内の期間の保険料です。

> 年金額は保険料を納付した月数を基に計算されますので、未納や滞納があると、その月数分だけ年金額が少なくなります。

図表 4-2-4 第1号被保険者の保険料免除申請

法 定 免 除	生活保護法による生活扶助を受けている人および障害基礎年金または被用者年金の障害年金（1級・2級）の受給権者は、届出により自動的に保険料納付が免除
申 請 免 除	・保険料の負担が困難な場合には、申請に基づいて保険料が免除 ・申請全額免除、申請3/4免除、申請半額免除、申請1/4免除の4段階
学 生 納 付 特 例 制 度	・学生本人の<u>前年の所得</u>が一定額以下である場合、<u>申請</u>することによって保険料の納付が猶予（<u>親</u>の所得要件はない） ・夜間の学生なども対象
保険料納付 猶 予 制 度	<u>50歳未満</u>の人で、<u>本人と配偶者</u>の前年の所得が一定額以下の場合は、<u>申請</u>により保険料の納付が猶予（<u>親</u>の所得要件はない）

第2号被保険者および第3号被保険者は保険料を個別納付していないため、保険料納付の免除制度はありません。

図表 4-2-5 追納と年金額の関係

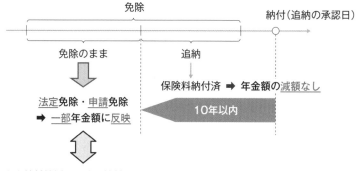

❸ 厚生年金保険

(1) 適用事業所

　厚生年金保険は、一定の事業所で働く勤労者を対象とするものであり、原則として、事業所単位で適用されます。

　法人の事業所は従業員の人数に関係なく強制適用事業所となりますが、<u>個人の事業所</u>は原則として従業員が<u>5人以上</u>の場合に強制適用事業所となります。

(2) 被保険者

　適用事業所に使用される<u>70歳未満</u>の人は被保険者となります。

　法人の代表取締役は一般的に法人に使用される人とされるため被保険者になれますが、個人事業主は被保険者にはなれません。

(3) 保険料

① 標準報酬月額

　保険料は、<u>標準報酬月額</u>または<u>標準賞与額</u>にそれぞれ<u>保険料率</u>を乗じて計算し、被保険者と事業主が2分の1ずつ負担し、事業主が被保険者分も含めて納付義務を負います。なお、当月分の保険料は翌月分の給料から徴収されます。

　また、保険料率は、2017（平成29）年9月以降は<u>18.3%</u>になっています。

② 保険料の免除

　被保険者の産前産後休業期間中の厚生年金保険料および<u>3歳未満</u>の子のある被保険者の育児休業中の厚生年金保険料は、<u>被保険者</u>および<u>事業主</u>ともに<u>申請</u>により免除されます。

　なお、免除期間も加入期間とみなされるため、厚生年金の額にも反映されます。

第1章

公的年金制度の概要

図表 4-3-1 保険料率

		2017(H29).9〜
月給	標準報酬月額に対する保険料率	18.3% （労使折半）
	標準報酬月額の上限・下限	上限 650,000円 下限 88,000円
賞与	賞与等に対する保険料率	18.3% （労使折半）
	賦課対象の賞与等の上限・下限 （1,000円未満切捨）	上限 <u>1,500,000円</u>（支払ごとの上限） 下限 なし

図表 4-3-2 保険料の免除

産休・育児休業中における免除期間の取扱い

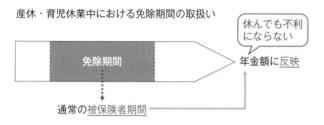

休んでも不利
にならない

免除期間 → 年金額に<u>反映</u>

通常の<u>被保険者期間</u>

Hint!

厚生年金保険の年金額は、厚生年金保険の被保険者期間に報酬の平均額を乗じて計算します。産休期間中も通常の被保険者期間として扱われるため、年金額に反映されることになります。

Plus one!

産休・育児休業中における健康保険料の免除

被保険者の産休期間中の健康保険料および3歳未満の子のある被保険者の育児休業中の健康保険料についても、厚生年金保険料と同様に被保険者および事業主ともに申請により免除されます。

したがって、産休期間中や育児休業期間中に病気やケガをした場合でも、健康保険が適用され、医療機関の窓口負担額は原則として3割になります。

第5節 | 老後の生活資金設計と公的年金

❶ 老後の生活資金

チェック ✓ ✓ ✓

（1）老後資金の考え方

図表 5-1-1

　　男性も女性も平均寿命が80歳を超えている現代社会において、老後の生活資金を準備しておくことは非常に重要です。

　　老後資金を考える場合には、まず、現状の生活水準から老後の生活水準を想定し、必要な生活費を計算する必要があります。現在の生活水準は人それぞれに異なりますので、老後に必要な生活資金も画一的に決まるものではありません。

　　老後の生活費が計算できれば、その金額から退職金や公的年金などの収入を差引いた不足額を老後の生活資金として準備すればよいことになります。

　　なお、老後資金は、他のイベントである住宅資金や教育資金のメドが付いた後からが本格的な準備期間になります。

（2）老後生活資金の計算

図表 5-1-2

　　老後の生活費は、退職直前期の生活費をベースに考えるのが現実的です。

　　平均寿命は女性の方が長いため、夫婦健在期（夫婦共に生存している期間）と夫が死亡して寡婦になった期間（妻のみの単身期間）に分けて考えるのが良いでしょう。

> 老後生活に必要な生活費の目安（概算月額）は、夫婦健在期間は現在の毎月の生活費の約7割、寡婦期間は現在の毎月の生活費の約5割として計算するのが一般的です。

41

図表 5-1-1 老後資金の考え方

老後の必要資金 ＝ 老後の生活費 － 老後の収入（公的年金・退職金など）

65歳～85歳まで月額40万円必要だとすると、40万円×12月×20年＝9,600万円が必要になります。
しかし、生活水準は人それぞれですから、顧客の生活水準によって<u>必要資金</u>は異なります。

図表 5-1-2 老後生活資金の計算

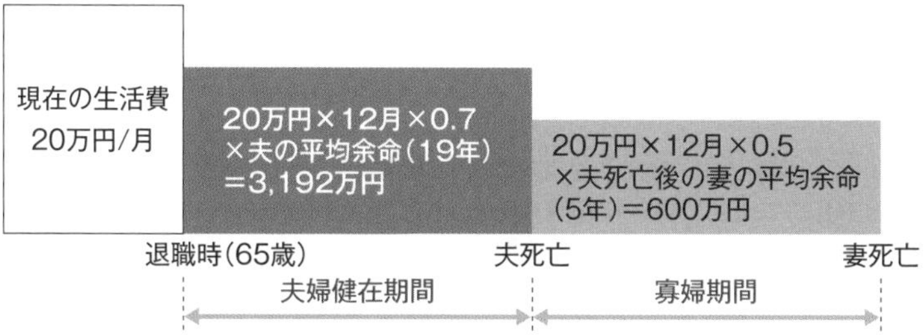

現在の生活費
20万円/月

20万円×12月×0.7
×夫の平均余命（19年）
＝3,192万円

20万円×12月×0.5
×夫死亡後の妻の平均余命
（5年）＝600万円

退職時（65歳）　　　　　　　　　夫死亡　　　　　　　　　妻死亡

夫婦健在期間　　　　　　　　　寡婦期間

平均余命とは、ある年齢（退職時の年齢）時点で、あと何年生存できるかを示したもので、厚生労働省から公表されている簡易生命表で確認することができます。

❷ 老齢基礎年金（1階部分の国民年金）

✐重要　

（1）受給要件

図表 5-2-1

① 受給資格期間

📖暗記

老齢基礎年金は、次の受給資格期間を満たした人に対し、原則として<u>65</u><u>歳</u>から死亡するまで支給されます（終身年金）。

> 受給資格期間 ＝ 保険料納付済期間 ＋ 保険料免除期間 ≧ <u>10年</u>
> （注）　受給資格期間が10年に満たない場合、合算対象期間（カラ期間）を加算して判定することができます。

② 保険料納付済期間

保険料納付済期間とは、被保険者の区分に応じ、次の3つの期間になります。

> ・第1号被保険者としての被保険者期間のうち保険料を納付した期間
> ・第2号被保険者としての被保険者期間のうち20歳以上60歳未満の期間
> ・第3号被保険者としての被保険者期間

③ 保険料免除期間

保険料免除期間とは、第1号被保険者としての被保険者期間のうち、届出または申請により保険料の納付を免除された期間です。

保険料全額免除期間、保険料3/4（半額・1/4）免除期間、<u>学生納付特例期間</u>および<u>保険料納付猶予期間</u>を合計した期間になります。

④ 合算対象期間（カラ期間）

加入期間（受給資格期間）の10年以上の要件を計算する場合には合算されますが、年金額の計算の基礎には算入されない期間です。

> ・第2号被保険者としての被保険者期間のうち20歳前の期間と60歳以後の期間　等

第1章 老後の生活資金設計と公的年金

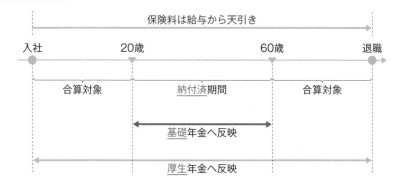

図表 5-2-1　第2号被保険者の保険料納付済期間

会社員（国民年金の第2号被保険者）の20歳以前と60歳以後の期間は保険料納付済期間とならないため、老齢基礎年金の年金計算上は反映されません。
ただし、老齢厚生年金の被保険者期間となるため、老齢厚生年金の計算上は反映されます。

（2）老齢基礎年金の年金額　　✏️**実技**（資産・個人・保険）　　図表 5-2-2

① 年金額の計算方法

　　保険料納付済期間が480月（40年）ある場合には、満額（約800,000円）が生涯支給されます（終身年金）。しかし、480月に満たないときは、次の算式で計算した額が支給されます。

$$約800,000円 \times \frac{（納付済期間の月数）＋（各免除期間の月数）\times（反映率）}{（480月）}$$

　　なお、法定免除や申請免除に係る反映率は、国庫負担割合の変更に伴い、2009（平成21）年3月以前の期間と2009（平成21）年4月以後の期間によって異なるため、期間を分けて計算する必要があります。

　　また、学生納付特例制度および保険料納付猶予制度は、一時的に保険料の納付を猶予する規定ですから、追納しない限り老齢基礎年金には一切反映されません。

> 老齢基礎年金の満額は年度によって異なります。例年1月頃に厚生労働省から公表されますが、概ね80万円程度となっています。

② 付加年金　　図表 5-2-3

　　第1号被保険者と20歳以上65歳未満の国民年金の任意加入被保険者が、より高い給付を希望する場合に、付加保険料400円（月額）を納付することによって任意に加入することができる終身年金です。

　　ただし、国民年金の保険料を免除されている場合や滞納している場合は、付加年金の保険料を納付することができません。

受給要件	・付加保険料納付済期間があること ・老齢基礎年金の受給権を取得すること
年 金 額	・<u>200円</u>×付加保険料納付済期間の月数 ・物価スライド率は適用されない

> 付加保険料400円を40年間納付（総額は400円×480月＝192,000円）した場合、付加年金は毎年200円×480月＝96,000円となり、終身にわたって受給することができます。

図表 5-2-2 免除制度と年金額への反映

免除の内容		老齢基礎年金の年金額への反映率		
		追納なし		追納あり
		2009(平成21)年 3月以前	2009(平成21)年 4月以後	
法定免除(全額免除)		1/3	1/2	納付済期間
申請免除	全額免除	1/3	1/2	
	3/4免除	1/2	5/8	
	半額免除	2/3	3/4	
	1/4免除	5/6	7/8	
学生納付特例制度		反映しない		
保険料納付猶予制度				

(例) 納付済期間の月数　300ヵ月
　　　免除期間の月数　全額免除　72ヵ月(反映率1/2)
　　　学生納付特例期間の月数　24ヵ月

$$約800,000円 × \frac{300月 + 72月 × 1/2 + 24月}{480月}$$

$$= 約560,000円$$

産前産後期間の保険料免除を受けた期間は、
納付済期間となります。

図表 5-2-3 付加年金

20歳　　　　　60歳　　65歳

付加保険料
月額400円

付加年金
200円×保険料納付済期間

40年(480月)加入
総額：192,000円

40年(480月)加入
年額：96,000円

(3) 受給開始年齢の繰上げ・繰下げ 図表 5-2-4

受給開始年齢は原則として65歳ですが、受給開始の年齢を早くしたり（繰上げ受給）、遅くしたり（繰下げ受給）する制度が設けられています。

① 受給の繰上げ

繰上げ受給は、60歳まで受給開始の年齢を早めることができます。

繰上げ受給をした場合、老齢基礎年金の額は、繰上げ月数に応じて1ヵ月あたり0.4%減額され、その年金額が生涯支給されます。

なお、繰上げを請求して受給権が発生した後は、65歳になっても増額されず、繰上げの取消や変更もできません。

> 繰上げ受給の年金額 ＝ 本来の老齢基礎年金 ×（1 － 0.4% × 繰上月数）

※ 繰上月数とは、老齢基礎年金の受給の繰上げを請求した日の属する月から65歳に達する日の属する月の前月までの月数です。

2022年4月1日前に60歳に到達していた人の減額率は、1ヵ月あたり0.5%になります。

② 受給の繰下げ

繰下げ受給は、75歳まで受給開始年齢を遅らせることができます。

繰下げ受給をした場合、老齢基礎年金の額は、繰下げ月数に応じて1ヵ月あたり0.7%増額され、その年金額が生涯支給されます。（取消・変更も不可）

なお、支給の繰下げは65歳から65歳11ヵ月の間は繰下げできず、66歳に達した日以後から繰下げて受給することができます。

> 繰下げ受給の年金額 ＝ 本来の老齢基礎年金 ×（1 ＋ 0.7% × 繰下月数）

※ 繰下月数とは、老齢基礎年金の受給権を取得した日の属する月から受給繰下げの請求をした日の属する月の前月までの月数（120月が上限）です。

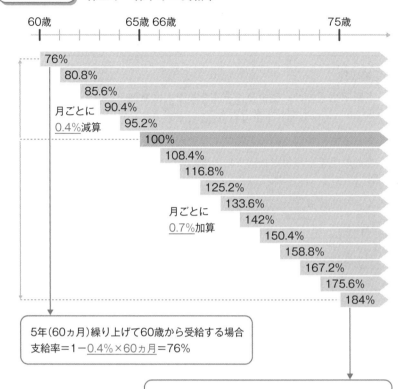

図表 5-2-4　繰上げ・繰下げの支給率

60歳　65歳 66歳　75歳

76%
80.8%
85.6%
90.4%
95.2%
100%
108.4%
116.8%
125.2%
133.6%
142%
150.4%
158.8%
167.2%
175.6%
184%

月ごとに
0.4%減算

月ごとに
0.7%加算

5年（60ヵ月）繰り上げて60歳から受給する場合
支給率＝1－0.4%×60ヵ月＝76%

10年（120ヵ月）繰り下げて75歳から受給する場合
支給率＝1＋0.7%×120ヵ月＝184%

付加年金も連動して繰上げ・繰下げとなり、老齢基礎年金と同率の減額・増額があります。

老齢厚生年金の繰上げ受給と繰下げ受給

老齢厚生年金にも老齢基礎年金と同様の繰上げ受給と繰下げ受給の制度があります。
なお、減額率は老齢基礎年金の場合と同じであり、老齢厚生年金の繰上げ受給は老齢基礎年金の繰上げ受給と併せて行わなければなりません。
また、増額率は老齢基礎年金の場合と同じですが、繰下げ受給の場合は、老齢厚生年金および老齢基礎年金は、それぞれ別々に繰下げ受給することができます。

❸ 老齢厚生年金（2階部分の厚生年金）

（1）老齢厚生年金と特別支給の老齢厚生年金

① 受給要件　　　　　　　　　　　　　　　　　　　　　　📖暗記

　　老齢厚生年金は、受給要件を満たした人に原則として<u>65歳</u>から支給され
ますが、一定の年齢（生年月日）に該当する人に対しては、60歳から65歳に
達するまで、特別支給の老齢厚生年金が支給されます。

　　老齢厚生年金および特別支給の老齢厚生年金の受給要件は、次のとおり
です。

	老齢厚生年金	特別支給の老齢厚生年金
受給年齢	<u>65歳以上</u>	60歳以上65歳未満
受給要件	<u>老齢基礎年金の受給資格期間を満たすこと</u>	
	1ヵ月以上の厚生年金保険の被保険者期間があること	1年以上の厚生年金保険の被保険者期間があること

老齢基礎年金（1階部分）の受給資格期間を満たさない場合には、老齢基礎年金はもとより、老齢厚生年金（2階部分）も支給されません。

② 特別支給の老齢厚生年金の内容　　　　　　　　　　図表 5-3-1

　　1985（昭和60）年の改正前の厚生年金保険では60歳から年金が支給されて
いたため、改正前の加入者の期待に反しないように、新制度での支給開始
年齢である65歳に達するまでの間、従来の制度での老齢年金を厚生年金保
険で独自に給付します。年金額は、<u>定額部分</u>（加入月数に定額単価を乗じ
て決定される部分）と<u>報酬比例部分</u>（在職中の給料に比例して決定される部
分）から構成されています。

　　特別支給の老齢厚生年金は、生年月日に応じてまず<u>定額部分</u>の支給開始
年齢が段階的に引き上げられ、次に<u>報酬比例部分</u>の支給開始年齢が段階的
に引き上げられます。最終的には、新制度の年金制度へ移行が完了するた
め、<u>60歳台前半</u>での老齢厚生年金の支給は行われなくなります。

図表 5-3-1 特別支給の老齢厚生年金 ✏実技（資産・個人・保険）

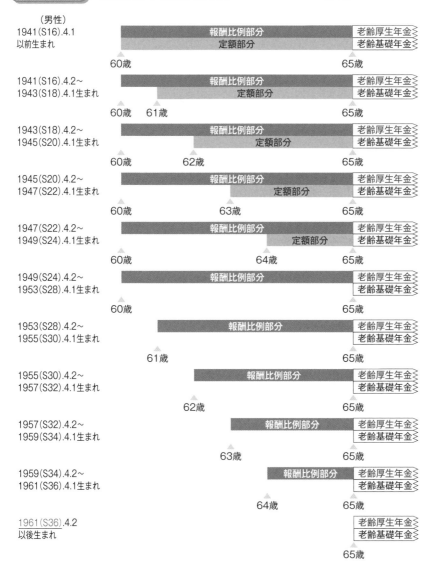

女性の支給開始年齢の引上げは、旧共済年金の被保険者を除き、男性
より5年遅れになります。旧共済年金の被保険者であった女性の年齢
引上げは、男性と同じです。

③ 老齢厚生年金の年金額

図表 5-3-2

在職中の給料に比例して決定される年金額です。

具体的な年金額は、賞与を含む総報酬制が導入される前の被保険者期間に係る部分と、総報酬制が導入された後の被保険者期間に区分して計算します。

(2) 老齢厚生年金の加算額

📖暗記 　図表 5-3-3

① 加給年金額

年金受給者の扶養手当として位置づけられている加算額です。

原則として、加入期間が<u>20年（240月）</u>以上ある受給権者が、㋐または㋑のいずれかの支給を受けており、かつ、生計を維持している<u>65歳未満の配偶者</u>（年収850万円未満）または一定の要件を満たす子がいる場合に、<u>受給権者</u>の生年月日に応じた金額が加算されます。

　㋐ 特別支給の老齢厚生年金（定額部分が支給されている場合に限る）

　㋑ 老齢厚生年金

<一定の要件を満たす子>
・18歳に達する日以後の最初の3月31日までの間にある子（高校卒業までの子）
・20歳未満で障害等級が1級・2級の障害状態にある子
　いずれの場合も、現に婚姻していないことも条件となります

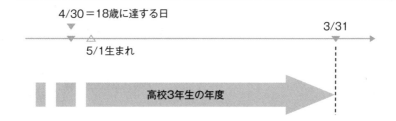

② 振替加算

配偶者に対する加給年金額は、配偶者が65歳に達すると配偶者自身に老齢基礎年金が支給されるため、支給が打ち切られます。

しかし、打ち切られた状態のままであると世帯全体の年金収入が減少してしまうため、その代わりに配偶者が受ける老齢基礎年金に<u>受給権者</u>（1966（昭和41）年4月1日以前生まれの配偶者に限る）の生年月日に応じた金額の<u>振替加算</u>が行われます。

51

図表 5-3-2　老齢厚生年金の年金額（報酬比例部分）

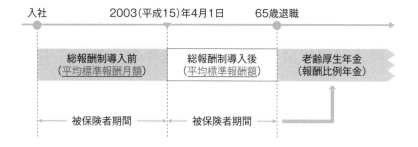

図表 5-3-3　加給年金額と振替加算

（例）　1953（昭和28）年4月2日～1961（昭和36）年4月1日生まれの男性の場合

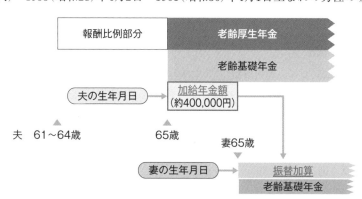

妻に加算される振替加算の金額は、1966（昭和41）年4月1日以前生まれの生年月日に応じて約10,000円～約230,000円となります。

在職老齢年金制度

厚生年金の支給を受けている人が、厚生年金の適用事業所に勤務した場合、会社からの給料と厚生年金が重複するため、厚生年金の全部または一部が支給停止になることがあります。

具体的には、その人の総報酬月額相当額（※1）と基本月額（※2）の合計額が50万円を超える場合、（特別支給の）老齢厚生年金の全部または一部が支給停止となります。

　※1　標準報酬月額＋その月以前1年間の標準賞与額の総額×1/12
　※2　（特別支給の）老齢厚生年金（加給年金額を除く）×1/12

第6節 ｜ 公的年金における障害給付

❶ 障害基礎年金（1階部分の国民年金）

チェック ✓✓✓

（1）受給要件

① 対象者

図表 6-1-1

障害の原因となった病気やケガについて初めて診療を受けた日（初診日）において、国民年金の<u>被保険者</u>であること、または、国民年金の<u>被保険者であった人</u>が日本国内に住所を有し、60歳以上65歳未満であることが必要です。

② 障害の状態

障害認定日に、障害等級<u>1級</u>または<u>2級</u>の障害状態にあることが必要です。

なお、障害認定日は、初診日から起算して<u>1年6ヵ月</u>を経過した日（その期間内に治ったときはその日）です。

③ 保険料納付要件

図表 6-1-2

(ア) 原　則

初診日の前日において、初診日の属する月の前々月までに国民年金の被保険者期間がある場合には、その被保険者期間のうち<u>保険料納付済期間</u>と<u>保険料免除期間</u>とを合算した期間が<u>3分の2以上</u>あること（保険料を滞納している期間が3分の1以下であること）が必要です。

(イ) 特　例

初診日が2026年4月1日前にある傷病による障害については、初診日の前日において、初診日の属する月の前々月までの<u>1年間</u>のうちに<u>保険料納付済期間</u>および<u>保険料免除期間</u>以外の被保険者期間がないこと（直近の1年間に保険料の滞納がないこと）が必要です。

> 学生納付特例期間は免除期間に該当するため、その期間中の障害については、障害基礎年金が支給されます。

図表 6-1-1 障害基礎年金の対象者

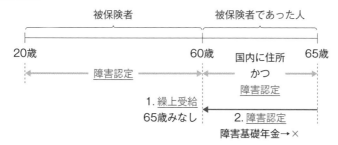

本来65歳から支給される老齢基礎年金を繰上げ受給すると、年金の規定上は65歳に達したものとみなされるため、その後に障害認定を受けたとしても障害基礎年金は支給されません。

図表 6-1-2 保険料納付要件（原則と特例）

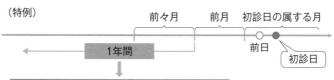

直近の1年間が未納のため、特例による受給は不可。
15年（被保険者期間）×2/3＝10年≦13年　∴原則で受給可能。

(2) 受給できる年金額　　　📖暗記　　図表 6-1-3

　老齢基礎年金と異なり、保険料納付済期間や保険料免除期間に関わらず<u>満額の年金額</u>が支給されます。

　なお、障害の状態が変わったときには、その障害の状態に応じて年金額が改定されます。

　また、受給権者によって生計を維持していた子（一定の要件を満たす子）がいる場合には、子の加算額が付加されて支給されます。

| 1級障害 | 約1,000,000円（＝2級障害の<u>1.25倍</u>）＋ 子の加算額 |
| 2級障害 | 約800,000円（基本年金額・<u>満額</u>）＋ 子の加算額 |

> 子の加算額は、2人目までは各1人につき約230,000円、3人目以降は各1人につき約80,000円となります。

(3) 20歳前に1・2級障害者になった場合（20歳前障害）　図表 6-1-4

　障害認定日が20歳前であるときは、<u>20歳に達した日</u>に障害基礎年金の<u>受給権</u>が発生し、支給が開始されます。

　ただし、受給権者本人が保険料を納付していないため、その人の所得が一定額を超えると障害基礎年金の全額または2分の1が支給停止となります。

💡Hint!　20歳前障害者の所得制限

2人世帯で給与所得の場合、以下のとおりとなっています。
所得額が370万4千円を超える場合：年金額の2分の1相当額の支給停止
所得額が472万1千円を超える場合：全額支給停止

全額支給	1/2 停止	全額停止
	1/2 支給	

　　　　　　　370.4万円　　　472.1万円

図表 6-1-3　一定の要件を満たす子

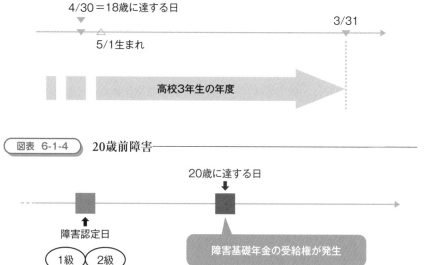

- 18歳に達する日以後の最初の3月31日までの間にある子（高校卒業までの子）
- 20歳未満で障害等級が1級・2級の障害状態にある子
  いずれの場合も、現に婚姻していないことも条件となります

4/30＝18歳に達する日

5/1生まれ

3/31

高校3年生の年度

図表 6-1-4　20歳前障害

20歳に達する日

障害認定日

1級　2級

障害基礎年金の受給権が発生

保険料を納付していないため、
一定以上の所得があると…
支給停止（全額・1/2）

❷ 障害厚生年金（2階部分の厚生年金）

（1）受給要件

図表 6-2-1

① 対象者

　障害の原因となった病気やケガの初診日において厚生年金保険の被保険者であることが必要です。

② 障害の状態

　障害認定日に、障害等級<u>1級〜3級</u>の障害の状態にあることが必要です。

③ 保険料の納付要件

　障害基礎年金と同様の保険料納付要件を満たしていることが必要です。

（2）受給できる年金額

🔖 暗記

　障害厚生年金で受給できる年金額は、報酬比例部分の年金を基礎として計算します。

　なお、障害基礎年金と同様に、障害の状態が変わったときには、その障害の状態に応じて年金額が改定されます。

　また、1級または2級の障害厚生年金の受給権者に、受給権を得た当時、生計維持関係にある65歳未満の配偶者がいた場合、配偶者加給年金額（約230,000円）が付加されて支給されます。

1級障害	報酬比例の年金額 × 1.25 ＋ 配偶者加給年金額
2級障害	報酬比例の年金額 ＋ 配偶者加給年金額
3級障害	報酬比例の年金額（最低保障額あり）

（3）障害手当金（一時金）

　初診日から5年以内に病気やケガが治り、障害等級3級の障害よりも軽い障害が残ったときに、厚生年金保険独自の障害手当金（一時金）が支給されます。なお、障害手当金に物価スライド率は適用されません。

図表 6-2-1 障害年金のまとめ

	障害基礎年金	障害厚生年金
対象者	主に初診日において国民年金の被保険者	初診日において厚生年金の被保険者
保険料の納付要件	（原則）　保険料納付済期間＋保険料免除期間≧直前の被保険者期間×2/3 （特例）　直前1年間＝保険料納付済期間＋保険料免除期間（＝滞納期間なし）	
障害等級	1級・2級	1級・2級・3級
受給額	1級：満額の年金額×1.25 2級：満額の年金額 　（保険料納付済の月数は問わない） ※　一定の子がいる場合 　　1・2級の金額＋子の加算額	1級：報酬比例の年金額×1.25 2級：報酬比例の年金額 3級：報酬比例の年金額 　　　　　　（最低保障額あり） ※　一定の配偶者がいる場合 　　1級・2級の金額＋配偶者加給年金額
一時金	支給なし	障害手当金の支給あり

Hint!　障害等級の認定基準

障害等級の主な認定基準は下記のとおりになります。
なお、この認定基準は、身体障害者手帳などに記載される等級の認定基準と異なるため、注意が必要です。

	障害基礎年金	障害厚生年金
1級	他人の介助を受けなければ日常生活が困難 （例）　両目の矯正視力の和が0.04以下	
2級	必ずしも他人の介助は必要ないが日常生活が極めて困難 （例）　両目の矯正視力の和が0.05以上0.08以下	
3級	———	労働が著しい制限を受ける （例）　両目の矯正視力が0.1以下

第7節 | 公的年金における遺族給付 頻出度 B

❶ 遺族基礎年金（1階部分の国民年金）

チェック ✓✓✓

❗重要 ✏実技（資産・個人）

（1）受給要件

図表 7-1-1

遺族基礎年金は、次の①から④のいずれかの要件に該当した人が死亡したときに支給されます。

> ① 国民年金の被保険者
> ② 国民年金の被保険者であった人で、日本国内に住所を有する60歳以上65歳未満の人
> ③ 老齢基礎年金の受給権者で保険料納付済期間と保険料免除期間の合計が25年以上の人
> ④ 保険料納付済期間と保険料免除期間の合計が25年以上の人

> ①と②の要件による支給の場合、障害年金の「初診日」を「死亡日」と読み替えて判定する保険料納付要件を満たす必要があります。

（2）対象者

📖暗記

国民年金の被保険者または国民年金の被保険者であった人が死亡した当時、その人によって生計を維持されていた一定の要件を満たす子と生計を同じくしている配偶者（子のある配偶者）または一定の要件を満たす子が遺族となります（配偶者は内縁関係を含みます）。

> 一定の要件をみたす子は、老齢厚生年金、障害基礎年金で加算対象となる子と同じ、原則として高校卒業までの子です。

（3）受給できる年金額

子のある配偶者	約800,000円（基本年金額・満額）＋ 子の加算額
子のみ	約800,000円（基本年金額・満額）＋ 2人以上の加算額

> 子の加算額は、2人目までは各1人につき約230,000円、3人目以降は各1人につき約80,000円となります。
> また、子のみの場合における2人以上の加算額は、2人目は約230,000円、3人目以降は各1人につき約80,000円となります。

図表 7-1-1 遺族基礎年金の受給要件

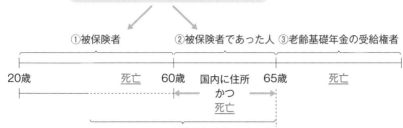

障害基礎年金と同じ保険料納付要件あり

①被保険者　②被保険者であった人　③老齢基礎年金の受給権者

20歳　　　　　　死亡　60歳　国内に住所　65歳　　　死亡
　　　　　　　　　　　　　　　　かつ
　　　　　　　　　　　　　　　　死亡

④保険料納付済期間＋保険料免除期間≧25年の人

老齢基礎年金の受給資格期間は10年以上ですが、③の受給権者は保険料納付済期間と保険料免除期間の合計が25年以上必要になりますので注意しましょう。

寡婦年金（第1号被保険者の独自給付）

寡婦年金は、夫の掛けた保険料の掛け捨て防止のために支給される年金です。
第1号被保険者で保険料納付済期間（保険料免除期間を含む）が10年以上である夫が老齢年金等を受けずに死亡した場合、婚姻期間10年以上の妻に妻自身の老齢基礎年金が支給されるまでの間（60歳～65歳に達するまで）支給されます。
なお、妻が老齢基礎年金の繰上げ支給を受けている場合は、65歳に達しているものとみなされるため、寡婦年金は受給できません。

死亡一時金（第1号被保険者の独自給付）

死亡一時金は、第1号被保険者であった人で保険料納付済期間（保険料免除期間を含む）が36ヵ月（3年）以上ある人が死亡した場合に、遺族が遺族基礎年金を受給できないときに保険料の掛け捨てを防止する意味で給付されるものです。
なお、寡婦年金と死亡一時金の両方の受給要件を満たすときは、どちらか一方を選択することになります。

❷ 遺族厚生年金(2階部分の厚生年金)

(1) 受給要件

図表 7-2-1　　図表 7-2-2

遺族厚生年金の受給要件には、短期要件と長期要件があり、いずれかの要件に該当したときにその遺族に遺族厚生年金が支給されます。

短期要件	①厚生年金保険の被保険者が死亡したとき
	②厚生年金保険の被保険者であった人が資格喪失後に、被保険者期間中に初診日がある傷病によって初診日から5年以内に死亡したとき
	③障害等級1級または2級に該当する障害の状態にある障害厚生年金の受給権者が死亡したとき
長期要件	④老齢厚生年金の受給権者で保険料納付済期間と保険料免除期間の合計が25年以上の人が死亡したとき
	⑤保険料納付済期間と保険料免除期間の合計が25年以上の人が死亡したとき

①と②の要件による支給の場合、遺族基礎年金と同様の保険料納付要件を満たすことが必要です。
また、短期要件にも長期要件にも該当している場合は、遺族が有利な方を選択して年金額を計算します。

(2) 遺族の範囲

被保険者または被保険者であった人が死亡した当時、その人によって生計を維持されていた次の人が遺族(妻または夫は、内縁関係を含みます)となります。

また、受給順位は、①配偶者または子(妻・子・夫)、②父母、③孫、④祖父母の順となっており、いったん上位者が受給すると下位者は受給することはできません。

・妻、または一定の要件を満たす子
・孫
・被保険者の死亡当時55歳以上の夫、父母、祖父母(支給開始は60歳から)

(3) 受給できる年金額(報酬比例部分の年金)

遺族厚生年金の額は、原則として報酬比例の年金額の4分の3相当額です。
なお、短期要件で支給される場合(厚生年金保険の被保険者が若くして死亡した場合など)には、被保険者期間を300ヵ月とみなして計算します。

図表 7-2-1 遺族厚生年金の受給要件

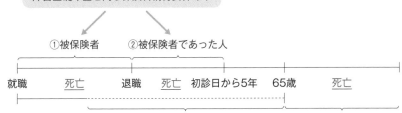

障害基礎年金と同じ保険料納付要件あり

① 被保険者　② 被保険者であった人

就職　死亡　退職　死亡　初診日から5年　65歳　死亡

⑤ 保険料納付済期間＋保険料免除期間≧25年の人　④ 老齢厚生年金の受給権者

④の受給権者は保険料納付済期間と保険料免除期間の合計が25年以上必要になりますので注意しましょう。

図表 7-2-2 遺族年金のまとめ 📖暗記

	遺族基礎年金	遺族厚生年金
対象者	主に国民年金の被保険者または被保険者であった人が死亡した当時、その人によって生計を維持されていた次の人	主に厚生年金の被保険者または被保険者であった人が死亡した当時、その人によって生計を維持されていた次の人
	子のある配偶者、子 子のない配偶者⇨支給されない	受給順位 ① 妻・子・夫　② 父母　③ 孫　④ 祖父母 被保険者などの死亡時において55歳以上の場合に60歳から支給（②父母・④祖父母）
保険料の納付要件	（原則）保険料納付済期間＋保険料免除期間≧直前の被保険者期間×2/3 （特例）直前1年間＝保険料納付済期間＋保険料免除期間（＝滞納期間なし）	
受給額	満額の年金額 （保険料納付済の月数は問わない） ※ 一定の子がいる場合 　満額の年金額＋子の加算額	原則として、報酬比例の年金額×3/4 （一定の者は、300月とみなして計算）

Plus one!

中高齢寡婦加算

厚生年金の被保険者である夫が死亡した時点で、その妻に遺族基礎年金の対象となる子がなく、かつ、妻の年齢が40歳以上65歳未満であるときは、65歳になるまで中高齢寡婦加算が支給されます。

❶ 確定拠出年金（DC）

かくていきょしゅつねんきん

📝実技（個人・保険） チェック ✓✓✓

（1）概　要

図表 8-1-1

確定拠出年金（Defined Contribution）は、<u>加入者自身</u>が自己責任で<u>掛金を運用</u>し、その運用結果がそのまま年金額となる年金制度です。

確定拠出年金には、運営主体および掛金の拠出者別に次の2種類があります。

| 企業型 | 企業が運営主体となり、企業が掛金を拠出する。
（従業員も一定の範囲内で掛金を拠出することもできる） |
| 個人型
（iDeCo） | 国民年金基金連合会が運営主体となり、個人が掛金を拠出する。 |

企業型は厚生年金保険の被保険者（70歳未満）であれば加入でき、個人型は国民年金の被保険者（65歳未満）であれば加入できます。

（2）加入対象者と拠出限度額

図表 8-1-2

加入対象者は大きく分けて、会社に勤務している従業員と自営業者等に区分されます。加入者の区分に応じて、確定拠出年金の掛金として支払うことができる金額の上限（拠出限度額）が 図表 8-1-2 のように定められています。

> 企業型の加入者は、年金規約に定めれば、<u>拠出限度額の範囲内</u>、かつ、<u>事業主の掛金</u>を超えない範囲内で<u>上乗せして拠出</u>することができますが、これを<u>マッチング拠出</u>といいます。
> 個人型の1号加入者の人は、国民年金基金または付加年金の付加保険料との合計で月額68,000円が拠出限度額となります。
> なお、個人が拠出した掛金は、<u>全額</u>を所得税および住民税の計算上、<u>小規模企業共済等掛金控除</u>として控除することができます。

図表 8-1-1 従来の企業年金と確定拠出年金

＜従来の企業年金＞

会社 ──掛金→ 基金や保険会社などに外部積立運用

↓ 退職給与規程で定めた退職年金（確定給付）を退職時に支払う。

従業員

従来の企業年金は、企業が従業員に対して将来支払う<u>給付額</u>を約束する「確定給付型」でした。
また、運用のリスクは<u>会社</u>が負っています。

＜確定拠出年金（企業型）＞

会社

↓ 退職給与規程で定めた掛金（確定拠出金）を勤務時に支払う

従業員 ──上乗せ可→ DC口座で積立運用
←将来年金

企業が従業員に対して現在支払う<u>掛金</u>を約束し、将来支払う<u>給付額</u>は約束しません。
したがって、運用のリスクは<u>従業員</u>が負っています。

図表 8-1-2 加入対象者と拠出限度額

個人型 816,000円	個人型 276,000円	個人型 240,000円 企業型 660,000円	個人型 144,000円 企業型 330,000円	個人型 144,000円	個人型 144,000円		3階
			確定給付企業年金など		年金払い退職給付		
付加年金または国民年金基金		厚生年金保険				個人型 276,000円	2階
国民年金（基礎年金）							1階
自営業者（第1号被保険者等）	会社員（第2号被保険者）				公務員（第2号被保険者）	専業主婦等（第3号被保険者）	

※ 金額は年間の拠出限度額です。
※ 第1号被保険者のうち、国民年金の保険料を免除されている人や滞納している人は、原則として掛金を拠出することはできません。

企業型の加入者は、個人型を併用することができます。

(3) 特　徴

図表 8-1-3

① 運　用

　　運用商品は、企業や国民年金基金連合会から委託を受けた運営管理機関から、リスクとリターンの特性が異なる3つ以上の商品が選択肢として提示されます。

　　加入者は、提示された商品の中から運用商品を選択し、運営管理機関に対して運用の指図を行ないます。

② ポータビリティー

図表 8-1-4

　　年金資産が個人別に管理されているため、就職、転職または離職の際に持ち運びができます。

　　たとえば、企業型年金の加入者の場合、転職先に企業型年金がある場合には、加入者の転職時の申請に基づいて年金資産をその年金制度に移換します。

③ 給　付

　　給付の形態には、老齢給付金、障害給付金、死亡一時金があります。

　　老齢給付金と障害給付金は、年金または一時金として受給することができます。

　　老齢給付金は、加入期間が10年以上の場合は60歳から受給することができますが、60歳時点で加入期間が10年に満たない場合は、加入期間に応じて支給開始年齢を61歳から65歳まで引き上げていきます。

老齢給付金は、75歳までには受給を開始しなければなりません。

④ 脱退一時金

　　個人型年金においては、通算拠出期間が5年以下または個人別管理資産額が25万円以下であることなど、また、企業型年金においては、個人別管理資産額が1万5,000円以下であること(1万5,000円超の場合は個人型年金の脱退一時金の要件を満たすこと)など所定の条件に該当する場合には、確定拠出年金から脱退して脱退一時金を受給することができます。

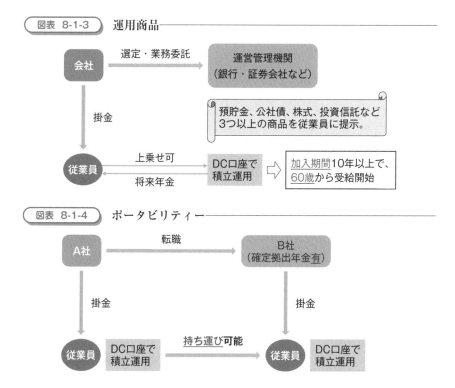

図表 8-1-3 運用商品

図表 8-1-4 ポータビリティー

拠出限度額の改正

2024年12月より、確定給付企業年金や年金払い退職給付などの確定給付型年金制度に加入する第2号被保険者については、個人型(iDeCo)の拠出限度額が次のとおり改正されます。

▶ 確定給付型の他制度に加入する場合(公務員を含む)のiDeCoの拠出限度額が1.2万円から2万円に引き上げられます。

▶ iDeCoの掛金額は、各月の企業型DCの事業主掛金額と確定給付型ごとの他制度掛金相当額 (公務員の場合は共済掛金相当額)と合算して月額5.5万円を超えることはできません。

企業型DCと確定給付型の他制度に加入する場合	
iDeCoの掛金額	月額5.5万円−(各月の企業型DCの事業主掛金額+他制度掛金相当額) ※iDeCoの拠出限度額の上限は2万円

例：① 企業型DCと確定給付型の他制度に加入していて、各月の掛金額を合算した額が4万円の場合
月額5.5万円−4万円(企業型DCの事業主掛金額+他制度掛金相当額)
=1.5万円(iDeCoの拠出限度額は1.5万円)

② 確定給付型の他制度のみに加入していて、各月の他制度掛金相当額が2万円の場合
月額5.5万円−2万円(他制度掛金相当額)=3.5万円(iDeCoの拠出限度額は2万円)

(厚生労働省の資料より)

❷ 国民年金基金

！重要　✐実技（個人・保険）

（1）概　要

　　国民年金の第1号被保険者は、会社員のように2階部分の厚生年金がない
ため老後の生活資金が不足する可能性があります。

　　そこで国民年金の第1号被保険者には、基礎年金の上乗せ年金として、
任意加入の国民年金基金の制度（物価スライド率の適用なし）が設けられて
います。

　　国民年金基金に加入できるのは、国民年金の<u>第1号被保険者</u>などです。

　　なお、国民年金の保険料を<u>免除されている場合</u>や滞納している場合は、
原則として国民年金基金の掛金を納付することはできません。

> 国民年金基金と付加年金は同時に加入することはできませんので、どち
> らか1つを選択することになります。

（2）掛金の徴収

　　国民年金基金は、規約で定められた額の掛金を基金の加入員から毎月徴
収することにしていますが、この掛金には月額<u>68,000円</u>の上限額（確定拠
出年金の個人型掛金がある場合は<u>その合計額</u>）があります。

> 掛金の額は、選択した給付の型（終身年金型か確定年金型かなど）、加
> 入口数、加入時の年齢、性別によって決まります。
> なお、支払った掛金は、<u>全額</u>を所得税および住民税の計算上、<u>社会保
> 険料控除</u>として控除することができます。

図表 8-2-1 国民年金基金

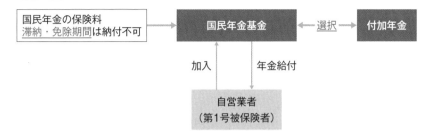

国民年金基金には終身年金と確定年金がありますが、加入者は1口目に必ず終身年金に加入しなければなりません。2口目以降は、終身年金または確定年金の選択が可能です。
なお、年金額は終身年金と確定年金の別および口数に応じて加入時に確定しています。

図表 8-2-2 掛金の上限額

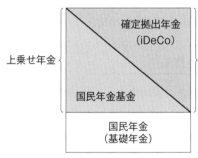

掛金上限：月額68,000円
（確定拠出年金の掛金と併せて）

小規模企業共済

確定拠出年金(個人型)や国民年金基金の他に、自営業者などの退職金制度として小規模企業共済という制度があります。
小規模企業共済は、個人事業主などの零細企業の経営者が自ら掛金を拠出し、事業を廃業したり、退職した場合に共済金や共済年金を受け取ることができる制度です。

第9節 ┃ ライフプランニングの考え方 頻出度 A

❶ キャッシュフロー表の知識 ⓘ重要 チェック ☑☑☑

（1）概 要 図表 9-1-1

　　将来の夢や目標を実現させるためには、それに伴う資金を準備しておく必要があります。

　　例えば、10年後に住宅を購入するという目標を立てた場合、10年後に必要となる住宅取得資金を準備するための計画も合わせて立案しておくとよいわけです。

　　現在の収入・支出状況および将来の収入・支出予測をあらかじめシミュレーションし、目標達成までの過程（プロセス）を具体的に見える形にしておくことで、計画も立てやすくなりますので、キャッシュフロー表の作成はライフプランニングにとって必要不可欠な作業となります。

（2）キャッシュフロー表の作成 🖩計算 ✎実技（資産）

　　キャッシュフロー表は、対象者の家族構成、年齢、将来の目標（ライフイベント）、現在から将来にわたる収入・支出の状況、年間収支、各年における貯蓄残高で構成されています。

　　なお、キャッシュフロー表を作成する上で使用する各要素の計算式は、以下の通りです。

① 収入金額（実際に使える可処分所得で計上）

> 可処分所得 ＝ 税込年収 － 社会保険料 － （所得税 ＋ 住民税）

② n年目の収入金額・支出金額

> n年目の収入または支出額 ＝ 現在の収入または支出額 × $(1 ＋ 変動率)^{n年目}$

③ 各年末の貯蓄残高

> 各年末の貯蓄残高 ＝ 前年の貯蓄残高 × （1 ＋ 運用利率） ± 年間収支

図表 9-1-1　キャッシュフロー表の作成

（単位：万円）

経過年数			現在	1	2
家族年齢					
	神田	太郎様	54	55	56
		花子様	53	54	55
		一郎様	25	26	27
		二郎様	17	18	19
家族のイベント					
	神田	太郎様			
		花子様			
		一郎様			
		二郎様		大学	
収 入	給与収入	0.00%	654	654	654
	老齢基礎年金	—			
	老齢厚生年金	—			
	退職金				
	収入合計		654	654	654
支 出	基本生活費	1.00%	284	287	290
	住宅ローン	—	119	119	119
	住宅維持費	1.00%	24	24	24
	教育費	—	63	153	123
	A生命保険料	—	21	21	21
	B生命保険料	—	24	24	24
	C生命保険料	—	2	2	2
	D火災保険料	—	2	2	2
	E地震保険料	—	2	2	2
	F自動車保険料	—	5	5	5
	車の維持費	1.00%	25	25	26
	車の買換え	1.00%			
	レジャー費	1.00%			
	結婚資金援助	1.00%			
	支出合計		571	664	638
年間収支			83	−10	16
貯蓄残高（運用率）		0.50%	1,000	995	1,016

①収入（可処分所得）
変動率（昇給率）は0.0%としています。

②支出
変動率（物価上昇率）は1.0%としています。

年間収支
収入合計−支出合計で求めます。

③貯蓄残高
運用利率は0.5%としています。

＜2年目の基本生活費＞

現在　　　物価上昇1.0%　　　1年目　　　物価上昇1.0%　　　2年目

284万円　×（1+0.01）＝　287万円　×（1+0.01）＝　290万円

＜2年目の貯蓄残高＞

現在　　　運用益0.5%　　　1年目　　　運用益0.5%　　　2年目

1,000万円　×（1+0.005）＝　1,005万円　×（1+0.005）＝　1,000万円

年間収支：▲ 10万円　　　　　　　　　　　　　　　　　+ 16万円

995万円　　　　　　　　　　　　　　　1,016万円

(3) 各種複利係数の意味と活用

　将来の目標を達成するための準備資金を考える上で、各種複利係数の使い方を理解しておくことは重要です。

　FPが使用する6つの複利係数は、①将来の金額を計算する複利係数と、②現在の金額を計算する複利係数に区分することができます。

① 将来の金額を計算するための複利係数 　　　　図表 9-1-2

㈦ 年金終価係数（積立の係数）

　毎年所定の金額を積み立てた場合、一定期間後の元利合計がいくらになっているかを計算するための係数です。

> 177,400円を年利6％の複利運用で毎年5年間積み立てた場合、年利6％、5年の年金終価係数は5.6371であるため、5年後の元利合計は177,400円×5.6371≒1,000,000円となります。

㈡ 終価係数（運用の係数）

　積立をせずに所定の金額を複利運用した場合、一定期間後の元利合計がいくらになっているかを計算するための係数です。

> 1,000,000円の元本を年利6％で5年間複利運用した場合、年利6％、5年の終価係数は1.3382であるため、5年後の元利合計は1,000,000円×1.3382＝1,338,200円となります。

㈢ 資本回収係数（年金額・ローン返済額の係数）

　所定の金額を預けた場合、一定の期間に毎年いくらずつ受け取れるかを計算するための係数です。

> 1,338,200円を年利6％の複利運用で預けた場合、年利6％、5年の資本回収係数は0.2374であるため、5年間の毎年の受取額は1,338,200円×0.2374≒317,690円となります。

　また、この係数は、所定の金額を借りた場合、一定の期間に毎年いくらずつ返済すべきかを計算するための係数としても利用できます。

> 1,338,200円を年利6％で5年間借りた場合、5年間の毎年の返済額は1,338,200円×0.2374≒317,690円となります。

図表 9-1-2　将来の金額を計算する複利係数

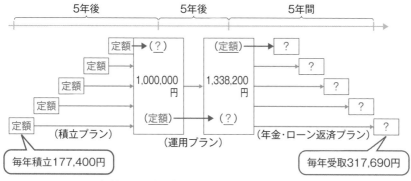

<年利6%、5年の複利係数>

年金終価係数	終価係数	資本回収係数
5.6371	1.3382	0.2374

設例　複利係数①

(ア)50歳から10年間、毎年120万円ずつ貯蓄したいと考えている。年利2.0%で複利運用するものとした場合、60歳時の貯蓄額（元利合計）はいくらになっているか。

(イ)5年後に海外旅行に行きたいと考えている。現在200万円の手持ち資金があるが、これを年利2.0%で複利運用すると、5年後の元利合計はいくらになっているか。

(ウ)事業資金として800万円を借り入れた。6年間、年利2.0%で毎年年末に元利均等で返済する場合、毎年の返済額はいくらになるか。

計算結果は万円未満を四捨五入し、万円単位で解答すること。

<参考>　係数早見表（年利2.0%）

係数	終価係数	現価係数	減債基金係数	資本回収係数	年金終価係数	年金現価係数
5年	1.104	0.906	0.192	0.212	5.204	4.713
6年	1.126	0.888	0.159	0.179	6.308	5.601
10年	1.219	0.820	0.091	0.111	10.950	8.983

【解答】

(ア)120万円×10.950(10年の年金終価係数)＝1,314万円

(イ)200万円×1.104(5年の終価係数)＝221万円

(ウ)800万円×0.179(6年の資本回収係数)＝143万円

② 現在の金額を計算するための複利係数

図表 9-1-3

(ア) 減債基金係数（積立の係数）

一定期間後に<u>所定の目標積立額</u>を達成するためには、<u>毎年いくらずつ積み立てればよいか</u>を計算するための係数です。

> 5年後の目標積立額を1,000,000円、積立額は年利6%で複利運用できるとした場合、年利6%、5年の減債基金係数は0.1774であるため、毎年の積立額は1,000,000円×0.1774＝177,400円となります。

(イ) 現価係数（運用の係数）

一定期間後に<u>所定の目標金額</u>を積立てずに達成するためには、<u>元本（一時金）がいくら必要になるか</u>を計算するための係数です。

> 5年後の目標金額を1,338,200円、元本（一時金）は年利6%で複利運用できるとした場合、年利6%、5年の現価係数は0.7473であるため、必要な元本（一時金）は1,338,200円×0.7473≒1,000,000円となります。

(ウ) 年金現価係数（年金原資額・ローン借入額の係数）

一定期間にわたって<u>所定の金額を毎年受け取る</u>ためには、<u>元本（一時金）がいくら必要になるか</u>を計算するための係数です。

> 年利6%の複利運用をしながら、5年間にわたって毎年317,690円ずつ受け取る場合、年利6%、5年の年金現価係数は4.2124であるため、元本（一時金）は317,690円×4.2124≒1,338,200円となります。

また、この係数は、一定期間にわたって<u>所定の金額を返済する</u>とした場合、一時金として<u>いくら借りることができるか</u>を計算するための係数としても利用できます。

> 年利6%で5年間にわたって毎年317,690円ずつ返済する場合、年利6%、5年の年金現価係数は4.2124であるため、借り入れることができる一時金は317,690円×4.2124≒1,338,200円となります。

Hint! p.14 図表 2-5-1 における住宅ローンの返済額

期間20年、年利5%の資本回収係数は0.080、年金現価係数は12.462です。2,000万円を借り入れた場合の年間返済額は、2,000万円×0.080≒160万円となり、逆に、年間160万円の返済ができる人が借り入れることができる金額は、160万円×12.462≒2,000万円となります。

第1章
ライフプランニングの考え方

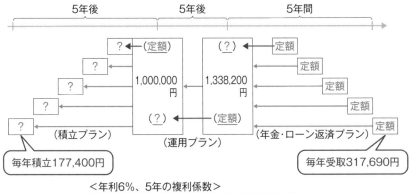

図表 9-1-3 現在の金額を計算する複利係数

<年利6%、5年の複利係数>

減債基金係数	現価係数	年金現価係数
0.1774	0.7473	4.2124

設例 複利係数②   計算  実技(資産)

(ア)子どもの教育資金として、これから毎年年末に1回ずつ積み立てて、10年後に400万円を準備したいと考えている。その間、年利2.0%で複利運用するとした場合、いくらずつ積み立てればよいか。

(イ)8年後にマイホームを建替える予定である。建替え予算を1,500万円とすると、仮に年利2.0%で複利運用するものとした場合、現時点でいくらの元本があればよいか。

(ウ)60歳から5年間、毎年240万円ずつ年金方式で受取りたいと考えている。仮に年利2.0%で複利運用するものとした場合、60歳時にいくら準備すればよいか。

計算結果は万円未満を四捨五入し、万円単位で解答すること。

<参考> 係数早見表(年利2.0%)

係数	終価係数	現価係数	減債基金係数	資本回収係数	年金終価係数	年金現価係数
5年	1.104	0.906	0.192	0.212	5.204	4.713
8年	1.172	0.854	0.117	0.137	8.583	7.325
10年	1.219	0.820	0.091	0.111	10.950	8.983

【解答】

(ア)400万円×0.091(10年の減債基金係数) = 36万円

(イ)1,500万円×0.854(8年の現価係数) = 1,281万円

(ウ)240万円×4.713(5年の年金現価係数) = 1,131万円

（1）概　要

図表 9-2-1

　　特定時点（例えば、12月31日現在）における個人（世帯）の資産・負債・純資産の状況を一覧にしたものが個人バランスシートです。

　　個人の財産管理をする上で、その特定時点における正味の財産（純資産）を把握することができる資料となりますので、キャッシュフロー表と同様にライフプランニングには欠かせない資料となります。

（2）個人バランスシートの作成

　　個人バランスシートは、個人（世帯）が保有している、資産（現金預金、投資信託、動産、不動産など）と、負債（自動車ローンや住宅ローンなどの借入金）、資産から負債を控除して求める純資産（正味の財産）で構成されています。

　　なお、個人バランスシートを作成する上で注意しなければならないことは、<u>資産項目</u>を購入時の取得価格ではなく、<u>特定時点における評価額（時価）</u>で計上しなければならない点です。

　　個人バランスシートを作成する目的は、その個人（世帯）に正味の財産がいくらあるかを把握することにありますので、資産を全て処分（換金）し、負債をすべて返済した場合に、手元資金としていくら残るかを確認しなければなりません。

　　したがって、投資信託や不動産など経済状況等によって値動きのある資産については、適切な時価を見積もって資産に計上する必要があります。

図表 9-2-1　個人バランスシートの作成 ━━━━ 📊計算 ✏️実技 (資産)

個人バランスシート
20XX年12月31日現在

資　　　産	金　　額	負　　　債	金　　額
金融資産		自動車ローン	100万円
普通預金	500万円	住宅ローン	1,000万円
定期預金	300万円	負債合計	1,100万円
定額貯金	200万円		
上場株式　（時価）	150万円		
株式投信　（時価）	400万円		
生命保険　（時価）	100万円	純資産	3,700万円
不動産・動産			
自宅(土地)　（時価）	2,000万円		
自宅(家屋)　（時価）	1,000万円		
車　　　　　（時価）	150万円		
資産合計	4,800万円	負債・純資産合計	4,800万円

純資産 ＝ （資産合計）4,800万円 － （負債合計）1,100万円 ＝ 3,700万円

生命保険の時価は、特定時点で解約した場合の価値となりますので、解約返戻金相当額を計上することになります。

第 2 章

リスク管理

章のテーマ

世帯主の死亡・入院などにより収入が減少する、火災によりマイホームが失われるなど、人生には様々なリスクがあり、FPはそのリスクに応じた保障・補償プランを提案することが求められます。この章では、このプランの提案のために必要な保険の基礎知識を学習します。

頻出項目ポイント

頻出度

No. 1 **損害保険商品の種類と内容**
損害保険には、火災保険やその特約としての地震保険、自動車に関する保険である自賠責保険や任意の自動車保険、そして、傷害保険や賠償責任保険など、様々な種類があります。それぞれの補償範囲をしっかり覚えてください。

No. 2 **生命保険商品の種類と内容**
保障重視の保険である「定期保険」「終身保険」、保障と貯蓄を組み合わせた保険である「養老保険」、貯蓄重視の保険である「個人年金保険」などについて、保険金や年金が支払われる条件をそれぞれ確認しましょう。

No. 3 **生命保険の概略**
生命保険料は、「大数の法則」と「収支相等の原則」に基づき、「予定死亡率」「予定利率」「予定事業費率」により計算されます。それぞれの用語を確認しましょう。また、保険契約を継続させる方法としての「払済保険」と「延長（定期）保険」については、その違いを理解することが重要です。

No. 4 **保険制度全般**
保険業法では、保険契約者を保護するため、「保険契約者保護機構」「ソルベンシー・マージン比率」「クーリングオフ（契約撤回請求権）」などについて規定されています。それぞれの役割をしっかり理解しましょう。

No. 5 **生命保険と税金**
個人が受け取った「入院給付金」「手術給付金」「特定疾病保険金」「火災保険金」「車両保険金」などの給付金や保険金は非課税となります。非課税となる保険金、給付金について、その判断基準をおさえましょう。

第1節 │ リスクマネジメント

❶ リスクマネジメント

(1) リスク・コントロールとリスク・ファイナンシング

　個人と企業が抱えるリスクには、死亡・ケガ・賠償・倒産など様々なものがあります。

　リスクマネジメントとは、個人や企業の活動の安定と継続を確保するために、これらに発生するリスクを想定し、対策を講じることをいいます。

　リスクマネジメントにおけるリスク処理の技術には、リスクの軽減、回避や防止のリスク・コントロールと、保険などを利用したリスク・ファイナンシングの2つがあります。

＜リスク・コントロール＞

①回避　（例）　水難事故を避けるために、海や湖などに行かないこと
②損失制御 ┬ 損失防止　（例）　交通事故を避けるためのポスターや呼びかけ
　　　　　 └ 損失軽減　（例）　運転にヘルメットを着用すること
③結合　（例）　運送会社が保有する車両を増加させること、他の会社と合併すること
④分離　（例）　地震による損害を避けるため、工場を各地に分散すること
⑤移転（リスク・コントロール型）　（例）　製品の輸送を運送業者に委託すること、一定期間経過後は、返品不能の特約を設けて商品を販売すること

＜リスク・ファイナンシング＞

①保有　（例）　発生した損失を、経常的な費用や借り入れなどで賄うこと
②移転（リスク・ファイナンシング型）
　├ 保険　（例）　発生した損失を保険によって補償すること
　└ 保険以外の移転　（例）　連帯保証人の制度

(2) リスクの種類

① 死亡リスク

死亡リスクとは、世帯主の病死または事故死によって引き起こされるリスクです。遺族基礎年金や遺族厚生年金などの公的保障だけでは足りない分を必要保障額として考える必要があります。

> 死亡リスクへの備えには生命保険などを活用します。

② 生きるリスク

生きるリスクとは、長生きに伴うリスクです。長生きすることは幸せの1つですが、長生きするほど老後の生活費が掛かります。人生100年時代といわれている現代では、老齢基礎年金や老齢厚生年金などの公的保障だけでは足りない分を必要保障額として考える必要があります。

> 生きるリスクへの備えには個人年金保険などを活用します。

③ 第三のリスク

第三のリスクとは、疾病・傷害および介護のリスクです。

国の保障としては健康保険、労災保険および介護保険がありますが、これらだけではカバーできない自己負担分の費用を保障する必要があります。

> 第三のリスクへの備えには、所得補償保険や医療保険や入院特約などを活用します。

④ 物に関するリスク

物に関するリスクとは、偶然な事故を基因とする「物」に対する損害リスクです。

> 損害額が多額になる場合に備え、住宅を取得した人や車に乗る人は火災保険、地震保険および車両保険などに加入するのが一般的です。

⑤ 損害賠償に関するリスク

損害賠償に関するリスクとは、偶然な事故により負った法律上の損害賠償リスクです。

> 特に車に乗る人は、自動車事故のリスクに対して自動車保険（対人賠償保険・対物賠償保険）に加入する必要があります。

第2節 | 保険制度全般

頻出度 **A**

❶ わが国の保険制度

 ✓重要

チェック
✓ ✓ ✓

(1) 社会保険と民間保険

　保険制度は、①一定の保険集団の偶発的な事故に備え、②不特定多数の人々で保険料を出し合い、③事故が発生した場合に一定の給付を行う相互扶助制度です。

　保険制度には、健康保険、年金保険、介護保険のような公的な社会保険と生命保険や損害保険のような私的な民間保険とがあります。社会保険は強制加入が原則となっていますので、リスクマネジメントでは、社会保険で不足している部分を民間保険で補完することが有効になります。

(2) 保険の募集形態

　保険の募集形態には、保険会社の職員が直接募集を行う形態のほか、保険代理店を通じて募集を行う形態などがあります。

　保険代理店は、保険会社の委託を受け、保険会社のために保険契約の<u>代理</u>または<u>媒介</u>を行います。保険会社は、この代理店方式により支店や営業所を設けるコストを削減することができ、各地域の特殊事情に精通した者を利用することができます。

銀行などの代理店を経由して販売された生命保険や損害保険も、保険会社が破綻した場合に、各保険契約者保護機構の補償対象となります。

用 語 解 説

代 理：主に損害保険に見られる委託方法で、保険募集人（保険代理店）が保険契約の承諾をすればその契約が成立する形態

媒 介：主に生命保険に見られる委託方法で、保険募集人（保険代理店）が保険契約の勧誘のみを行って保険契約の成立は保険会社の承諾に委ねる形態

（3）契約者保護に関する制度および規制（保険業法）

保険業法は、保険業を行う者の業務運営および保険募集の公正を確保することによって、保険契約者の保護を図ることを目的とした法律です。

① 保険契約者保護機構

📖暗記

保険契約者保護機構は、保険会社が破綻した場合に、破綻保険会社の契約者の保護を図るために設立されました。

保険契約者保護機構は、破綻保険会社の保険契約を引き継ぐ救済保険会社が現れた場合には、その救済保険会社に対して資金援助を行い、破綻保険会社の保険契約の円滑な継続を図ります。また、救済保険会社が現れる見込みがない場合には、自ら破綻保険会社の保険契約を引き継ぎ、破綻保険会社の保険契約の円滑な継続を図ります。

保険会社は、原則として生命保険契約者保護機構または損害保険契約者保護機構のいずれかに強制加入となります。

破綻保険会社の契約者が補償される範囲は、以下のとおりです。

生命保険契約者保護機構	原則として責任準備金の90%を補償
	※ 共済、少額短期保険業者が販売する保険は対象外
損害保険契約者保護機構	自賠責・家計地震保険：100%を補償
	疾病等に関する保険：90%を補償
	その他の損害保険：80%（破綻後3ヵ月以内は100%）を補償
	※ 共済、少額短期保険業者が販売する保険は対象外

※1 責任準備金とは、保険会社が将来の保険金・年金・給付金の支払いに備え、保険料や運用収益などを財源として積み立てているものです。

※2 その他の損害保険には、自動車保険や火災保険などがあります。

※3 少額短期保険業者とは、少額（原則として保険金総額1,000万円以下）であって、保険期間が短期間（生命・医療保険1年以内、損害保険2年以内）の保険のみを引き受ける事業者をいいます。

② ソルベンシー・マージン比率

　ソルベンシー・マージン比率とは、保険会社の<u>財務体質の健全性</u>を測る尺度の1つであり、通常の予測を超えるリスクに対する<u>支払い余力</u>を示す指標です。

　<u>200％以上</u>の場合は保険金などの支払能力の状況が適当であり、健全性は<u>高い</u>と判断され、<u>200％未満</u>の場合は、監督当局（金融庁）による<u>早期是正措置</u>の対象となります。

$$\text{ソルベンシー・マージン比率（\%）} = \frac{\text{保険会社の自己資本相当額}}{\text{通常の予測を超えるリスク相当額×1/2}} \times 100$$

早期是正措置

経営状態が悪化している保険会社に対して、ソルベンシー・マージン比率に応じ、金融庁長官より次の命令がなされます。
　200％未満　100％以上…経営改善計画の提出およびその実行命令
　100％未満　　0％以上…配当または役員賞与の禁止、業務の縮小などの命令
　　0％未満　　　　　　…業務の全部または一部の停止命令

③ クーリング・オフ（契約撤回請求権）　　　　　　　　　　　　　　　📖暗記

　契約者が契約の取消しなどを希望する場合には、契約の申し込みがあった後でも、<u>書面（電磁的記録を含む）</u>により申し込みの撤回、契約の解除をすることができます。これをクーリング・オフといいます。契約者は、「クーリング・オフの内容を記載した書面の交付を受けた日」と「申し込みをした日」のいずれか<u>遅い日</u>から起算して<u>8日以内</u>（郵送の場合は<u>消印有効</u>）であれば、申し込みの撤回、契約の解除ができます。

＜クーリング・オフができない場合＞

・法人契約
・医師の診査が終了した場合
・営業所における契約の場合
・保険期間が1年以内の契約（自動車保険や火災保険など）
・法律上加入が義務付けられている契約（自賠責保険）　　　等

設例 クーリング・オフ

A社の代表取締役のB氏は、9月20日に申し込みをした次の生命保険契約を9月25日に撤回するつもりである。下記の資料に基づき、クーリング・オフ制度の適用にならないものはどれか。なお、クーリング・オフの内容を記載した書面は、それぞれの申し込みと同時に受取っている。

	保険種類	契約者	診査・告知の日
①	一時払養老保険（5年満期）	B氏	9/20（書面による告知）
②	定期保険特約付終身保険	B氏	9/22（医師による診査）
③	逓増定期保険	A社	9/22（書面による告知）

【解答】

②と③

①は書面による告知をしており、8日以内の撤回であるため、適用される。

②は8日以内の撤回であるが、医師による診査が終了しているため、適用されない。

③は法人契約（契約者はA社）のため、適用されない。

> クーリング・オフは、書面（ハガキ等）だけではなく、電磁的記録により行うこともできます。電磁的記録による通知の例としては、電子メールのほか、USBメモリ等の記録媒体や事業者が自社のウェブサイトに設ける専用フォーム等による通知が該当します。また、FAXによる通知も可能です。

 保険業法と保険法

保険業法と似た名前の法律に保険法があります。

保険業法は保険契約者の保護を目的として、保険会社に対する監督（免許の内容、業務内容の規制、罰則等）について定めているのに対し、保険法は契約当事者間における保険等の一般的な取引ルールを定めています。したがって、両者は役割が異なりますので、併存して適用されます。

第3節 | 生命保険の概略

❶ 生命保険の仕組み

(1) 生命保険の機能

① 保険と預貯金

図表 3-1-1

生命保険は、死亡、疾病、負傷など人に関するリスクを金銭で備える「保障機能」を有しており、預貯金にはない特色を持っています。

② 保障機能と貯蓄機能

図表 3-1-2

生命保険には、「保障機能」重視の保険、「貯蓄機能」重視の保険および「保障機能」と「貯蓄機能」を兼ね備えている保険があります。

(2) 生命保険料の仕組み

生命保険料は、「大数の法則」と「収支相等の原則」に基づき、3つの予定基礎率である予定死亡率、予定利率、予定事業費率により計算されます。

① 大数の法則

個々の事故の発生は、全く偶然ですが、多数の集団の中では一定の確率で発生していることが分かります。これを「大数の法則」といいます。

② 収支相等の原則

図表 3-1-3

保険会社は、将来支払う保険金や事業経費の合計額が、契約者から受取る保険料とその運用収益の合計額と等しくなるように保険料を決定します。これを「収支相等の原則」といいます。

③ 予定基礎率

図表 3-1-4

予定基礎率には、予定死亡率、予定利率、予定事業費率の3つがあります。

第2章 生命保険の概略

図表 3-1-1 保険と預貯金

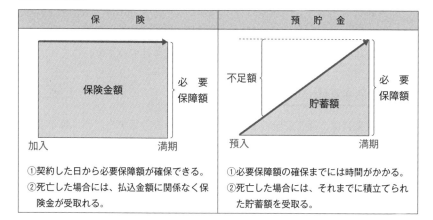

保　　険	預　貯　金
保険金額 ／ 必要保障額 加入 〜 満期	不足額 ／ 必要保障額 貯蓄額 預入 〜 満期
①契約した日から必要保障額が確保できる。 ②死亡した場合には、払込金額に関係なく保険金が受取れる。	①必要保障額の確保までには時間がかかる。 ②死亡した場合には、それまでに積立てられた貯蓄額を受取る。

図表 3-1-2 保障機能と貯蓄機能

保障機能	万が一途中で死亡した場合、生命保険では払込金額に関係なく、契約した保険金を受取ることができる。
貯蓄機能	無事に満期を迎えた場合には積立額に応じた満期保険金を、長期の契約を解約した場合には解約返戻金を受取ることができる。

図表 3-1-3 収支相等の原則

収　入	保　険　料		運　用　収　益
	‖		
支　出	事　業　費	死亡保険金	満期保険金

図表 3-1-4 予定基礎率

予定死亡率	保険会社は過去の統計を基に、年齢・性別ごとの死亡率を予測し、将来の保険金支払額を算定しており、その死亡率を予定死亡率といいます。
予定利率	保険会社に払込まれた保険料は保険会社で運用されており、一定の収益をあらかじめ見込んで保険料が割引かれていますが、この割引率を予定利率といいます。
予定事業費率	保険会社は運営上の必要経費を見込んで保険料を算定しており、その見込んだ事業費の割合を予定事業費率といいます。

④ 保険料の構成

図表 3-1-5

　保険料は、主として保険金等を支払うための財源となる<u>純保険料</u>（<u>死亡保険料</u>、<u>生存保険料</u>）と、保険会社が保険契約を維持・管理していくための必要経費に充当される<u>付加保険料</u>から構成されています。

(3) 剰余金の仕組み

図表 3-1-6

　保険会社は、通常安全性を見込んで保険料を計算するため、毎年度末の決算時に余りが生じます。これを剰余金といいます。剰余金が生まれる原因は、予定死亡率と実際の死亡率の差によって生じる<u>死差益</u>、予定利率と実際の運用利率の差によって生じる<u>利差益</u>、予定事業費率と実際の事業費率の差によって生じる<u>費差益</u>であり、剰余金の3利源といわれています。

剰余金の還元として分配される金銭を<u>配当金</u>といいます。

❷ 生命保険の契約

チェック
✓ ✓ ✓

(1) 生命保険の基本用語

図表 3-2-1

契 約 者	保険契約上の権利と保険料の支払義務を負う人
被 保 険 者	生命保険の対象となっている人のことをいい、その人の死亡や疾病などに対して保険金や給付金が支払われます。
保険金受取人	保険金を受取る人をいい、契約者が指定します。
保 険 金	①死亡保険金：被保険者が死亡した場合に払われるお金 ②満期保険金：満期を迎えた場合に払われるお金 ③解約返戻金：保険契約を解約した場合に契約者に払い戻されるお金（解約払戻金）
保 険 料	保障の対価として契約者が保険会社に払い込むお金

87

第2章 生命保険の概略

図表 3-1-5　保険料の構成

死亡保険料	死亡保険金の支払原資となる保険料
生存保険料	満期保険金の支払原資となる保険料
付加保険料	保険会社運営上の必要経費に充当される保険料

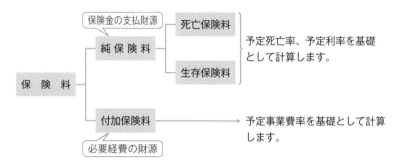

図表 3-1-6　剰余金の構成

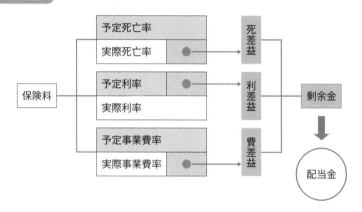

図表 3-2-1　生命保険の基本用語

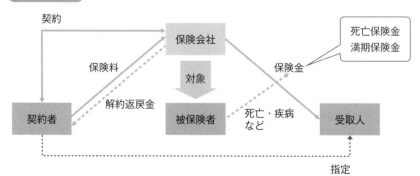

(2) 申込と告知

図表 3-2-2

　契約を申し込む際、契約者または被保険者は、保険会社が危険度を判断する要素である重要事項のうち保険会社が求める事項(既往歴や現在の健康状態、身体の障害状態、職業など)について、ありのままを告げなければなりません。これを<u>告知義務</u>といいます。

(3) 契約の承諾と責任開始期(日)

図表 3-2-3

　加入の申し込みを保険会社が認めることを<u>承諾</u>といいます。<u>申し込み、告知(診査)、第1回目の保険料の払い込み</u>が行われると、保険会社は契約上の責任を負います。これを<u>責任開始期(日)</u>といいます。責任開始期(日)は、承諾の時期にかかわらず、申し込み、告知(診査)、第1回保険料払い込みの<u>3つがすべて完了</u>したときとされています。

(4) 告知義務違反

　告知義務者(契約者または被保険者)が、故意または重大な過失によって重要な事実を告知しなかったり、事実と違うことを告げていた場合には、<u>告知義務に違反</u>したことになります。保険会社は、告知義務違反を契約確認などによって知った場合、その契約を<u>解除</u>することができます。

解除権の消滅

保険法の規定によれば、保険契約者や被保険者に告知義務違反があった場合、保険会社は原則として保険契約を解除できます。この権利を解除権といいますが、この解除権は、保険会社が解除の原因があることを知った時から<u>1ヵ月間</u>行使しないとき、または保険契約の締結のときから<u>5年</u>を経過したときは消滅します。

第2章
生命保険の概略

図表 3-2-2 告知書の記載例

告知書（質問事項の抜粋）

・3ヵ月以内に医師の診察等を受けましたか。
・5年以内に病気やケガで入院をしましたか。
・5年以内に病気やケガで手術を受けましたか。
・2年以内の健康診断で異常はなかったですか。
　　　　　　　　　　　　　　　　　　　　等

図表 3-2-3 契約の承諾と責任開始期（日）

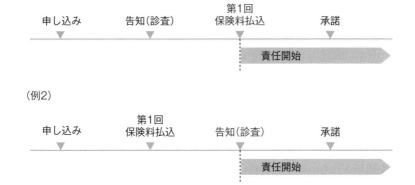

（例1）

申し込み　　告知（診査）　　第1回保険料払込　　承諾

責任開始

（例2）

申し込み　　第1回保険料払込　　告知（診査）　　承諾

責任開始

保険業法における禁止行為

保険契約または募集に関して、保険募集人などは保険契約者または被保険者に対して次のような行為を行ってはいけないこととされています。
・重要な事項について虚偽の告知をするように勧めること
・重要な事実を告げるのを妨げ、または告げないことを勧めること
・不利益となるべき事実を告げずに、すでに成立している保険契約を消滅させて、新たな保険契約の申込みをさせること
・保険料の割引、割戻しその他特別の利益の提供を約束すること
・他の保険契約との比較において誤解させるおそれのある比較表示や説明を行うこと
・顧客が支払うべき保険料を立替払いすること　など

❸ 保険料の払い込み

（1）生命保険料の支払方法

　　　生命保険料の支払方法には、月払い、半年払い、年払い、一時払いがあります。

> 保険料を何回分かまとめて支払う方法を<u>前納</u>といいます。
> <u>前納</u>をすると一般に保険料の割引が適用されます。

（2）保険料の払込猶予期間

図表 3-3-1

　　　契約者は保険料を払込期月までに払い込まなければなりません。

　　　しかし、保険会社が保険料の払い込みを一定期間（月払いの場合は<u>翌月末日</u>まで、半年払い・年払いの場合は<u>翌々月の月単位の契約応当日</u>まで）待ってくれることになっており、その一定期間を払込猶予期間といいます。

　　　なお、保険料の払込猶予期間中に、入院や死亡などの保険事故が発生した場合、入院給付金や死亡保険金の支払いは行われます。

（3）契約の失効と復活

暗記　　図表 3-3-2

　　　払込猶予期間を過ぎても保険料の払い込みがない場合は、自動振替貸付が適用されない限り、契約は効力を失います。これを<u>失効</u>といいます。

　　　いったん失効した契約でも、失効してから原則として<u>3年以内</u>で、被保険者の健康状態に<u>異常がない</u>ことを前提に、保険会社の承諾を得て、それまでに滞っている<u>保険料</u>（利息が発生する場合はその利息を含む）をまとめて払い込み、契約を元の状態に戻すことができます。これを<u>復活</u>といいます。

　　　なお、契約者が<u>解約</u>した保険契約は復活ができません。

> 復活により契約を継続した場合、保険料は<u>失効前</u>と変わりません。

第
2
章

生命保険の概略

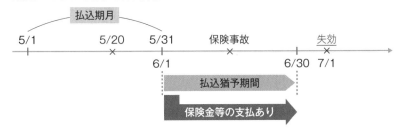

図表 3-3-1　保険料の払込猶予期間

＜月払い＞20XX年5月20日に契約

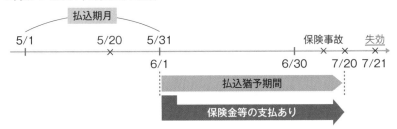

＜年払い＞20XX年5月20日に契約

図表 3-3-2　契約の失効と復活

・被保険者の健康状態に異常なし
・保険会社の承諾あり
・遅延保険料と利息の支払い

❹ 契約の継続

何らかの事情で保険料の払込みが困難になった場合に、契約を有効に続けるための方法として次の方法があります。

(1) 自動振替貸付制度

自動振替貸付制度とは、その契約の解約返戻金が、払い込むべき保険料とその利息の合計額より多い時に、保険会社が<u>自動的に保険料を立て替えて</u>契約を有効に継続させる制度です。

なお、立て替えられた保険料には所定の<u>利息</u>がかかることになります。

(2) 保障額の減額

保険料の負担を軽くしたい場合は、保障額の<u>減額</u>という制度があります。

それまで加入してきた保険金額を減額することで、それ以後の保険料の負担を軽くできます。

(3) 払済保険

はらいずみ ほ けん

📖暗記　図表 3-4-2

払済保険とは、保険料の払い込みを中止して、その時点での解約返戻金を基に、元の契約の<u>保険期間</u>を変えずに、一時払いの養老保険等(または、元の契約と同じ種類の保険)に切り換えたものをいいます。保険期間を変えずに保険料の支払いを中止するわけですから、<u>保障額</u>は以前の契約よりも<u>小さく</u>なります。

(4) 延長(定期)保険

📖暗記　図表 3-4-3

延長(定期)保険とは、保険料の払い込みを中止して、その時点での解約返戻金を基に、元の契約の<u>保障額</u>を変えずに、一時払いの定期保険に切り換えたものをいいます。保障額を変えずに保険料の支払いを中止するわけですから、<u>保険期間</u>は以前の契約よりも<u>短く</u>なります。

> 特約の付いた契約を払済保険または延長(定期)保険に変更した場合、特約部分は<u>消滅</u>します。

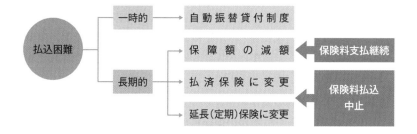

図表 3-4-1　契約の継続

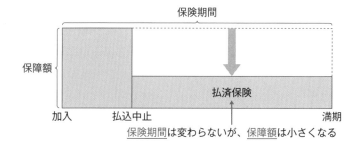

図表 3-4-2　払済保険

保険期間は変わらないが、保障額は小さくなる

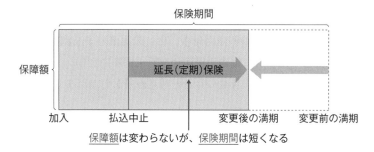

図表 3-4-3　延長（定期）保険

保障額は変わらないが、保険期間は短くなる

❺ 契約転換制度

　契約転換制度とは、現在加入している生命保険の蓄積部分や配当金を新しい保険の一部に充当し、新規に加入する保険の保険料の負担を軽減する制度で、<u>保険の下取り</u>といわれるものです。

　具体的には、既契約の責任準備金や積立配当金を新たな契約の責任準備金に充当することにより、転換後の保険料負担が軽減されます。転換を利用すると、新規に契約するよりは有利な条件で加入することができますが、<u>転換時</u>の年齢、<u>保険料率</u>で計算されるため注意が必要です。

> 新規に加入する保険には<u>告知義務</u>があります。

❻ 契約者貸付

　保険契約を基に保険会社からお金を借りる制度を契約者貸付といいます。

　また、借りられる額は、その時点での<u>解約返戻金</u>の90％以内など、一定範囲内とされています。

　なお、貸付金には所定の利息が付き、仮に未返済のまま満期を迎えたり、被保険者が死亡した場合には満期保険金や死亡保険金から、また、解約した場合には解約返戻金から貸付金の元金と利息が差し引かれます。

図表 3-5-1 契約転換制度

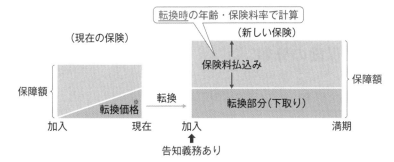

※ 転換価格とは、転換前契約の転換時における責任準備金、積立配当金などの合計額のうち、転換後の保険契約へ充当できる金額のことをいいます。

MEMO

第4節 | 生命保険商品の種類と内容 頻出度 **A**

❶ 生命保険の分類

チェック ✓ ✓ ✓

（1）基本3分類

図表 4-1-1

生命保険の基本的な形態は、どんな場合に保険金が支払われるかによって次の3つに分類することができます。

死亡保険	被保険者が死亡または高度障害になった場合に限り、保険金が支払われる保険
生存保険	被保険者が生存していた場合に年金や満期保険金が支払われる保険
生死混合保険	死亡保険と生存保険を組合わせた保険

（2）保障重視型と貯蓄重視型による分類

図表 4-1-2

生命保険は、保障の度合いによって保障重視の保険と貯蓄重視の保険に分類することができます。

保障重視の保険	解約した場合に、今まで掛けてきた保険料が戻ってこない保険
貯蓄重視の保険	①満期保険金が受取れる保険 ②解約時に解約返戻金を受取れる保険

Hint! 高度障害とは？

死亡保険において保険金（高度障害保険金）の支払対象となる高度障害とは、次のいずれかの障害状態をいいます。

- ・両眼の視力を全く永久に失ったもの
- ・言語またはそしゃくの機能を全く永久に失ったもの
- ・中枢神経系・精神または胸腹部臓器に著しい障害を残し、終身常に介護を要するもの
- ・両上肢とも手関節以上で失ったかまたはその用を全く永久に失ったもの
- ・両下肢とも足関節以上で失ったかまたはその用を全く永久に失ったもの
- ・1上肢を手関節以上で失い、かつ、1下肢を足関節以上で失ったか、またはその用を全く永久に失ったもの
- ・1上肢の用を全く永久に失い、かつ、1下肢を足関節以上で失ったもの
  （生命保険文化センター「高度障害保険金の受取対象となる高度障害状態」より抜粋）

なお、一般に高度障害保険金が支払われるとその保険契約は消滅します。

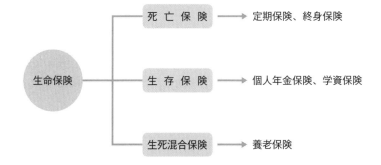

図表 4-1-1　基本3分類

生命保険
- 死亡保険 → 定期保険、終身保険
- 生存保険 → 個人年金保険、学資保険
- 生死混合保険 → 養老保険

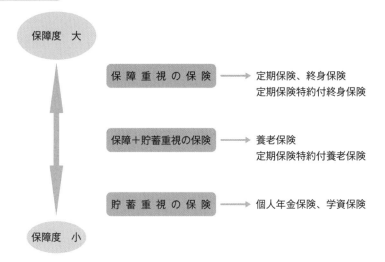

図表 4-1-2　保障重視型と貯蓄重視型による分類

保障度　大

保障度　小

- 保障重視の保険 → 定期保険、終身保険
  定期保険特約付終身保険
- 保障＋貯蓄重視の保険 → 養老保険
  定期保険特約付養老保険
- 貯蓄重視の保険 → 個人年金保険、学資保険

第2章　生命保険商品の種類と内容

❷ 保障重視の保険

(1) 定期保険

📖暗記　　図表 4-2-1

　　定期保険は、保険期間中に被保険者が死亡または高度障害になった場合に限り死亡保険金または高度障害保険金が支払われる保険であり、満期保険金はありません。

　　定期保険の保険期間は、5年、10年、20年、30年などがあります。更新型の場合、契約期間が終了すると被保険者の健康状態にかかわらず自動的に更新され、告知等も不要ですが、更新時点での年齢が考慮されるために保険料が高くなります。

・保障機能　→　一定期間の死亡や高度障害のリスクをカバーする
・貯蓄機能　→　満期保険金がないため、貯蓄性がない
・保　険　料　→　基本的に掛け捨てタイプで、保険料が安い

(2) 逓減・逓増定期保険

📖暗記　　図表 4-2-2

　　逓減定期保険は、加入後、期間の経過に応じて保険金額が減少する保険であり、逓増定期保険は、加入後、期間の経過に応じて保険金額が増加していく保険です。なお、保険料は、逓減定期保険および逓増定期保険ともに保険期間を通じて一定です。

(3) 終身保険

📖暗記　　図表 4-2-3

　　終身保険は、保険期間を定めず生涯にわたって保障が続き、死亡または高度障害になった場合に死亡保険金または高度障害保険金が支払われる保険です。

　　なお、保険料の払い込みには一定期間で払い込みが満了する有期払込み型と、死亡するまで払い込む終身払込み型などがあります。

・保障機能　→　一生涯の死亡や高度障害のリスクをカバーする
・貯蓄機能　→　解約返戻金があるため、貯蓄性がある
・保　険　料　→　定期保険に比べ、保険料が高い

> 終身保険を中途解約した場合には、期間の経過に応じた解約返戻金を受取ることができますが、早期に解約した場合には、解約返戻金が払い込んだ保険料総額を下回ることがあります。

図表 4-2-1　定期保険

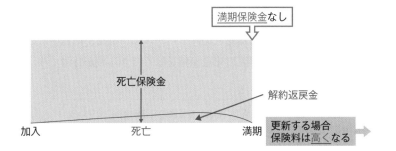

図表 4-2-2　逓減・逓増定期保険

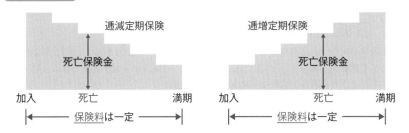

図表 4-2-3　終身保険

＜有期払込み型＞

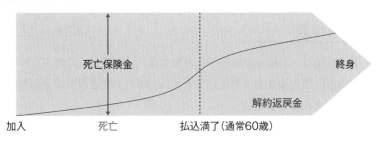

＜終身払込み型＞

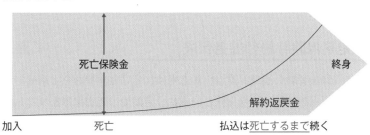

(4) 定期保険特約付終身保険

図表 4-2-4

　定期保険特約付終身保険は、終身保険に定期保険特約を上乗せした保険です。生涯（終身）にわたる死亡保障をベースに、子育て期間中など働き盛りで保障が必要な一定期間の死亡保障を厚くできるのが特徴です。

> 特約部分の定期保険が更新型の場合、被保険者の健康状態にかかわらず自動的に更新され告知等も不要ですが、特約部分の保険料は更新時の年齢で計算されるため、更新の都度、保険料が高くなります。

収入（生活）保障保険

被保険者が死亡または高度障害になった場合に、年金形式または一時金形式（年金形式による受取総額より少ない）で死亡保険金または高度障害保険金が支払われる保険であり、主に遺族の日常の生活費などを保障する保険です。
なお、満期時に被保険者が無事だった場合は、保険金は支払われません。

❸ 保障と貯蓄を組み合わせた保険

(1) 養老保険

暗記　図表 4-3-1

　養老保険は、保険金が同額である死亡保険と生存保険を組み合わせた保険であり、被保険者が満期時に生きていた場合に死亡保険金と同額の満期保険金が支払われます。

- ・保障機能　→　満期保険金と同額の死亡または高度障害の保障が一定期間ある
- ・貯蓄機能　→　満期保険金があるため、貯蓄性は高い
- ・保険料　→　定期保険や終身保険に比べ、保険料が高い

(2) 定期保険特約付養老保険

図表4-3-2

　定期保険特約付養老保険は、養老保険に定期保険特約を上乗せしたもので、定期保険特約付終身保険と同様に一定期間の死亡保障を厚くした保険です。

図表 4-2-4　定期保険特約付終身保険

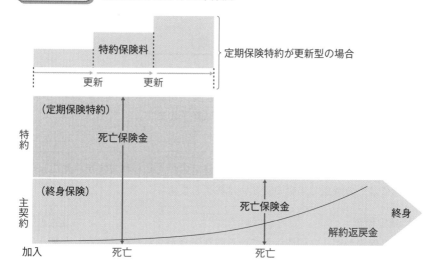

図表 4-3-1　養老保険

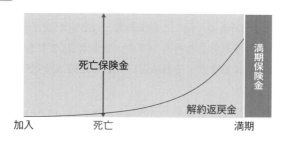

図表 4-3-2　定期保険特約付養老保険

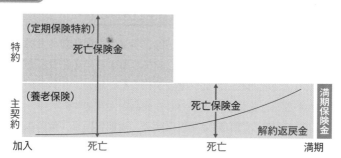

❹ 貯蓄重視の保険

(1) 個人年金保険（定額年金保険）

📖 暗記

① 終身年金

図表 4-4-1

　被保険者が<u>生きている限り終身にわたり</u>年金が支払われますが、死亡した場合にはその時点で年金の支払いは終了します。

② 有期年金

図表 4-4-2

　被保険者が<u>一定期間生きている限り</u>年金が支払われますが、死亡した場合にはその時点で年金の支払いは終了します。

③ 確定年金

図表 4-4-3

　被保険者が<u>一定期間生きている限り</u>年金が支払われ、死亡した場合には年金契約終了時まで<u>遺族</u>に対して年金または一時金が支払われます。

(2) 学資（こども）保険

📖 暗記 　図表 4-4-4

　学資（こども）保険は、親などが契約者、こどもが被保険者になる保険で<u>教育資金</u>の準備を目的としたものです。被保険者（こども）が満期時に生存していれば満期保険金が、それ以前に死亡した時は所定の死亡保険金が支払われます。

　契約者（親など）が保険期間中に死亡した場合は、それ以降の保険料の支払いは<u>免除</u>されますが、契約はその後も継続し、こどもの入学など節目節目で<u>祝金</u>が支給され、満期時には<u>満期保険金</u>も支払われます。

(3) 変額個人年金保険・変額保険（有期型）

　変額個人年金保険は、保険料の一部を年金受取開始前まで<u>特別勘定</u>で運用し、その<u>運用実績</u>に基づいて<u>死亡給付金</u>および<u>年金原資額</u>が変動するものです。年金受取開始前に被保険者が死亡した場合、<u>払込保険料程度</u>を最低保証とする死亡給付金が支払われる商品が主流です。

　また、変額保険（有期型）は死亡保険金、満期保険金、解約返戻金が特別勘定の運用実績によって変動する保険であり、<u>死亡保険金</u>についてのみ、一定額の最低保証があります。

第
2
章

生命保険商品の種類と内容

図表 4-4-1 終身年金

| 払込期間 | 終身年金 | 終身 |

加入　　　　　　　年金開始

→ 死亡した場合、年金は<u>終了</u>

図表 4-4-2 有期年金

| 払込期間 | 有期年金 |

加入　　　　　　　年金開始　　　　　　　　　　　　　　年金終了

→ 死亡した場合、年金は<u>終了</u>

図表 4-4-3 確定年金

| 払込期間 | 確定年金 |

加入　　　　　　　年金開始　　　　　　　　　　　　　　年金終了

→ 死亡した場合、年金契約終了時まで
<u>遺族</u>に<u>年金</u>を支払う

個人年金保険では、年金支給開始前に被保険者が死亡した場合には、
原則として、既払保険料相当額の死亡給付金が支払われます。

図表 4-4-4 学資(こども)保険

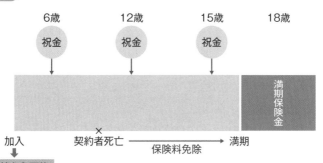

6歳　　　　12歳　　　　15歳　　　　18歳

祝金　　　祝金　　　祝金

満期保険金

加入

契約者死亡 ── 保険料免除 → 満期

出産前から可能

用 語 解 説

特別勘定：将来の保険金額・年金額が保証されていない変額型の保険・個人年金などに係る資産を管理・運用
するための勘定です。多くの場合、特別勘定には運用対象や運用方針の異なる複数の投資信託(ファ
ンド)が使われています。

一般勘定：将来の保険金額・年金額が保証されている定額型の保険・個人年金などに係る資産を管理・運用す
るための勘定です。

❺ 特約の種類と内容

(1) 主契約と特約の関係

　生命保険には保障内容をより充実させるために、主契約に任意に付加する各種の特約(オプション)があります。しかし、これらの特約は単独では加入できません。

　また、主契約を解約したり、払済保険や延長(定期)保険に変更した場合、特約は<u>消滅</u>します。

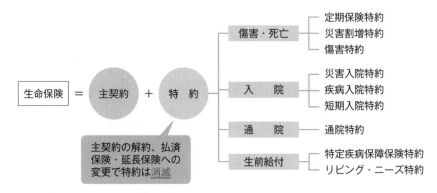

(2) 傷害・死亡特約

① 定期保険特約

　一定期間内に死亡または高度障害になったとき、主契約の死亡保険金または高度障害保険金に上乗せして死亡保険金または高度障害保険金が支払われます。

② 災害割増特約

　<u>不慮の事故</u>で死亡もしくは高度障害になったとき(事故から<u>180日以内</u>のものに限る)、または特定感染症で死亡もしくは高度障害になったときは、主契約の死亡保険金に上乗せして<u>災害割増保険金</u>が支払われます。

> <u>不慮の事故</u>とは、交通、火災、自然災害などが原因となっている事故をいいます。

③ 傷害特約　　🔖暗記

不慮の事故で死亡（事故から180日以内の死亡に限る）または特定感染症で死亡したときは、主契約の死亡保険金に上乗せして災害保険金が支払われます。

また、不慮の事故による傷害を原因として180日以内に所定の身体障害になったときは、障害の程度に応じて災害保険金の1割から10割の障害給付金が支払われます。

（3）入院特約　　🔖暗記

不慮の事故によるケガや病気などの治療を目的として、継続して5日以上入院した場合に、5日目から災害入院給付金や疾病入院給付金が支払われ、治療を目的とする手術をした場合に手術給付金が支払われます。また、日帰り入院からでも給付金が支給されるタイプの特約も販売されています。

（4）通院特約

一般的に災害入院給付金や疾病入院給付金が支払われる事由に該当する入院をし、その退院後にその治療のために通院した場合に、通院給付金が支払われます。なお、入院前の通院についても給付金が支払われるタイプもあります。

（5）生活習慣病（成人病）入院特約

がん、脳血管疾患、心疾患、高血圧性疾患、糖尿病で入院した場合に、所定の入院や手術に対して給付金が支払われます。

（6）先進医療特約　　🔖暗記

厚生労働大臣に承認された高度な医療技術の施術を受けた場合に給付金が支払われます。

なお、先進医療特約の対象となる先進医療とは、契約日時点ではなく、療養を受けた時点において厚生労働大臣が承認しているものとなります。

(7) 女性医療特約

乳ガン・子宮筋腫など<u>女性特有</u>の病気や甲状腺の障害など<u>女性の発症率が高い</u>病気により入院・手術をした場合に給付金が支払われます。

(8) 生前給付特約 📖暗記

生前給付特約(生きている間に保険金を前もって受取ることができる特約)には、特定疾病(3大疾病)保障定期保険特約とリビング・ニーズ特約があります。

	特定疾病(3大疾病)保障定期保険特約	リビング・ニーズ特約
前 払 事 由	ガン・急性心筋梗塞・脳卒中	余命6ヵ月以内
保 険 料	必 要	不 要
指定代理請求	可 能	
特 徴	・3つの疾病以外の原因で死亡、高度障害になった場合でも、死亡保険金、高度障害保険金の受取りが可能 ・保険金が支払われると、保険特約は消滅	・請求した保険金額から6ヵ月分の保険料と利息相当分が差し引かれて支払われる

指定代理請求

傷害または疾病により、保険金等を請求する意思表示ができない場合や治療上の都合により、傷病名または余命の告知を受けていない場合など、被保険者が受取人となる保険金等について、受取人(被保険者)に請求できない特別な事情があるとき、あらかじめ指定された受取人の代理人(指定代理請求人)が、保険金等の受取人(被保険者)に代わって保険金等を代理請求することができます。

設例 生命保険証券　　　　　　　　　　**計算** **実技**（資産・保険）

次の資料に基づき、①急性心筋梗塞で死亡した場合の死亡保険金、②交通事故で死亡した場合の死亡保険金、③糖尿病で20日入院した場合の給付金を答えなさい。

保険証券（一部抜粋）			
保険種類	終身保険	主契約の保険料払込期間	60歳満了
契約日	20XX年9月20日	払込期間および保険期間	
		特約　10年払込　10年満了	

主契約および特約の内容	
終身（主契約）保険金額	2,000万円
定期保険特約保険金額	5,000万円
災害割増特約保険金額	2,000万円
傷害特約保険金額（本人型）	（本人）500万円
入院医療特約（本人型）	日額（本人）5,000円
（5日以上入院した場合に、入院5日目からお支払いします）	
生活習慣病入院特約（本人型）	日額（本人）5,000円
（5日以上入院した場合に、入院5日目からお支払いします）	

＜保険の設計書＞

【解答】
　　①急性心筋梗塞（病気）で死亡した場合には、終身（主契約）保険金額の2,000万円、定期保険特約保険金の5,000万円を加えた7,000万円が支払われます。
　　②交通事故（不慮の事故）で死亡した場合には、終身（主契約）保険金額の2,000万円に、定期保険特約保険金の5,000万円、災害割増特約保険金額の2,000万円、傷害特約保険金額の500万円を加えた9,500万円が支払われます。
　　③糖尿病（生活習慣病に該当）で20日間入院した場合には、5日以上の入院をしているため入院給付金は支払われますが、4日間の免責があることから、入院医療特約から（20日－4日）×5,000円＝80,000円、生活習慣病入院特約から（20日－4日）×5,000円＝80,000円の合計160,000円が支払われます。

頻出度 B

❶ 損害保険の仕組み

重要

チェック ✓ ✓ ✓

(1) 損害保険の仕組み

損害保険は、偶然の事故や災害に対して、多数の人が保険料を出し合い、相互にリスクを負担することで、万が一の場合の経済的な負担を軽減し、家計を安定させる制度です。

したがって、損害保険料も生命保険と同様に、大数の法則を根拠とし、保険料は収支相等の原則に基づいて計算されます。

(2) 利得禁止の原則

損害保険のうち物に対する保険(火災保険など)の保険金額は、保険金の支払いによって利益を得てはならないという利得禁止の原則に基づき、実損てん補の考え方が採用されています。

(3) 契約形態

暗記

① 全部保険

図表 5-1-1

全部保険とは、保険金額と保険価額が同額の保険をいい、保険金額の全額を限度として実際の損害額が保険金として支払われます。(実損てん補)

② 超過保険

図表 5-1-2

超過保険とは、保険金額が保険価額より大きい保険をいい、実損てん補や利得禁止の原則といった社会政策的な配慮から、超過部分の保険金は支払われません。

③ 一部保険

重要 図表 5-1-3

一部保険とは、保険金額が保険価額より小さい保険をいい、通常、支払保険金は保険金額と保険価額(時価)との割合(付保率)によって算定されます。(比例てん補)

図表 5-1-1 全部保険

保険金額＝保険価額

保険金額
2,000万円

― 契約 →

保険価額(時価)
2,000万円

図表 5-1-2 超過保険

保険金額＞保険価額

超過部分1,000万円 → 支払われない

保険金額
3,000万円

― 契約 →

保険価額(時価)
2,000万円

図表 5-1-3 一部保険

保険金額＜保険価額

保険金額
1,000万円

― 契約 →

保険価額(時価)
2,000万円

用語解説

保険価額：保険の対象の評価額を示すものであり、保険事故が生じたときに被保険者が被る損害の最高見積額のことをいいます。

保険金額：契約者が損害保険会社と契約した金額であり、支払われる保険金の限度額となります。

第6節 | 損害保険商品の種類と内容 _{頻出度} A

❶ 火災に関する保険 ⟨❗重要⟩ チェック ✓ ✓

（1）火災保険

　　火災保険とは、建物や家財の火災・爆発事故から風災・水害・雪災といった自然災害までを補償し、事故・災害時に発生する臨時費用や残存物の取り片付け費用・失火見舞い費用・地震火災費用なども補償する保険です。

① 住宅火災保険

・住宅（建物）および家財が対象
※　家財のうち、1個または1組の価値が30万円を超える貴金属、宝石、書画、骨董品など（明記物件）は、保険証券に明記されている場合に補償対象となります。
・火災（消防による水濡れ・破壊を含む）、落雷、爆発、風災・ひょう災・雪災に対して損害保険金が支払われます（水害は補償されません）。

② 住宅総合保険

・住宅火災保険の補償範囲を拡げた商品
・住宅火災保険の補償範囲に加えて物の落下・飛来・衝突・倒壊、床上浸水や土砂崩れなどの水害、給排水設備の事故などによる水濡れ、現金などの盗難、持ち出し家財の損害に対しても保険金が支払われます。

（2）地震保険（特約） ⟨📖暗記⟩

　　地震保険は、地震保険法による官民協同運営の保険であり、火災保険では補償しない地震、噴火またはこれらによる津波を原因とする火災、損壊、埋没、流失によって、建物もしくは家財が全損、大半損、小半損または一部損になった場合に保険金が支払われます。

損害※の程度	支　払　額	
全　損（50%以上）	保険金額の100%	（時価額が限度）
大半損（40%以上50%未満）	保険金額の60%	（時価額の60%が限度）
小半損（20%以上40%未満）	保険金額の30%	（時価額の30%が限度）
一部損（3%以上20%未満）	保険金額の5%	（時価額の5%が限度）

※　建物の基礎や柱などの主要構造部の損害

① **対象物件**

居住用建物および生活用動産（家財）に限定

※ 1個または1組の価値が30万円を超える貴金属、宝石、書画、骨董品など（明記物件）および通貨、有価証券は、保険証券に明記されていても対象となりません。

② **申込方法**

地震保険は単独では申し込むことができず、火災保険の特約として契約しなければなりません。なお、火災保険の保険期間中であれば、途中で付加することもできます。

③ **保険料**

保険料は、建物の構造と地域によって地震保険独自の料率が決まっており、建物の築年数や免震・耐震性能に基づき、建築年割引、耐震等級割引、免震建築物割引および耐震診断割引の4種類の割引制度が設けられています。

建物の構造と地域、補償内容が同じであれば、保険会社間で保険料が異なることはありません。また、各種割引は併用することはできません。

④ **保険金額**

📖暗記

・建物、家財ごとに主契約の火災保険金額の30%〜50%の範囲内で任意に決定

・契約限度額　　建物の場合　→　　5,000万円

　　　　　　　　家財の場合　→　　1,000万円

火災事故に伴う損害賠償責任

借家人が軽過失によって借家を焼失させた場合には、民法の規定により借家の家主に対して損害賠償責任を負いますが、隣家を焼失させた場合には、民法の特別法である「失火の責任に関する法律（失火責任法）」が適用され、隣家の所有者に対して損害賠償責任を負いません。ただし、失火の原因が重過失または故意であった場合には、隣家への損害賠償責任を負うこととなります。

❷ 自動車に関する保険

(!)重要 チェック ✓✓✓

　車の保険は、自動車損害賠償保障法の規定によってすべての車に加入が義務づけられている<u>自賠責保険(強制保険)</u>と加入が任意の<u>自動車保険(任意保険)</u>に分けられます。

　なお、自動車保険(任意保険)は、補償する内容により対人賠償保険、対物賠償保険、人身傷害補償保険などに分けられ、それぞれの性格は次のようになります。

＜自動車に関する保険＞

	相手への賠償	自分への補償
人の死傷	・自賠責保険 ・対人賠償保険	・人身傷害補償保険 ・搭乗者傷害保険 ・無保険車傷害保険 ・自損事故保険
物の損壊	・対物賠償保険	・車両保険

(1) 自賠責保険(強制保険)

じ ばいせき

📖暗記

　自賠責保険では自動車事故において、<u>他人</u>(運転者の配偶者、子、父母を<u>含む</u>)にけがをさせたり、死亡させた場合の損害賠償額が補償されます。したがって、ドライバー自身のけがや車などに対する損害賠償額は補償されません。

・すべての車(原動機付<u>自転車</u>を含む)に加入が義務付けられている強制保険
・<u>死傷事故のみ</u>が対象
・<u>死傷者1名当たり</u>の支払限度額
　　死亡による損害　　　　<u>3,000万円</u>
　　傷害による損害　　　　<u>120万円</u>
　　後遺障害による損害　　後遺障害の程度により最高4,000万円まで

後遺障害による損害

後遺障害による損害では、障害の程度により第1級〜第14級の等級があります。支払保険金の限度額は等級別に第1級(最高4,000万円)〜第14級(75万円)の範囲で定められています。

113

（2）自動車保険（任意保険） 📖暗記

任意保険は、補償する内容によって次のように分けられます。

種　　類	内　　　容
対 人 賠 償 保 険	自動車事故によって<u>他人</u>（運転者の配偶者、子、父母を<u>除く</u>）を<u>死傷</u>させ、法律上の損害賠償責任を負った場合、<u>自賠責保険</u>で支払われる金額を超える部分に対して保険金が支払われます。
対 物 賠 償 保 険	自動車事故によって<u>他人の財物</u>に損害を与え、法律上の損害賠償責任を負った場合、その損害に対して保険金が支払われます。
自 損 事 故 保 険	自賠責保険では保険金が支払われない<u>自損事故</u>（運転ミスで電柱に衝突したり、崖から転落したような場合）により、ドライバーや同乗者などが死傷した場合に保険金が支払われます。
無保険車傷害保険	対人賠償をつけていないなど、<u>賠償資力が十分でない</u>他の車に衝突されてドライバーや同乗者が死亡または後遺障害を負った場合、保険金が支払われます。
搭乗者傷害保険	ドライバーや同乗者など、自動車の搭乗者が事故によって死傷した場合、<u>過失割合</u>に関係なく、契約により予め定めた保険金（<u>定額</u>）が支払われます。
人身傷害補償保険	ドライバーや同乗者など、自動車の搭乗者が事故によって死傷した場合、<u>過失割合</u>に関係なく、<u>実際の損害</u>に対して保険金が支払われます。なお、被保険者が歩行中や他の自動車に搭乗中の事故も含めて補償するものがあります。
車 　両 　保 　険	衝突、接触、転覆、物の飛来、物の落下、火災、爆発、盗難、台風、洪水、高潮その他偶然な事故によって<u>自分の自動車</u>に生じた損害に対して保険金が支払われます。

＜搭乗者傷害保険と人身傷害補償保険の違い＞

	搭乗者傷害保険	人身傷害補償保険
補償の範囲	被保険自動車に搭乗中の事故	被保険自動車に搭乗中の事故 ＋ 他の自動車に搭乗中の事故 歩行中の自動車事故
保 　険 　金	<u>過失割合</u>に関係なく定額	<u>過失割合</u>に関係なく実際の損害額

搭乗者傷害保険や人身傷害補償保険は、賠償金額が減額される被害者の過失部分を支払うことで、被害者の損害額を補てんするための保険です。

用 語 解 説

過失割合：事故当事者（加害者と被害者）の不注意（過失）の割合。被害者側にも不注意がある場合、損害賠償額は減額されますが、これを過失相殺といいます。

❸ ケガに関する保険

(1) 傷害保険

傷害保険は、偶然の事故による死亡およびケガを補償する保険です。掛け捨てタイプが主流ですが、積立タイプもあります。

保 険 名	内　　　　　容
普通傷害保険	・国内外を問わず<u>日常生活（就業中を含む）</u>の傷害を補償する。 ・被保険者の職業、職務により保険料が異なる。 　＜補償されないケース＞ 　・<u>細菌性（ウイルス性）食中毒</u>、日射病、心臓発作 　・山岳登山、スカイダイビング等による傷害 　・無免許、酒酔い等による自動車運転中の傷害 　・<u>地震、津波、噴火</u>による傷害
家族傷害保険	・普通傷害保険の対象を被保険者の家族まで含めたもの。 ・本人、配偶者、<u>生計一の同居親族および別居で未婚の子</u>が対象。
交通事故傷害保険	・国内外を問わず<u>交通事故、交通乗用具</u>による傷害を補償する。 ・被保険者の職業、職務による保険料の差はない。 ・ファミリー交通傷害保険は交通事故傷害保険のファミリー版。 　→本人、配偶者、<u>生計一の同居親族および別居で未婚の子</u>が対象。
国内旅行傷害保険	・国内旅行中（<u>住居を出発して帰宅するまで</u>）の傷害を補償する。 ・<u>細菌性（ウイルス性）食中毒</u>を補償する。
海外旅行傷害保険	・海外旅行中（<u>住居を出発して帰宅するまで</u>）の傷害・疾病を補償する。 ・<u>細菌性（ウイルス性）食中毒</u>、地震、津波、噴火による傷害を補償する。

Hint! 補償の対象となる「ケガ」

傷害保険において補償の対象となる「ケガ」とは、突発的（急激）に、たまたま（偶然）、外部からの作用（外来）により生じたものをいいます。「公園をジョギングして生じた靴ずれ」などは、この要件に該当せず、補償の対象となりません。
また、「地震の揺れで転倒してケガをした」ような場合は、地震による傷害に該当するため、海外旅行傷害保険を除き、補償の対象となりません。

用語解説

交通乗用具：電車、自動車、航空機、船舶、エレベーターなど

❹ 賠償責任・企業活動に関する保険　　①重要

(1) 賠償責任保険　　📖暗記

　　賠償責任保険は、偶然の事故により他人を死傷させたり、他人の物に損害を与えたときに、その損害賠償責任を補償するための保険です。

保　険　名	内　　　容
個人賠償責任保険	・日常生活における<u>対人・対物の賠償責任</u>を補償する。 ・本人、配偶者、<u>生計一の同居親族および別居で未婚の子</u>が対象 ＜補償されないケース＞ 　・<u>仕事中の賠償事故、自動車を運転中の賠償事故</u> 　・他人から<u>預かっている物</u>に対する賠償責任
生産物賠償責任保険 （PL保険）	・企業が<u>製造、販売したもの</u>が原因で、他人に損害を与えた場合の賠償責任を補償する。 （例）　弁当製造業者が、製造した弁当が原因で顧客に食中毒が発生した場合に備える。
会社役員賠償責任保険 （D&O保険）	・会社役員として<u>業務上行った行為</u>に起因して生じた賠償責任を補償する。
施設所有（管理）者 賠償責任保険	・施設の所有者や管理者が負うその所有、管理する<u>施設の欠陥</u>や<u>管理・運営上の不備</u>に起因する賠償責任を補償する。 （例）　遊園地を運営する企業が、来園者が遊具から転落してケガをした場合に備える。
受託者賠償責任保険	・他人の物を保管する施設内で、<u>預かった物</u>に対して損害を与えた場合の賠償責任を補償する。 （例）　レストランを運営する企業が、顧客から預かった衣類や荷物の紛失や盗難に備える。

(2) 企業費用・利益総合保険、労働災害総合保険

　　企業は、偶然の事故などにより製造・販売活動を休止せざるを得ないときもあります。このような場合に備える保険は、個人にはない企業特有の保険といえます。

保　険　名	内　　　容
企業費用・ 利益総合保険 店舗休業保険	・偶然の事故などにより、施設・設備などの活動または営業が休止した場合に被る喪失利益などを補償します。 ＜補償されないケース＞ 　・故意もしくは法令違反、戦争、地震などによる損害は補償されない。
労働災害総合保険	・従業員が業務上の災害（労災事故）によって損害を受けた場合に、労災保険の補償で不足する部分の金額を補償します。

第7節 | 個人の契約に関する税金

頻出度
B

❶ 生命保険契約に関する課税関係

🖋重要 ✓チェック ✓✓✓

（1）高度障害保険金、障害給付金、入院給付金

📖暗記

身体の傷害や疾病に基因して支払いを受ける「高度障害保険金」「障害給付金」「入院給付金」「手術給付金」「通院給付金」は、<u>被保険者本人</u>が受取る場合だけではなく、<u>配偶者や直系血族、生計を一にする親族</u>が受取る場合も<u>非課税</u>となります。

（2）生前給付保険金

📖暗記

特定疾病保険金やリビング・ニーズ特約の保険金など、生前に受取る保険金は、高度障害保険金と同様の取り扱いとなり<u>非課税</u>となります。

・高度障害保険金 ・障害給付金 ・入院給付金 ・手術給付金 ・通院給付金 ・生前給付保険金 　┌・特定疾病保険金 　└・リビング・ニーズ特約保険金	非課税

生命保険契約および損害保険契約から死亡保険金を受け取った場合には、契約者（保険料負担者）、被保険者、保険金受取人が誰かによって、相続税、所得税（一時所得）または贈与税が課税されます。また、満期保険金を受け取った場合には、契約者（保険料負担者）、保険金受取人が誰かによって、所得税（一時所得）または贈与税が課税されます。（第4章・第6章参照）

❷ 損害保険契約に関する課税関係

（1）火災保険

家屋や家財の損害により受取った損害保険金は、<u>非課税</u>となります。

保険金等	課税関係
火災保険金	<u>非課税</u>

（2）傷害保険

「後遺障害保険金」「入院給付金」「手術給付金」「通院給付金」は、本人あるいは家族が受取った場合、保険料負担者に関係なく<u>非課税</u>となります。

保険金等	課税関係
後遺障害保険金 入院給付金 手術給付金 通院給付金	<u>非課税</u>

（3）自動車保険

「賠償保険」により被害者が受取った損害賠償金、見舞金は、人身事故、物損事故のいずれによるものであっても<u>非課税</u>となります。

「車両保険」により受取った保険金は、<u>非課税</u>となります。

保険金等	課税関係
損害賠償金 見舞金	<u>非課税</u>
車両保険金	<u>非課税</u>

第8節 | 法人の契約に関する税金 _{頻出度} C

❶ 保険料の経理処理 ⚑重要 チェック ✓✓✓

（1）事業保険と福利厚生保険

　　法人を契約者とする生命保険契約は、法人を受取人とする事業保険と、役員や従業員およびその遺族を受取人とする福利厚生保険に分類されます。

（2）事業保険 📖暗記 ✏実技（保険）

契約者	被保険者	受取人		保険の種類	経理処理	
		死亡保険金	満期保険金		費用処理	資産計上
法人	役員・従業員	（法人）	――	定期保険	（支払保険料）	――
		（法人）	（法人）	養老保険 終身保険	――	（保険料積立金）

① 解約返戻金がない定期保険または第三分野保険

　　解約返戻金がない（または少額である）定期保険または第三分野保険は掛け捨てのため、保険料の<u>全額</u>を<u>費用（損金）</u>として処理します。

借　　方	貸　　方
<u>支 払 保 険 料</u> （費用） 　　××	現 金 預 金 　　××

② 養老保険・終身保険

　　養老保険について、死亡保険金および満期保険金を法人が受取る場合は、保険料の<u>全額</u>を<u>保険料積立金</u>として<u>資産</u>に計上し、費用（損金）としては処理できません。また、終身保険については、養老保険に準じて処理します。

借　　方	貸　　方
<u>保 険 料 積 立 金</u> （資産） 　　××	現 金 預 金 　　××

用語解説

損　金：法人税を計算する際に経費として計上できる金額

119

(3) 福利厚生保険

🔖暗記 ✏実技（保険）

契約者	被保険者	受取人		保険の種類	経理処理	
		死亡保険金	満期保険金		費用処理	資産計上
法人	役員・従業員	（遺族）	——	定期保険	（福利厚生費）	——
		（遺族）	｛役員・従業員｝	養老保険 終身保険	（給与）	——

① 解約返戻金がない定期保険または第三分野保険

　解約返戻金がない（または少額である）定期保険または第三分野保険は掛け捨てのため、保険料の<u>全額</u>を<u>費用（損金）</u>として処理します。なお、<u>特定の人のみ</u>を被保険者とする場合は、その人に対する<u>給与</u>として処理され、源泉徴収の対象となります。

借　　　方	貸　　　方
<u>福 利 厚 生 費</u>　　×× ※ （費用）	現 金 預 金　　　××

※特定の人のみの場合は給与勘定で処理します。

② 養老保険・終身保険

　養老保険について、死亡保険金を遺族、満期保険金を役員・従業員が受取る場合は、保険料の<u>全額</u>を被保険者に対する<u>給与</u>として処理します。また、終身保険については、養老保険に準じて処理します。

借　　　方	貸　　　方
<u>給　　　与</u>　　×× （費用）	現 金 預 金　　　××

(4) 1/2養老保険(ハーフタックス・プラン、福利厚生プラン)

契約者	被保険者	受取人		保険の種類	経理処理	
		死亡保険金	満期保険金		費用処理	資産計上
法人	役員・従業員	(遺族)	(法人)	養老保険	(福利厚生費)※	(保険料積立金)

※　特定の人のみの場合は給与勘定で処理します。

　1/2養老保険については、死亡保険金を遺族、満期保険金を法人が受取るため、保険料の<u>2分の1</u>を<u>保険料積立金</u>として<u>資産</u>に計上し、残りの<u>2分の1</u>を<u>福利厚生費</u>として<u>費用(損金)</u>として処理します。

借　　　方		貸　　　方	
保険料積立金 (資産)	××　※1	現　金　預　金	××
福利厚生費 (費用)	××　※2		

※1　保険料の2分の1を資産計上します。
※2　保険料の2分の1を費用(損金)処理します。

設例 福利厚生保険・1/2養老保険の経理処理　🖩計算 ✎実技 (保険)

法人が100万円の福利厚生保険料を現金預金で支払った場合、次のケースに基づき経理処理(仕訳)を行いなさい。
①解約返戻金がない定期保険
②養老保険または終身保険
③1/2養老保険

【解答】
①解約返戻金がない定期保険
　　　　　(福 利 厚 生 費)　100万円　(現 金 預 金)　100万円
②養老保険または終身保険
　　　　　(給　　　　　与)　100万円　(現 金 預 金)　100万円
③1/2養老保険
　　　　　(保 険 料 積 立 金)　50万円　(現 金 預 金)　100万円
　　　　　(福 利 厚 生 費)　50万円

（5）最高解約返戻率が50％超の定期保険または第三分野保険

暗記 計算 実技（保険）

法人が契約者、役員または使用人等を被保険者とする定期保険または第三分野保険に加入して保険料を支払った場合には、原則として、最高解約返戻率の区分に応じて処理します。

なお、次の①～③は、保険金等の受取人が法人の場合の処理となります。

> 最高解約返戻率とは、保険期間中の解約返戻率（＝解約返戻金÷支払保険料の合計額）のうち、最も高くなる解約返戻率をいいます。
> なお、最高解約返戻率が50％以下の場合の処理は、「解約返戻金がない定期保険または第三分野保険」の処理と同様です。

① 最高解約返戻率が50％超70％以下

保険期間の前半4割に相当する期間は、保険料×<u>40％</u>を前払保険料として<u>資産</u>に計上し、残額を<u>費用（損金）</u>として処理します。

（例） 保険料：100万円

借　　方		貸　　方	
前払保険料 （資産）	40万円 ※	現 金 預 金	100万円
支払保険料 （費用）	60万円		

※ 保険料100万円×40％＝40万円

② 最高解約返戻率が70％超85％以下

保険期間の前半4割に相当する期間は、保険料×<u>60％</u>を前払保険料として<u>資産</u>に計上し、残額を<u>費用（損金）</u>として処理します。

（例） 保険料：100万円

借　　方		貸　　方	
前払保険料 （資産）	60万円 ※	現 金 預 金	100万円
支払保険料 （費用）	40万円		

※ 保険料100万円×60％＝60万円

Plus one!

最高解約返戻率が85％超

保険期間のうち最高解約返戻率となる期間の終了日等までは、保険料×最高解約返戻率×<u>70％</u>（当初10年は<u>90％</u>）を前払保険料として<u>資産</u>に計上し、<u>残額</u>を<u>費用（損金）</u>として処理します。

第2章 法人の契約に関する税金

（6）長期平準定期保険（2019年7月7日以前契約）

 暗記　計算　実技（保険）

　　長期平準定期保険は、定期保険で保険期間が非常に長いものをいいます。

　　保険期間が長期にわたる長期平準定期保険の場合は、途中解約した場合でも高額の解約返戻金が生じる場合があるため、保険料の全額を支払い時に費用（損金）処理することができず、一定の金額を資産計上することになっています。なお、2019年7月8日以後に契約したものは、前ページ（5）の処理を行います。

・保険期間の前期における処理

　　保険期間の前半6割に相当する期間は、保険料の2分の1を費用（損金）処理し、残りの2分の1を前払保険料として資産計上します。

借　　　方		貸　　　方	
定 期 保 険 料 （費用）	××　※1	現 金 預 金	××
前 払 保 険 料 （資産）	××　※2		

※1　保険料の2分の1を費用（損金）処理します。
※2　保険料の2分の1を資産計上します。

Plus one!

長期平準定期保険の条件

長期平準定期保険は、定期保険のうち、①保険満了時に被保険者の年齢が70歳を超えていて、かつ、②加入年齢に保険満了までの期間の2倍を加えた数字が105を超えるという条件を満たすものをいいます。

❷ 保険金受取時の経理処理

法人を契約者とする死亡保険金や満期保険金を受取った場合は、受取人の違いにより、経理処理も異なります。

(1) 法人が受取人の場合

資産に保険料積立金が計上してあれば、それを取り崩して受取った保険金額との差額を雑収入(益金)として処理します。

借　　方		貸　　方	
現 金 預 金	××	保険料積立金 (資産)	××
		雑　収　入	××

なお、支払った保険料を資産として計上せず費用(損金)処理していた場合は、受取った保険金の全額が雑収入(益金)となります。

借　　方		貸　　方	
現 金 預 金	××	雑　収　入	××

(2) 本人および遺族が受取人の場合

本人が満期保険金を受取った場合および遺族が死亡保険金を受取った場合には、法人としての経理処理は特に必要ありません。

(3) 法人および遺族が受取人(1/2養老保険)の場合

遺族が死亡保険金を受取った場合には、保険料のうち、保険料積立金として資産に計上していた部分の金額を雑損失(損金)として処理し、貸借対照表から除外します。

借　　方		貸　　方	
雑　損　失	××	保険料積立金 (資産)	××

なお、法人が満期保険金を受取った場合には、受取った保険金とその資産(保険料積立金)の差額を雑収入(益金)として処理します。

第9節 | 第三分野の保険・共済 ^{頻出度} C

❶ 第三分野の保険 〔!〕重要 チェック ✓✓✓

　保険は、人の生死に関する生命保険と、偶然の事故に備える損害保険に大別できます。しかし、最近では、ケガや病気、介護に対するニーズも高まっています。これらを対象とする保険を第三分野の保険といいます。

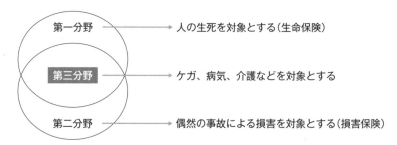

- 第一分野 → 人の生死を対象とする(生命保険)
- 第三分野 → ケガ、病気、介護などを対象とする
- 第二分野 → 偶然の事故による損害を対象とする(損害保険)

(1) 医療保険

　医療保険は、病気やケガに伴う入院費や通院費の保障を基本とした<u>独立型</u>の保険です。なお、死亡給付金は少額または支払われないのが一般的です。

(2) 介護保障(費用)保険

　介護保障(費用)保険は、寝たきりや認知症などにより契約に定める所定の要介護状態になり、その状態が契約に定める一定の期間(180日など)継続したとき、一時金や年金などを受取れる保険です。

(3) がん保険 〔📖暗記〕

　がん保険は、がんと診断された場合に診断給付金が、がんで入院、手術をしたときに入院給付金や手術給付金が受取れ、死亡したときは死亡保険金が受取れる保険です。

　一般にがん保険の保障が開始されるのは、契約日から<u>90日間</u>(または3ヵ月)経過後となります。なお、保障の開始までにがんと診断確定された場合には契約は<u>無効</u>となり、がん診断給付金は支払われません。

　また、がんによる入院給付金の支払日数に<u>限度がない</u>のもがん保険の特徴です。

❷ 共 済

　共済制度は、民間の保険と異なり、営利を目的とした保険ではないため掛金が割安になっているのが特徴です。一般的に一つの共済制度で生命保険に相当する生命共済と損害保険に相当する損害共済の両方を取り扱っています。

(1) こくみん共済coop（全労済）

　全国労働者共済生活協同組合連合会が運営する共済制度であり、加入するには職場を経由するか、地域において100円程度の出資金を支払って組合員になる必要があります。主な商品は「こくみん共済」などです。

(2) JA共済

　全国共済農業協同組合連合会が運営する共済制度であり、原則として農業に従事している組合員を対象としています。なお、1事業年度における組合員の利用量の5分の1を超えない範囲で組合員以外の者も利用できます。主な商品は「終身共済」「医療共済」などです。

(3) 都道府県民共済

　全国生活協同組合連合会が運営する共済制度であり、加入するには200円程度の出資金を支払って組合員になる必要があります。主な商品は「県民共済」「府民共済」「都民共済」などです。

(4) CO-OP共済

　日本コープ共済生活協同組合連合会が運営する共済制度であり、全国の生活協同組合の組合員になる必要があります。主な商品は「あいぷらす」「ずっとあい」などです。

第 3 章

金融資産運用

章のテーマ

ライフイベントを実現するためには、あらかじめ
資金を準備しておく必要があります。
この章では、資金準備で必要となる金融資産につ
いて学習します。また、金融資産を取り巻く経済
環境を知ることも大切ですから、景気、物価およ
び金利などの動きについても学習します。

頻出項目ポイント

頻出度 No. 1

マーケット環境の理解
経済規模を表すGDPや景気動向指数、日銀短観などの経済指標は非常に重要です。特に、不況期に実施される金融政策、財政政策などの景気対策や金利の変動要因については、頻出項目となっていますので確実に理解しましょう。

No. 2

債 券
債券の利回り計算は、出題頻度が最も高いといえます。利回り計算の基本形をしっかり理解することによって、応募者利回りなどの3つの利回りを算定することができます。また、債券価格の変動要因も重要な学習項目ですので、確実に理解しておきましょう。

No. 3

株 式
日経平均株価、TOPIXなどの株価指標は、学科でよく出題される問題です。さらに、PER、PBRなどの株式の投資指標は、学科または実技の頻出項目といえます。株式の問題は、最大の得点源といえますので確実に暗記しましょう。

No. 4

投資信託
MMFやMRFなどの公社債投資信託の運用対象に関する問題が、よく出題されています。さらに、外貨建てMMF、株式投資信託、J-REITなどの仕組みや特徴に関する問題も出題されてきています。確実に押さえましょう。

No. 5

セーフティネット
預金保険制度などのセーフティネットの問題は、学科、実技ともよく出題されています。特に、実技においては、決済用預金の全額保護とペイオフとの違いを理解し、預金保険制度によって保護される金額を正確に計算できるようにしましょう。

第1節 ｜ マーケット環境の理解

　金融資産運用を考える上で、金利や市場(マーケット)に影響を及ぼす経済活動や景気動向について理解をすることが必要です。実際の金融商品の選択は、経済活動や景気の先行きを判断しながら行う必要があります。

❶ 経済活動

チェック
☑ ☑ ☑

(1) 国内総生産(GDP)

図表 1-1-1

　経済活動の規模を表すものにGDP(Gross Domestic Product)があります。
　GDPは、一定期間にその国の国内で生産されたすべての財・サービスの付加価値の総額をいいます。
　国内で生産されたものになりますので、日本企業の現地法人が海外で生産した財・サービスは含まれません。

(2) 経済成長率

図表 1-1-2

　GDPで景気を判断する場合は、数値そのものよりGDPの変化率(経済成長率)を用いることが多いです。経済成長率が高ければ景気は上向き(高成長)、低ければ横ばい(低成長)ということになります。
　経済成長率には、名目成長率(計算上の数値を加工せずにそのまま示したGDPの変化率)と実質成長率(物価変動率を考慮したGDPの変化率)の2つがあります。

第3章

マーケット環境の理解

図表 1-1-1 GDP

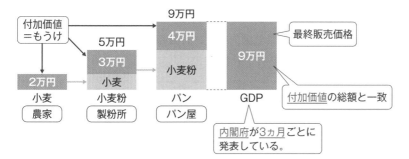

民間消費（個人消費）は、GDPに占める割合が5割～6割程度あるため、経済活動の規模に与える影響が大きくなります。

図表 1-1-2 名目成長率と実質成長率の関係

	名目成長率	−	物価上昇率	=	実質成長率
（例）	5%	−	3%	=	2%
	3%	−	3%	=	0%
	1%	−	△3%	=	4%

物価が上昇している場合には、名目成長率は実質成長率よりも高くなりますが、物価が下落している場合（物価上昇率がマイナス）には、名目成長率は実質成長率よりも低くなります。

前年実績		本年実績		経済成長率	
財・サービスの価格	生産量	財・サービスの価格	生産量		
@5,000円	10,000個	@5,150円	10,000個		
名目GDP ＝@5,000円×10,000個 ＝50,000,000円		名目GDP ＝@5,150円×10,000個 ＝51,500,000円		名目成長率	3%
				物価上昇率	3%
				実質成長率	0%

❷ 景気の判断指標

現在の景気の状況または今後の景気が良くなるのか悪くなるのかといった景気予測を行うために景気動向指数、日銀短観、物価指数およびマネーストックなどの経済指標があります。

(1) 景気動向指数

📖暗記 ✐実技 (資産) 　図表 1-2-1

景気動向指数は、景気の現状把握や将来予測をするために作成された総合的な景気指標であり、内閣府が毎月発表しています。

景気動向指数には、DI(ディフュージョン・インデックス)とCI(コンポジット・インデックス)の2つがあります。

DIは、景気拡張の動きの各経済部門への波及の程度(波及度)を測定するために使用され、CIは、景気変動の大きさや速度(量感)を測定することに使用されます。

なお、DIとCIのそれぞれについて、先行指数、一致指数、遅行指数の3つの分類があります。

(2) 全国企業短期経済観測調査(日銀短観)

📖暗記 ✐実技 (資産・個人) 　図表 1-2-2

日本銀行が全国約1万社の企業に対して、現状の業績や今後の見通し(設備投資計画や受注高の予測)など、景気全般についての判断を直接調査したものであり、3ヵ月(四半期)ごとに年4回発表しています。

日銀短観の中で最も注目されているのが業況判断DIという指標です。業況判断DIは、業況について「良い」と判断する企業の割合から「悪い」と判断する企業の割合を差し引いた値です。

経営者が景気の現状と先行きをどのように見ているかを示す数値であるため、非常に注目される景気指標となっています。

図表 1-2-1 景気動向指数

景気先行指数 (全11系列)	景気の動きに先行して動く性質をもつ先行系列で、景気の先行きを判断するために使用します。 ・新規求人数(学卒を除く) ・東証株価指数(TOPIX)　等
景気一致指数 (全10系列)	景気とタイミングを同じくして動く性質をもつ一致系列で、景気の現状を判断するために使用します。 ・耐久消費財出荷指数 ・有効求人倍率(学卒を除く)　等
景気遅行指数 (全9系列)	景気の動きに遅れて動く遅行系列で、過去の景気を確認するために使用します。 ・家計消費支出(全国勤労者世帯) ・完全失業率 ・消費者物価指数(生鮮品を除く総合)　等

従来DIを中心に発表されていましたが、現在はCIを中心に発表されています。

図表 1-2-2 業況判断DI

業況判断DI(%) = 「良い」と回答した企業の割合 - 「悪い」と回答した企業の割合

日銀短観は「大企業・中堅企業・中小企業」の「製造業・非製造業」ごとに区分して行われます。

Hint!

業況判断DIがプラスの場合は、現在および将来の景気が好況であることを意味しており、マイナスの場合は、現在および将来の景気が不況であることを意味しています。

(3) 物価指数

物価変動を示す代表的な指標として、消費者物価指数と企業物価指数があります。

① 消費者物価指数(CPI：Consumer Price Index)

全国の消費者世帯(家計)が購入する<u>商品</u>や<u>サービス</u>の価格を指数化し、総合的な物価の変動をとらえるもので、<u>総務省</u>が毎月発表しています。

② 企業物価指数(CGPI：Corporate Goods Price Index)

企業間や貿易で取引される<u>商品</u>(サービスを<u>除く</u>)の価格変動をとらえるもので、<u>日本銀行</u>が毎月発表しています。

(4) マネーストック

金融機関および中央政府以外の部門(<u>個人</u>・<u>一般法人</u>・地方公共団体)が保有する<u>通貨の総量</u>(市中に流通するお金の量)をいい、<u>日本銀行</u>が毎月発表しています。

マネーストックの増減は景気や物価の変動と密接に関係しているため、景気や物価の先行きを判断するための指標として注目されています。

❸ 景気対策

景気変動が極端に行き過ぎると、企業の活動や雇用情勢など国民生活に大きな影響を与えることになります。たとえば、景気が過熱しすぎると物価上昇などが起こり、景気が悪すぎると失業が増加して社会不安が起こります。したがって、景気変動の波が大きくならないように、好況期には景気抑制策が、また不況期には景気刺激策などの景気対策が必要となります。

(1) 金融政策

日本銀行は<u>物価</u>の安定と<u>金融システム</u>の安定を図るために、金融政策を行います。最も代表的な金融政策は、<u>公開市場操作(オペレーション)</u>です。

図表 1-2-3 物価指数

| 製造業 | — | 卸売業 | — | 小売業 | — | 消費者 |

企業物価指数
（日本銀行が毎月発表）

消費者物価指数
（総務省が毎月発表）

企業物価指数は、輸出入に関する国際商品や為替動向の影響を受けるため、消費者物価指数に比べて短期的な変動が激しくなります。

図表 1-2-4 マネーストック

マネーストック(M3) ＝ 現金通貨 ＋ 預金通貨 ＋ 準通貨 ＋ CD

※1　現金通貨→日銀券および補助貨幣
※2　預金通貨→現金と同様の機能をもつ流動性預金（普通預金・通常貯金など）
※3　準通貨→定期性預金（定期預金・定額貯金など）
※4　CD→譲渡性預金（銀行が資金調達のため発行する預金証書）

マネタリーベース

マネタリーベースとは、日本銀行が金融市場を通じて世の中に供給するお金の量をいいます。マネタリーベースは、マネーストック（世の中に出回っているお金の総額）の基となる通貨という意味から「ベースマネー」とも呼ばれています。
なお、マネタリーベースの供給量が増えると、一般的にはマネーストックも増加します。

Hint! 経済指標の確認

景気に関する各種の経済指標は、総務省統計局が提供する「統計ダッシュボード」や新聞などで確認することができます。

① 公開市場操作（オープンマーケット・オペレーション）

`暗記` `実技` (資産)　`図表 1-3-1`　`図表 1-3-2`

日本銀行が短期金融市場で有価証券、特に国債などを売買することによって、市場の資金量を調節する政策です。日本銀行が、金融市場に債券などを売却して資金を吸収する操作を売りオペレーション（金融引締）、金融市場から債券などを買入して資金を供給する操作を買いオペレーション（金融緩和）といいます。

② 預金準備率操作

`図表 1-3-3`

日本銀行が預金準備率（市中銀行が日本銀行に預金の一定割合を預けておく割合）を上下させることで、銀行の貸出しに影響を与える政策です。

(2) 財政政策

`図表 1-3-4`

財政政策は、持続的な経済成長を達成するために国の裁量で行うものであり、財政政策としては、公共投資、所得減税や住宅減税があります。

① 公共投資

公共投資は、財政資金を道路などの公共施設の建設に投入することによって経済的な波及効果を狙い、景気を回復させる政策です。

② 所得減税

`実技` (個人)

所得減税は、個人の所得税の減税を行い、消費の拡大を図ることによって景気を回復させる政策です。

③ 住宅減税

住宅減税は、個人の住宅取得促進税制を行うことによって景気を回復させる政策です。

> 好況期には公共投資の削減、増税などが行われます。

図表 1-3-1　公開市場操作

好況期：売りオペ(債券などを売却) → マネーストックの減少 → 金利上昇 → 景気抑制
不況期：買いオペ(債券などを買入) → マネーストックの増加 → 金利下降 → 景気刺激

図表 1-3-2　不況期の買いオペ(金融緩和)

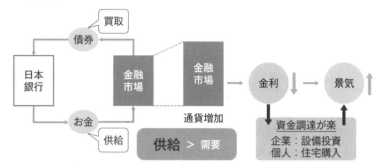

金融政策による金融緩和は、マネーストックの増加などを通じて金利の低下につながり、お金を借りて物が買いやすくなります。

図表 1-3-3　預金準備率操作

好況期：預金準備率の引上げ → 市中銀行の貸出余力縮小 → 金利上昇 → 景気抑制
不況期：預金準備率の引下げ → 市中銀行の貸出余力増大 → 金利下降 → 景気刺激

図表 1-3-4　不況期における景気刺激策

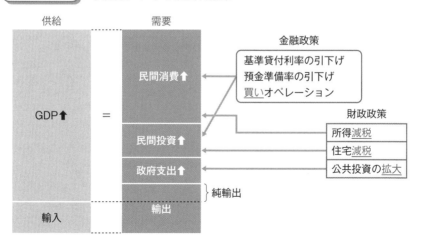

❹ 金利変動のメカニズム

(1) 金利とは

　　金利は、金融市場で貸し借りされる資金の使用料あるいは貸借料です。資金の貸し借りが行われた場合に、資金の借主から貸主に対して支払われる対価が金利となります。

(2) 金利の変動要因　📖暗記　✏実技(個人)　　図表 1-4-1　　図表 1-4-2

　　金利は、主に資金の需要(借りる)と資金の供給(貸す)のバランス(需給バランス)によって変動します。

　　資金の需給バランスは、景気・物価・為替などの状況によって変化します。

要因	金利の上昇要因	金利の下降要因
景気	景気の拡大 →資金需要が増加し、金利が上昇する	景気の後退 →資金需要が減少し、金利が下降する
物価	物の上昇 →インフレ懸念からお金から物へのシフトが生じ、借入増加による資金需要の増加と日銀による売りオペにより、金利が上昇する	物価の下落 →デフレ懸念から物からお金へのシフトが生じ、資金需要の減少と日銀による買いオペにより、金利が下降する
為替 (注)	為替が円安 →輸入原材料・製品が値上がりするため物価の上昇が生じて、金利が上昇する	為替が円高 →輸入原材料・製品が値下がりするため物価の下落が生じて、金利が下降する

(注)　マーケットにおける他の要因により、異なる動きをすることもあります。

用 語 解 説

インフレーション(インフレ)：物価が上昇することにより、お金の価値が下落すること

デフレーション(デフレ)：物価が下落することにより、お金の価値が上昇すること

円　安：円の価値が外国通貨の価値に対して安くなること
　　　　　米ドルの場合、1ドル＝100円(1円＝0.01ドル)が1ドル＝125円(1円＝0.008ドル)になること

円　高：円の価値が外国通貨の価値に対して高くなること
　　　　　米ドルの場合、1ドル＝125円が1ドル＝100円になること

図表 1-4-1 金利の変動

資金需要(借りたい金額)が資金供給(貸したい金額)よりも大きい場合、貸借料である金利は上昇します。

図表 1-4-2 金利上昇のプロセス

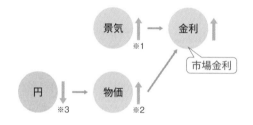

※1 景気が拡大

　　個人消費が増大
　　生産能力の引上げ(企業の設備投資増大)
　　資金需要の増加

金利の上昇

※2 物価が上がる

　　今のうちに買っておこう!
　　お金が無ければ、借りてでも買おう!
　　資金需要の増加

金利の上昇

※3 為替が円安　1ドル=100円 ➡ 1ドル=125円

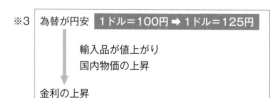

　　輸入品が値上がり
　　国内物価の上昇

金利の上昇

第2節　預貯金等

頻出度 C

❶ 金融商品の分類基準

チェック ✓✓✓

(1) 元本保証型商品と実績分配型商品

元本保証型商品とは、預貯金や債券のように最初に預け入れた（投資した）資金が、満期日（償還期限）に目減りすることなく受け取れるものであり、安全性に優れた商品です。実績分配型商品とは、株式や投資信託のように、安全性よりも収益性に重点を置いて値上益を追求する商品です。運用次第で大きな収益を得られる半面、大きな損失を被ることもあります。

(2) 固定金利型商品と変動金利型商品

固定金利型商品とは、当初の預入時に約束された金利が満期まで変わることなく固定されている金融商品です。変動金利型商品は、金利水準の変化に連動して預入期間中に適用金利が変動する金融商品です。

(3) 単利型商品と複利型商品

① 単利型商品　図表 2-1-1

利子の計算において当初預け入れた元本に対してのみ利率を適用する商品です。

n年後の元利合計 ＝ 元本 ＋ 元本 × 利率 × n年

② 複利型商品　暗記　計算　図表 2-1-2

利子の計算において一定期間ごとに支払われる利子を元本に加算した上で、これを新しい元本とみなして利率を適用する商品です。複利型商品では、利子が再投資されるため、同じ利率で同一期間運用しても単利型商品よりも受け取る利子が多くなります。

n年後の元利合計 ＝ 元本 × $(1 + 利率)^n$

図表 2-1-1 単利型商品

単利計算

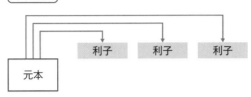

元本＋元本×利率×n年＝n年後の元利合計
1,000,000＋1,000,000×4％×5年＝1,200,000

図表 2-1-2 複利型商品 ━━━━━━━━━━ 計算 実技（資産）

複利計算

（例） 元本1,000,000円を年利率4％（1年複利）で5年間運用した場合
の元利合計金額（手数料等は考慮しない）

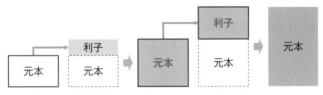

元本×（1＋利率）^{n}＝n年後の元利合計

$1,000,000 \times (1+0.04)^5 = 1,216,653$

$1.04 \times 1.04 \times 1.04 \times 1.04 \times 1.04$

$(1+0.04)^5 = 1.04 \times 1.04 \times 1.04 \times 1.04 \times 1.04 = 1.216652\cdots$
電卓で計算する場合は、まず1.04と打ち（これで1乗となる）、次に $\times$ を2回打ちます（同じ数字を掛ける定数計算の指示ですがメーカーによって異なります）。最後に $=$ を4回打ちます（$=$ を1回打つと2乗、$=$ を2回打つと3乗になります）。
$1.04 \boxed{\times} \boxed{\times} \boxed{=} \boxed{=} \boxed{=} \boxed{=} \rightarrow 1.216652\cdots$

(4) 利払型商品と満期一括受取型商品

　　利払型商品とは、預入期間中に定期的(半年あるいは1年に一度)に利子が支払われる商品をいいます。単利型の金融商品は、この利払型商品に該当します。

　　これに対して、満期一括受取型商品とは、利子が満期時もしくは解約時に元本と一緒に一括して支払われる商品をいいます。一般的に複利型の金融商品は、満期一括受取型商品に該当します。

(5) 金利サイクルと金融商品の選択

① 金利のピーク局面または金利の低下局面

　　将来にわたって現在の高金利を享受するため、長期の固定金利型商品での運用が有効です。

② 金利のボトム局面または金利の上昇局面

　　金利上昇の波に乗り、金利ピーク圏で長期の固定金利型商品に乗り換えるためには、変動金利型商品あるいは短期の固定金利型商品での運用が有効です。

＜金利サイクルと金融商品の選択＞

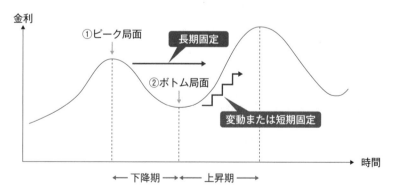

❷ 預貯金の種類

（1）銀行等で利用できる預貯金

① 普通預金

　換金性、利便性に優れ、日常の生活資金の出し入れに適しています。普通預金に定期預金などがセットされたものを<u>総合口座</u>といいます。<u>総合口座</u>では、普通預金が残高不足となった場合に定期預金などを担保として<u>自動融資</u>されます。

預入金額	原則として1円以上1円単位
金　利	変動金利（半年複利）

② 貯蓄預金

　流動性に優れていますが、給与・年金などの<u>自動受取り</u>、公共料金などの<u>自動支払口座</u>として<u>利用できません</u>。

預入金額	原則として1円以上1円単位
金　利	・変動金利（1年複利） ・預金残高が、基準残高以上の日は普通預金を上回る金利を適用、基準残高未満の日は普通預金金利かそれを下回る金利を適用する場合もあります。

③ スーパー定期預金

　大口定期預金を除く小口定期預金の個人向けの主流商品であり、最長預入期間は<u>10年</u>です。預入金額が300万円未満と300万円以上で適用金利が異なることもあります。

預入金額	原則として1円以上1円単位
金　利	固定金利（3年未満：単利、<u>3年以上</u>：単利/半年複利を選択）

④ 大口定期預金

　市場金利を基準として、自由に金利が決められる商品です。預入金額は<u>1,000万円</u>以上で、利率は各金融機関の窓口に表示される標準金利を基準に預金者との交渉で決定します。

預入金額	<u>1,000万円</u>以上1円単位
金　利	固定金利（単利）

⑤ 期日指定定期預金

　1年間の据置期間を経過すれば、預金者が満期日を指定することができる定期預金です。利子は1年ごとの複利計算で、最長預入期間は3年です。

預入金額	原則として1円以上1円単位、300万円未満
金　利	固定金利（1年複利）

⑥ 変動金利定期預金

　預入時から満期までの利率が年2回見直しされる新しいタイプの定期預金です。

預入金額	原則として1円以上1円単位
金　利	・変動金利（3年未満：単利、3年以上：単利/半年複利を選択） ・預入れ後6ヵ月ごとに金利を見直します。

(2) ゆうちょ銀行で利用できる預貯金

① 通常貯金

　銀行の普通預金とほぼ同様の換金性と利便性を持ちます。

　総合口座は、通常貯金に定額貯金や定期貯金などがセットされたもので、通常貯金が残高不足となった場合には定額貯金などを担保として自動融資されます。

預入金額	1円以上1円単位
金　利	変動金利（半年複利）

② 通常貯蓄貯金

　流動性に優れていますが、給与・年金などの自動受取り、公共料金などの自動支払口座として利用できません。

預入金額	1円以上1円単位
金　利	・変動金利（半年複利） ・貯金残高が、基準残高以上の日は通常貯金を上回る金利を適用、基準残高 　未満の日は通常貯金金利かそれを下回る金利を適用する場合もあります。

> 個人がゆうちょ銀行に預けることができる貯金の預入限度額は、通常貯金で1,300万円、定期性貯金で1,300万円の合計2,600万円です。なお、財形貯金、振替貯金（決済用預金）は上記の限度額には含まれません。

③ 定期貯金

スーパー定期預金のゆうちょ銀行版です。スーパー定期預金の最長預入期間は10年ですが、定期貯金の最長預入期間は5年となっています。

預入金額	1,000円以上1,000円単位
金　利	固定金利(3年未満：単利、3年以上：<u>半年複利のみ</u>)

④ 定額貯金

図表 2-2-1

定額貯金は、半年複利方式によるゆうちょ銀行の主力商品です。

6ヵ月の据置期間を経過すれば払戻しが可能で、最長預入期間は<u>10年</u>となっています。半年複利計算で、しかも3年までは預入期間が長くなるに従って利率も高くなります。

預入金額	1,000円以上1,000円単位
金　利	・固定金利(半年複利) ・半年複利の金利は<u>6段階</u>の固定金利

図表 2-2-1　定額貯金

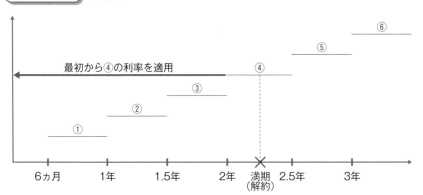

預入時に設定された6段階の金利(預入時のレートで固定される固定金利)に従って、満期(解約)時の金利が確定します。確定した金利は預入時から半年複利で適用されます。
なお、現在は日銀の低金利政策により、6段階の金利がすべて同率で設定される状態が続いています。

第3節 | 債 券

❶ 債券の概要

図表 3-1-1　図表 3-1-2

　債券とは、資金の調達が必要となる国、企業(発行体)などが、多数の人々から資金を借りる手段として発行するものです。国が発行する債券を<u>国債</u>、企業が発行する債券を<u>社債</u>といいます。

　債券は、<u>9割</u>以上が証券取引所を通さずに証券会社などと投資家が直接相対取引する<u>店頭</u>市場で流通しています。

❷ 発行条件

Ⓘ重要 チェック ✓✓✓

(1) 表面利率(クーポンレート)

　債券に記載された<u>額面金額</u>に対して毎年支払われる1年間の<u>利子</u>の割合を表面利率(クーポンレート)といいます。なお、<u>利子</u>は通常年2回支払われます。

(2) 発行価格

　債券の発行時における、額面金額に対する<u>払込金額</u>のことを発行価格といいます。

	額面金額100円に対する発行価格
<u>パー発行(平価発行)</u>	100円
<u>アンダーパー発行(割引発行)</u>	100円未満
<u>オーバーパー発行(打歩発行)</u>	100円超

(3) 償還期限

　債券の<u>額面金額</u>が償還される期日のことを償還期限といいます。

図表 3-1-1　債券の種類

第3章
債券

図表 3-1-2　債券の特徴

・一定の時点において利子が支払われ、満期償還日に元本が支払われます。
・満期償還日まで保有すると元本が保証されています。

図表 3-2-1　債券の発行条件

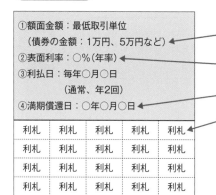

額面金額（@100円）×整数倍

額面に対する1年当たりの利子の割合
（クーポンレート）

額面金額の返済日

クーポン（利払日に受領）

現在は、債券の電子化（ペーパレス化）により、このような券面による発行はされていませんが、債券の発行条件を理解する上で、確認しておいても良いでしょう。

図表 3-2-2　発行価格と償還差損益

	発行		償還	
パー発行	100円	→	100円	
アンダーパー発行	95円	→	100円	5円（償還差益）
オーバーパー発行	105円	→	100円	▲5円（償還差損）

満期日まで保有した場合、アンダーパー発行の場合には償還差益が発生し、オーバーパー発行の場合には償還差損が発生します。

❸ 債券の分類基準

債券は、利払いの違いにより利付債と割引債に、表示通貨の違いにより円貨建て債と外貨建て債に分類できます。

❹ 利付債の利回り（単利計算）

債券の利回りとは、当初の投資金額に対して、1年当たりの総収益（利子収入と償還差損益や売買損益の合計）がどのくらいの割合であるかを示したものです。

> 利率（クーポンレート）は額面金額に対して1年間に支払われる利子の割合ですが、利回りは投資金額に対する1年あたりの総収益の割合です。

<利回りと所有期間の関係>

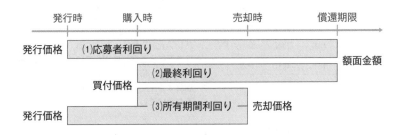

<利回り計算の基本形>

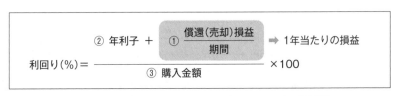

> 電卓で計算をする時には、①で1年当たりの損益を計算し、その答えに②の年利子をプラスし、その答えを③の購入金額で割るという手順で行うと、計算がしやすいです。

図表 3-3-1 債券の分類基準

新 発 債	新規に発行される債券
既 発 債	既に市場で流通(売買)している債券
利 付 債	毎年決まった時期に<u>利子</u>が払われる債券 利付債でも、平価発行、割引発行および打歩発行の3種類がある。
割 引 債	<u>利子</u>が支払われないかわりに、割引発行のみで発行され、満期時に額面 (普通は@100円)で償還される債券
円貨建て債	発行通貨が円貨である債券(発行体は問われない)
外貨建て債	発行通貨が外貨である債券(発行体は問われない)

図表 3-4-1 利付債の利回り計算  暗記 計算 実技(資産・個人)

(1)応募者利回り

<u>新発債</u>を<u>償還期限</u>まで所有した場合の1年当たりの利回りです。

$$応募者利回り(\%) = \frac{年利子 + \dfrac{額面金額 - 発行価格}{償還期間}}{発行価格} \times 100$$

(2)最終利回り

<u>既発債</u>を<u>償還期限</u>まで所有した場合の1年当たりの利回りです。

$$最終利回り(\%) = \frac{年利子 + \dfrac{額面金額 - 買付価格}{残存期間}}{買付価格} \times 100$$

(3)所有期間利回り

債券を<u>償還期限</u>前に売却した場合の1年当たりの利回りです。

$$所有期間利回り(\%) = \frac{年利子 + \dfrac{売却価格 - 買付価格(発行価格)}{所有期間}}{買付価格(発行価格)} \times 100$$

(4)直接利回り

単純に毎年受け取ることができる<u>利子</u>が投資金額に対してどの程度の割合になるのかを計るものです。

$$直接利回り(\%) = \frac{年利子}{買付価格(発行価格)} \times 100$$

第3章 債券

❺ 債券価格の変動要因

(1) 債券価格の変動要因

図表 3-5-1

　　債券は償還期限まで保有すれば額面金額で償還されるため、元本が保証されています。しかし、途中換金する場合には債券市場において時価で売却することになるため、価格変動リスクが存在します。

　　債券の価格変動リスクは、債券の金利変動リスクに起因しています。たとえば、市場の金利が上昇すると、既発債は同程度の利回りを確保しなければ売却できないため、債券価格は下落します。

(2) 金利変動と債券価格

暗記　　図表 3-5-2

　　金利が上昇した場合に債券価格は下落しますが、その下落の変動幅は債券の利率や償還期限までの期間によって異なります。

要　　　素		価格の変動
表面利率 （クーポンレート）	低い	大きい
	高い	小さい
残存期間	短い	小さい
	長い	大きい

❻ 個人向け国債

1万円単位から個人のみが保有できる国債であり、次の3種類があります。

暗記

	変動金利型10年満期	固定金利型5年満期	固定金利型3年満期
金 利 水 準	10年固定利付国債の基準金利×0.66	5年固定利付国債の基準金利−0.05%	残存期間3年の5年固定利付国債の基準金利−0.03%
利　　払　　い	年2回		
最 低 金 利	0.05%		
中 途 換 金	1年を経過すれば、いつでも中途換金可能		
中途換金調整額	直前2回分の税引前利子相当額×80%		
手 取 額	額面金額−中途換金調整額		
発 行 頻 度	毎月発行		

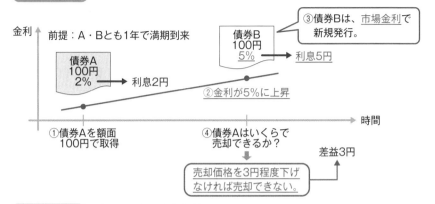

図表 3-5-1 債券価格の変動要因

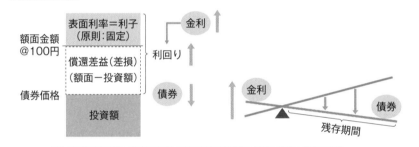

図表 3-5-2 金利変動と債券価格

クーポンレートは原則として固定されていますので、クーポンレートが低い債券ほど債券価格を下げて利回りを確保する必要があります。また、残存期間が長いほど、債券価格はより大きく反応するため、金利上昇局面では大きく下落します。

設例 個人向け国債の中途換金

変動金利型10年満期の個人向け国債(額面100万円)を20X1年4月16日に購入した。この個人向け国債を第2回利払日(20X2年4月15日)の翌日に中途換金した場合の手取額を求めなさい。なお、復興特別所得税、経過利子は考慮しないこと。
　・第1回利払日の年利率　0.5%　　・第2回利払日の年利率　0.3%

【解答】
①第1回目利払日　1,000,000円×0.5%×6月/12月×(1−20%)=2,000円(税引後)
②第2回目利払日　1,000,000円×0.3%×6月/12月×(1−20%)=1,200円(税引後)
③解約時(手取額)　1,000,000円−(2,000円+1,200円)=996,800円
中途換金調整額として直前2回分の税引後利子相当額が差し引かれますが、①～③の受取総額は100万円であり、1年以上保有すれば投資額を下回ることはありません。

❼ 債券のリスク

(1) 金利変動リスク

実技(個人)

金利の<u>上昇</u>によって既存債券の価格が<u>下落</u>し、保有債券の値下がりによって売却損を被るリスクです。

(2) 信用リスク(デフォルトリスク)

暗記 **実技**(個人)　図表 3-7-1

債務者が借りたお金を<u>返済</u>できず(<u>債務不履行</u>)、貸し手が元利金の全部または一部を<u>回収</u>できなくなるリスクであり、<u>デフォルトリスク</u>ともいいます。

債券発行企業の信用リスクについては、S&Pグローバル・レーティング(旧スタンダード&プアーズ)などの民間の格付会社が評価していますが、格付は格付会社によって<u>異なって</u>います。

(3) 流動性リスク

実技(個人)

満期のある金融商品については、途中換金できないリスクや途中解約できても解約手数料が大きく、手取金額が目減りするリスクです。

(4) 途中償還リスク

繰上償還などにより、債券が途中償還されることにより、当初予定していた投資期間や利回りでの<u>運用</u>ができなくなるリスクです。

(5) 地政学的リスク(カントリーリスク)

投資先である相手国で戦争などが発生したり、相手国政府が為替取引を制限することなどによって、<u>回収不能</u>となるリスクです。

図表 3-7-1 信用リスク————————————————

S&P	適否分析	債券価格	信用リスク・リターン
AAA		高	低リスク・低リターン
AA	投資適格債		
A			
BBB			
BB			中リスク・中リターン
B			
CCC	投機的債券		
CC			
C			
D		低	高リスク・高リターン

格付の低い債券ほど安全性が低いため、債券価格が低くなり、債券の
リターン(最終利回り)は高くなります。

第3章
債　券

✎ **MEMO**

第4節 | 株 式

頻出度 A

❶ 株式の概要

チェック ✓✓✓

図表 4-1-1

　株式とは、株式会社における株主の持分を示すものです。株式会社は資本金(事業を行うための元手となるお金)を受け取った証明として証券を発行しますが、これが株券です。

❷ 株式市場全体の株価指標

 ❗重要 チェック ✓✓✓

　株価の動向を市場全体として把えるために、現在さまざまな株価指標が用いられています。

(1) 株価水準を表す株価指標

① 単純平均株価

図表 4-2-1

　単純平均株価は、上場銘柄の株価を単純に合計し、それを銘柄数で割ったものです。

② 日経平均株価

 📖暗記 ✏実技(資産) 図表 4-2-2

　日経平均株価は、株式市場の動きを見る最もポピュラーな指標で、東京証券取引所プライム市場上場銘柄のうち市場を代表する225銘柄を対象に計算されています。

③ 東証株価指数(TOPIX)

📖暗記 図表 4-2-3

　東証株価指数(Tokyo Stock Price Index)は、東京証券取引所に上場している銘柄のうち、流通株式時価総額100億円以上など一定の要件を満たす銘柄の時価総額を基準時点の株価水準を100とすることにより指数化したものです。

(2) 売買高と時価総額

📖暗記

　売買高(出来高)とは、証券取引所で売買契約が成立した株式の総数をいい、出来高ともいいます。売り100万株と買い100万株の取引が成立すると、売買高は100万株になります。

　時価総額とは、上場している各個別銘柄の時価(終値)にそれぞれの発行株式総数を乗じて合計したものです。

（図表 4-1-1） 株式の概要

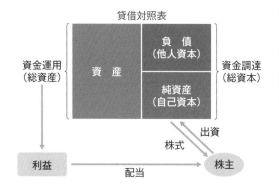

貸借対照表

資金運用
（総資産）

資　産

負　債
（他人資本）

純資産
（自己資本）

資金調達
（総資本）

出資

株式

利益　　　　配当　　　　株主

現在、上場企業の株券は電子化
（ペーパレス化）されており、株
券の発行はありません。
電子化は、株券の紛失、盗難お
よび偽造の防止や株券の保管や
運搬に伴うリスクやコストの削
減に役立っています。

第3章 株式

（図表 4-2-1） 単純平均株価

算定式	単純平均株価 ＝ $\dfrac{上場銘柄の株価を単純合計}{銘柄数}$
長　所	市場全体の平均的な株価水準を知るのに有効です。
短　所	株式分割などによる株価の下げを修正しないため、指標としての連続性が失われます。

（図表 4-2-2） 日経平均株価

算定式	日経平均株価 ＝ $\dfrac{東証プライム市場上場の225銘柄の株価合計}{除数（修正される）}$
長　所	株式分割などがあっても指標としての連続性が失われません。
短　所	値がさ株（株価水準の高い株）の値動きに影響を受けやすくなります。

（図表 4-2-3） 東証株価指数（TOPIX）

算定式	東証株価指数 ＝ $\dfrac{東証上場銘柄のうち一定要件を満たす銘柄の時価総額}{基準時（1968.1.4）の時価総額} \times 100$
長　所	株価と発行済株式総数を加味した加重平均株価の考え方を採用しています。
短　所	時価総額の大きい株式の影響を受けやすくなります。

❸ 個別銘柄の投資指標

⟨❗重要⟩

個別銘柄の選択にあたっては、企業の経営状態や株式の投資価値を示す指標をもとに投資判断を行います。ただし、株式の投資価値は1つの指標だけを見て足りるわけではなく、いくつかの指標を参考にさまざまな視点から銘柄を選択していくことが大切です。

(1) 株価純資産倍率（PBR = Price Book − value Ratio）

📖暗記　　図表 4-3-1

株価と純資産の関係をみるもので、<u>株価</u>が1株当たり<u>純資産</u>の何倍まで買われているかを示す指標です。通常、PBR <u>1倍</u>が企業の<u>解散価値</u>を示し、株価下落時の下値の目処とされています。

(2) 株価収益率（PER = Price Earnings Ratio）　📖暗記　図表 4-3-2

株価と利益の関係をみるもので、<u>株価</u>が1株当たりの<u>当期純利益</u>の何倍まで買われているかを示す指標です。

> 一般的に、PBRやPERが高ければ株価が<u>割高</u>、低ければ<u>割安</u>であるといわれています。なお、「何倍だから妥当」ということではなく、同業種平均のPBRやPERと比較して判断します。

(3) 自己資本利益率（ROE = Return On Equity）　　図表 4-3-3

自己資本（純資産）に対してどれだけ利益（当期純利益）をあげたかを示す指標です。

(4) 配当利回り

📖暗記　　図表 4-3-4

<u>株価</u>に対して何％の<u>配当金</u>を支払っているかを示す指標です。

Plus one!

配当性向

当期純利益に対して何％の配当金を支払っているかを示す指標です。

$$配当性向（\%）＝\frac{配当金}{当期純利益}×100$$

＜具体例＞

株価	500円
1株当たり当期純利益	10円（当期純利益40万円/発行済株式数4万株）
1株当たり純資産	200円（純資産800万円/発行済株式数4万株）
1株当たり配当金	5円（配当金20万円/発行済株式数4万株）

図表 4-3-1　株価純資産倍率

$$PBR（倍）= \frac{株価}{1株当たり純資産} = \frac{500円}{200円} = 2.5（倍）$$

図表 4-3-2　株価収益率

$$PER（倍）= \frac{株価}{1株当たり当期純利益} = \frac{500円}{10円} = 50（倍）$$

図表 4-3-3　自己資本利益率

$$ROE（\%）= \frac{当期純利益}{自己資本（純資産）} \times 100 = \frac{40万円}{800万円}\left[または\frac{10円}{200円}\right] \times 100 = 5（\%）$$

図表 4-3-4　配当利回り

$$配当利回り（\%）= \frac{1株当たり配当金}{株価} \times 100 = \frac{5円}{500円} \times 100 = 1（\%）$$

Hint!　東京証券取引所の市場区分

東京証券取引所には、プライム市場、スタンダード市場、グロース市場などがあります。各市場区分のコンセプトの概要は次のとおりです。
・プライム市場
　　グローバルな投資家との建設的な対話を中心に据えた企業向けの市場
・スタンダード市場
　　公開された市場における投資対象として十分な流動性とガバナンス水準を備えた企業向けの市場
・グロース市場
　　高い成長可能性を有する企業向けの市場
なお、日本の証券取引所は、東京のほか、札幌、名古屋、福岡にもあります。

❹ 株式の取引

(1) 売買単位(単元株制度)

実技(個人)

株式の売買単位を1単元といい、証券取引所に上場されている銘柄は100株が1単元の株数となります。

> たとえば、株価が5,000円の場合、1単元(100株)を購入するには50万円の資金(約定代金)と証券会社への手数料(消費税込)が必要です。

(2) 売買注文の種類

暗記 実技(個人) 図表 4-4-1

売買注文には、指値注文と成行注文とがあります。

指値注文とは、買い値段、売り値段と売買株数を指定する注文をいい、成行注文とは、売買株数のみを指定して値段を指定しない注文をいいます。

また、成行注文が指値注文に優先して売買が成立します。

指値注文の売買において、買い注文では高い値段の注文が低い値段の注文に優先し、売り注文では低い値段の注文が高い値段の注文に優先して売買が成立します。これを価格優先の原則といいます。

なお、同一値段の指値注文については、時間の早い方(先に注文を出した方)が優先して売買が成立します。これを時間優先の原則といいます。

(3) 決　済

暗記 実技(個人) 図表 4-4-2

売買が成立した当日(約定日)を含めて、3営業日目が決済日となります。

(4) 単元未満株の株式投資

① 単元未満株投資

少額の資金でも株式投資ができるように、1単元に満たない株式を1株単位で売買する制度です。

② 株式累積投資

図表 4-4-3

1万円以上1,000円単位の少額資金で同一銘柄の単元未満株を継続的に定額購入していくものです。

図表 4-4-1 指値注文と成行注文

	指値注文	成行注文
長 所	希望した値段以下で購入または希望した値段以上で売却することができます。	ほぼ確実に売買が行われます。
短 所	・買い注文の場合、指値よりも株価が高ければ売買が成立しない場合があります。 ・売り注文の場合、指値よりも株価が安ければ売買が成立しない場合があります。	予想外の値段で売買される可能性があります。

図表 4-4-2 決 済

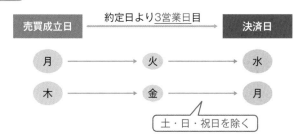

図表 4-4-3 株式累積投資（るいとう）の特徴

長 所	・毎月一定額を購入するためドル・コスト平均法が働き、長期にわたって継続すると平均的な買付単価を低くする効果が期待できます。 ・複数銘柄を選択すると、分散投資が可能となります。
短 所	・取扱証券会社が選定した銘柄の中からしか購入できません。 ・口座管理料が掛かる（証券会社によっては無料の場合もある）ため、毎月の投資金額が少ない場合は負担が大きくなります。

第5節 ｜ 投資信託

頻出度 **A**

❶ 投資信託（契約型）の概要

🖊重要　チェック ✓✓✓

図表 5-1-1　図表 5-1-2

　①委託者（投資信託委託会社）は、受託者（信託銀行）と信託契約を結び、投資信託を組成します。②委託者が、販売会社の窓口を経由して、受益者（投資家）から資金を1つの基金（ファンド）として集め、集めた資金を受託者に預けます。③受託者は、信託財産を受託者自体の資産と分けて管理（分別管理）します。④ファンドマネージャーが運用の指図を行います。⑤委託者は運用収益を受益者に分配します。

❷ 投資信託に関わる費用

🖊重要　チェック ✓✓✓

図表 5-2-1

（1）手数料

🖊実技（個人）

　投資信託を購入する際に掛かる費用であり、販売会社の収入となります。購入時に手数料を取らないノーロードファンドもあります。

（2）信託報酬（運用管理費用）

🖊実技（資産・個人）

　信託財産の運用や管理の報酬として信託財産から日々差し引かれる費用であり、基準価額に反映されます。なお、信託報酬には、委託者報酬と受託者報酬があり、投資信託委託会社は、委託者報酬の中から販売会社に代行手数料を支払っています。

　信託報酬は、受益者（投資家）が間接的に負担しています。

（3）信託財産留保額

🖊実技（個人）

　投資信託の中途換金によって生ずる組入証券の売却コストについて、投資家相互間の公平性を保つために、中途換金した投資家の換金代金（基準価額）から差し引いて信託財産に留保するものです。

159

図表 5-1-1 投資信託（契約型）の概要 ━━━━━━ 暗記

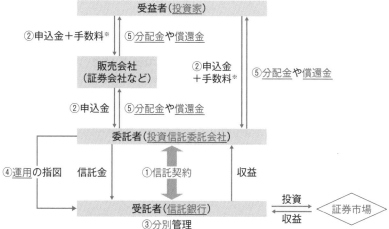

※ ノーロードファンドの場合は不要であり、販売会社を経由しない直販型はノーロードファンドが主流です。

図表 5-1-2 投資信託の特徴 ━━━━━━

- ・1万円（積立投資の場合は100円～1,000円）程度の小口資金でも投資ができます。
- ・分散投資によってリスクを軽減することができます。
- ・専門家が運用にあたるため、個人投資家でも大口投資家と同様の投資が可能となります。

図表 5-2-1 投資信託に関わる費用 ━━━━━━ 暗記

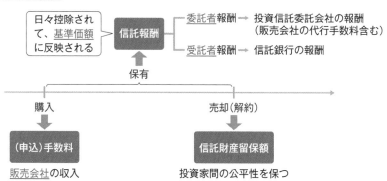

基準価額とは、投資信託の単位口数当たりの純資産価値のことです。買付代金や解約による受取代金を算出する際の基礎となるものであり、毎営業日の夕刻に発表しています。

❸ 投資信託の分類

(1) 投資対象による分類

📖暗記　図表 5-3-1

公社債投資信託	・国債や社債を中心に運用し、<u>株式</u>にはまったく投資できない投資信託です。 ・元本の保証はありませんが、国債や社債で運用するため、きわめて安全性の高い金融商品です。
株式投資信託	・<u>株式</u>を組み入れることができる投資信託です。 ・株式組入比率がゼロでも、約款上の投資対象に<u>株式</u>が含まれていれば、株式投資信託に分類されます。

(2) 購入時期や信託期間による分類

図表 5-3-2

追　加　型 (オープン型)	・いつでも<u>購入・換金</u>ができ、信託期間が<u>無期限</u>(期限がある場合も10年以上の長期間)の投資信託です。
単　位　型 (ユニット型)	・信託期間が定められており、購入できる期間も限定されている投資信託です。 ・中途解約時に一定の制約(クローズド期間)を設けているケースもあります。

(3) 設立形態による分類

図表 5-3-3

契　約　型	・委託者と受託者が契約の形態をとる投資信託です。 ・一般に証券投資信託は契約型を採用しています。
会　社　型	・<u>投資法人</u>の形態をとる投資信託です。 ・一般に日本版REIT(上場不動産投資信託)は会社型を採用しています。

> 経済新聞などで日々掲載されている投資信託の価格は、投資信託委託会社ごとのオープン型・契約型の投資信託と会社型上場不動産投資信託の価格です。

図表 5-3-1　投資対象による分類

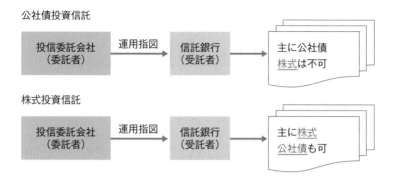

図表 5-3-2　購入時期や信託期間による分類

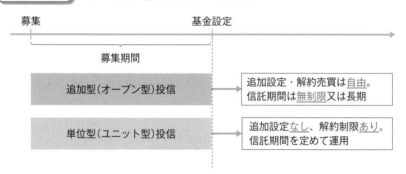

図表 5-3-3　設立形態による分類

❹ 公社債投資信託

(1) MMF（Money Management Fund）

MMFは、オープン型短期公社債投資信託です。

短期の国債、社債、譲渡性預金、コマーシャルペーパーなどの短期金融商品を中心に運用しているため、安全性の高い商品です。

(2) 外貨建てMMF（Money Market Fund）

外貨建てMMFは、外貨建ての短期公社債投資信託です。

海外の短期債券、譲渡性預金およびコマーシャルペーパーなどの短期の金融商品を中心に運用しているため、外貨ベースでは安全性の高い商品ですが、為替リスクに注意をする必要があります。

外国投資信託（外国の法律に基づいて設立された投資信託）であるため、取引するためには金融機関で外国証券取引口座の開設が必要です。

なお、一般的に口座管理料および購入時の申込手数料は必要ありませんが、為替手数料の負担はあります。

(3) MRF（Money Reserve Fund）

MRFは、株式や投資信託などの売買の決済口座として利用する証券総合口座専用のオープン型短期公社債投資信託です。

短期の公社債、譲渡性預金、コマーシャルペーパーなどの短期金融商品を中心に運用しているため、安全性の高い商品です。

❺ 不動産投資信託（Real Estate Investment Trust）

不動産投資信託は、不動産を主な運用対象とする投資信託です。現在の不動産投資信託は会社型が主流となっています。

株式市場に上場されている会社型の不動産投資信託のことをJ－REITといいます。

J－REITはクローズド・エンド型の投資信託であり、出資金の払戻し請求を行うことができないため、株式市場で投資口を売却することにより換金します。

証券会社を通じて市場価格で売買できますが、株式と同様に売買手数料とそれに伴う消費税が必要です。

図表 5-4-1　短期公社債投資信託の収益分配金と中途換金

	MMF	外貨建てMMF	MRF
収益分配	・運用実績による実績分配（1ヵ月複利） ・毎日決算を行って分配金を計算 ・月末の最終営業日に<u>1ヵ月分</u>の分配金をまとめて再投資		
中途換金	いつでも可能ですが、<u>30日未満</u>で換金する場合には1万円につき10円の信託財産留保額が徴収されます。	いつでも<u>解約手数料なし</u>で可能です。	

現在、日本銀行のマイナス金利政策が実施されているため、多くの投資信託委託会社がMMFの運用を中止（または停止）しています。

図表 5-5-1　不動産投資信託（J−REIT）

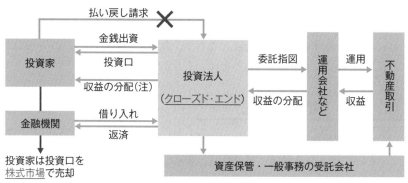

（注）　不動産投資法人が個人投資家に分配する分配金は、配当所得になります。
　　　　また、分配金は不動産運用（不動産賃貸や譲渡）により生じた利益などを原資として分配されますが、分配金は保証されていません。

J−REITの分配金は保証されていませんが、分配金の原資がテナントビルや住居の家賃収入であるため、比較的安定した運用が可能です。株式投資信託は相応のリスクがあるため、リスクを回避したい人は、公社債投資信託と合わせて検討してみるのもよいでしょう。

❻ 株式投資信託

(1) パッシブ型とアクティブ型

図表 5-6-1

　　株式投資信託には、その運用方法によってパッシブ型とアクティブ型が
あります。

① パッシブ型

暗記

　　あらかじめ定められたベンチマーク(日経平均株価やTOPIXなどの指
標)に連動する運用成果を目標とする投資信託です。その代表例にはイン
デックスファンド(値動きが、日経平均株価、TOPIXなど、主要なイン
デックスに連動するように設計されたオープン型の株式投資信託)があり
ます。

② アクティブ型

暗記

　　ファンドマネージャー(運用担当者)が組入銘柄を選択し、ベンチマーク
を上回る運用成果を目標とする投資信託です。ベンチマークを上回るため
には、投資する銘柄を選択しなければなりませんが、その方法には
図表 5-6-1 に記載された手法があります。

(2) ETF(上場投資信託)

図表 5-6-2

　　証券取引所に上場され、株式の売買と同様の取引が可能な投資信託です。
　　ETFには、日本株式、外国株式、債券、REIT、貴金属、穀物、原油な
どの指標や指数に連動するインデックス型ETFと、連動する指標や指数を
定めないアクティブ型ETFの2種類があります。
　　なお、売買の際には、株式の売買と同様に証券会社に売買委託手数料と
それに伴う消費税を支払う必要があります。

図表 5-6-1　アクティブ運用の銘柄選択法

トップダウン・アプローチ	最初にマクロ的な分析によって国別・業種別の組入比率を決定し、次に個別銘柄を決定する手法
ボトムアップ・アプローチ	最初に投資魅力の高い個別銘柄を発掘し、その積み上げによって国別・業種別の組入比率を決定する手法
グロース投資	・企業の成長性を重視し、利益の成長性が市場平均より高い銘柄を選択して投資する手法 ・成長性が織り込まれた株価となるため、市場平均に比べてPERが高くなり、配当利回りが低くなる傾向があります。
バリュー投資	現在の業績などが株価に適正に反映されておらず、相対的に割安に放置されている銘柄に投資する手法

図表 5-6-2　非上場の投資信託とETFの違い

	非上場の投資信託	ETF
取 引 価 格	1日1回、基準価額を算出	市場価格（需給バランスで決定）
売 買 形 態	1日1回、基準価額で売買	・1日に何回でも売買可能 ・成行注文・指値注文が可能 ・信用取引が可能
信 託 報 酬	徴収される	徴収されるが、一般に非上場の投資信託より信託報酬率は低い
信託財産留保額	徴収されるが、徴収されないものもある	徴収されない

上場不動産投資信託(J-REIT)も、ETFとほぼ同様の特徴となります。

ブル型ファンドとベア型ファンド

特殊型の株式投資信託であり、上昇相場のときに利益を生み出す「ブル型(レバレッジ型)」と下降相場の時に利益を生み出す「ベア型(インバース型)」があります。ベンチマークに対して2〜3倍反応する商品が主流です。

❼ 投資信託の情報開示（ディスクロージャー）

チェック

投資信託では、投資家に対して投資判断に有益な情報（運用方針および運用方法等）を提供する義務があります。これを、投資信託のディスクロージャー制度といいます。

（1）目論見書（投資信託説明書）

図表 5-7-1

目論見書は、投資家の投資判断の基準となる情報を提供することを目的に、<u>投資信託委託会社</u>が作成・交付する（電子交付を含む）ものです。目論見書には、交付目論見書と請求目論見書があります。

① 交付目論見書

ファンドの基本情報、運用の内容、投資リスク、ファンドに掛る<u>信託報酬</u>などの費用、信託約款の内容などが記載されており、<u>販売会社</u>が投資家に対して投資信託の購入<u>前</u>あるいは購入<u>時</u>に交付することが義務付けられています。

② 請求目論見書

ファンドの沿革、手続きやファンドの経理状況など詳細な情報が記載されています。請求目論見書は、投資家から請求があった場合に直ちに交付しなければならないとされています。

（2）運用報告書

図表 5-7-2

信託期間中の運用実績や<u>信託財産の内容</u>、有価証券売買状況などについて報告するため、<u>投資信託委託会社</u>が投資信託の決算期末ごとに作成します。

投資信託委託会社には、販売会社を通じて受益者に対して運用報告書を交付することが義務付けられています。

図表 5-7-1 目論見書（投資信託説明書）

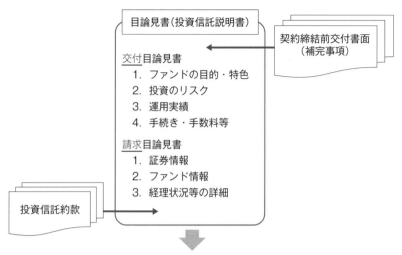

交付目論見書は購入前または購入時に、顧客に交付する。
同意を得た上で、インターネットを使用して交付も可能。

実際の目論見書では、金融商品取引法で義務づけられている契約締結前交付書面や、請求目論見書、約款などをすべてセットしたものを交付することもあります。

図表 5-7-2 運用報告書の記載内容

・その投資信託の設定以降、直近決算期までの運用実績
・投資信託の当期の運用状況および今後の運用方針
・投資信託の前期末、当期末における組入有価証券についての明細
・投資信託の運用財産の構成割合
・資産と負債の内訳ならびに純資産総額、またそれを総受益権口数で割った基準価額
・投資信託の当期の損益の状況

第6節 | 外貨建て商品

❶ 外貨預金

チェック
✓ ✓ ✓

外貨預金とは、米ドルやユーロなどの外貨建てで預入れられる預金のことです。外貨預金をする場合には、円を外貨に交換して預入れ、満期時には外貨を円に交換して引出すことになります。

❷ 為替相場(為替レート)

 ⚠重要 📖暗記

チェック
✓ ✓ ✓

図表 6-2-1

為替レートには、円を外貨に換える場合のレート(TTS)と外貨を円に換える場合のレート(TTB)があります。

① TTS(Telegraphic Transfer Selling rate:対顧客電信売相場)

銀行が顧客に外貨を売るときに適用されるレートのことです。顧客は円を支払って銀行から外貨を購入しますが、銀行からみると顧客に外貨を売ったことになるため、売相場(Selling rate)と呼ばれます。

② TTB(Telegraphic Transfer Buying rate:対顧客電信買相場)

銀行が顧客から外貨を買い取るときに適用されるレートのことです。顧客は外貨を支払って銀行から円を購入するが、銀行からみると顧客から外貨を買ったことになるため、買相場(Buying rate)と呼ばれます。

❸ 為替リスク

📖暗記 ✏実技(資産)

チェック
✓ ✓ ✓

図表 6-3-1

外貨預金や外国債券のような外貨建て商品には為替リスクが伴います。満期時に為替レートが円安になっていれば為替差益が発生し、円換算の利回りは高くなりますが、円高になっていれば為替差損が発生し、円換算の利回りは低くなり元本割れになることがあります。

図表 6-2-1　為替レートの適用

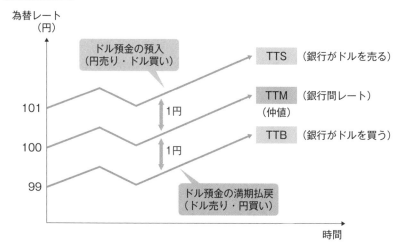

TTBとTTSとの開きは、通常、米ドルで2円ですが、金融機関や通貨の種類によって異なります。

図表 6-3-1　為替リスク

たとえば、為替レートが1ドル＝100円のときに、10,000円を投資して1年満期で年利率5%のドル預金をします。この場合、10,000円の元本で「100ドル」の預金ができ、1年後には元利金が105ドルとなります。
1年後に為替レートが1ドル＝90円になったとすると、当初の元本に対して550円の損失（105ドル×90円－10,000円＝▲550円）が発生します。

日本の金利が米国の金利よりも低い場合、円をドルに交換してドルで運用をする動きが活発になりますので、原則として為替相場は、円安・ドル高に推移します。

第7節 | 金融派生商品

頻出度 C

通貨、金利、債券、株式など本来の金融商品から派生した取引を金融派生商品(デリバティブ)取引といいます。デリバティブ取引は、リスク回避などを目的としており、主なものとしては先物取引とオプション取引があります。

❶ 先物取引（さきもの）

チェック ✓ ✓ ✓

特定の商品を、将来の一定期間内に、あらかじめ定められた価格で売買することを前もって契約する取引をいいます。

先物取引には、将来の価格変動リスクを回避(ヘッジ)するために行われるヘッジ取引として、売りヘッジと買いヘッジがあります。

売りヘッジとは、現在保有している商品が下落するおそれがある場合に、保有する商品の先物を売っておくことをいいます。買いヘッジとは、これから購入予定の商品が値上がりするおそれがある場合に、購入予定のある商品の先物を買っておくことをいいます。

＜売りヘッジの例＞

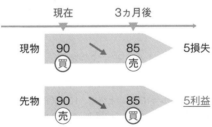

売りヘッジでは、その先物が下落した時に買い戻して利益をあげることで、保有商品の下落による損失をリスクヘッジできます。

171

❷ オプション取引

　特定の商品を、将来の一定の日または一定の期間内に、あらかじめ定められた<u>権利行使価格</u>で買う<u>権利</u>または売る<u>権利</u>を売買することをいいます。買う権利を<u>コール</u>・オプションといい、売る権利を<u>プット</u>・オプションといいます。

　権利の買い手は、自己に有利と判断した場合にはその権利を行使して利益を得ることができますが、不利と判断した場合には権利を放棄して損失を限定することができます。

　権利の売り手は、買い手が権利を行使した場合には権利行使価格で応じる義務があるため、損失は限定されません。

＜コール・オプションの買い手＞

　・将来、株価が権利行使価格を上回った場合 → 権利を行使

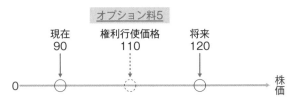

　・将来、株価が権利行使価格を下回った場合 → 権利を放棄

第8節 | ポートフォリオ運用

頻出度 B

　ポートフォリオとは、異なる値動きをする資産に分散することをいいます。

　ポートフォリオ運用では、資産を分散することでリスクを軽減させ、期待される収益率を維持することが目的となっています。

❶ 期待収益率と投資上のリスク

チェック

　期待収益率とは、特定の資産について将来にわたる運用から獲得することが期待できる平均的な収益率（リターン）であり、過去の運用実績などから計算されます。

　投資上のリスクとは、期待収益率の不確実性を意味します。収益率のぶれ幅が大きい場合をリスクが高いといい、収益率のぶれ幅が小さい場合をリスクが低いといいます。

❷ 金融商品のリスク

 重要 実技（資産・個人）

チェック

　金融商品には、様々なリスクがありますが、主なリスクには価格変動リスク、為替リスク、金利変動リスクおよび信用リスクがあります。

価格変動リスク	価格自体が上下して、金融商品の価値が増減するリスクです。
為替リスク	為替変動によって、金融商品の価値が増減するリスクです。
金利変動リスク	金利の変動によって、金融商品の価値が増減するリスクです。
信用リスク	債務者が債務不履行になり、元利金の全部または一部が回収できなくなるリスクであり、デフォルトリスクともいいます。

❸ リスクの軽減

チェック

図表 8-3-1

　金融商品が持つリスクを軽減させるためには、投資資金を複数の金融商品に分散投資するポートフォリオ運用が必要です。

　一般的にポートフォリオ運用は、投資対象の分散および投資時期の分散の順で行います。

（1）投資対象の分散

　投資対象の分散には、アセットアロケーションとポートフォリオの2つがあります。

アセットアロケーション	異なる資産クラスに分散すること アセットとは、「資産」のことであり、アロケーションとは「配分」のことです。 （例）　預貯金、債券と株式
ポートフォリオ	資産配分した後に、同じ資産クラスの中で異なる銘柄に分散すること （例）　輸出関連株と輸入関連株

（2）投資時期の分散

　投資時期の分散とは、投資する時期を何回かに分散することをいいます。具体的にはドル・コスト平均法の利用があげられます。

　ドル・コスト平均法では、長期間にわたって定期的に一定額を投資するため、時価が高いときには購入単位が少なくなり、時価が低いときには購入単位が多くなります。このため、購入単価を安定させる効果が期待できます。

図表 8-3-1　ポートフォリオ運用の手法

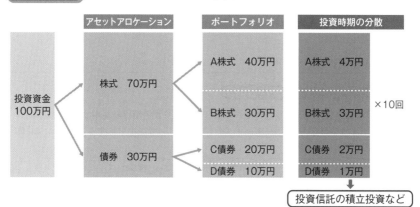

❹ 相関係数とポートフォリオ効果

重要　

(1) 相関係数

^{そうかん}

実技（個人）　図表 8-4-1

複数の投資対象における収益率の相関度合いを表すものであり、ポートフォリオ効果の程度を考慮するために利用されます。

相関係数は、1から−1までの範囲の数値となります。

相関係数が「1」の場合を完全相関（正の相関）といい、2つの投資対象が完全に同一方向に動くことを意味します。

また、相関係数が「−1」の場合を完全逆相関（負の相関）といい、2つの投資対象がまったく逆方向に動くことを意味します。

(2) ポートフォリオ効果

暗記　図表 8-4-2

相関係数が1に近いほどリスクは<u>大きく</u>、−1に近いほどリスクは<u>小さく</u>なります。

つまり、相関係数が負となる組合せは、相関係数が正となる組合せよりもリスクの軽減効果が<u>大きく</u>なります。

ポートフォリオの期待収益率

複数の資産に分散投資した集合体であるポートフォリオの期待収益率は、各資産（証券など）の期待収益率を<u>構成比</u>（<u>組入比率</u>または<u>投資比率</u>）で<u>加重</u>平均することにより計算できます。

	期待収益率	構成比
A証券	2%	75%
B証券	10%	25%

＜ポートフォリオ（A証券とB証券）の期待収益率＞
2%（A証券）×0.75＋10%（B証券）×0.25＝4%

第3章
ポートフォリオ運用

図表 8-4-1 相関係数とポートフォリオ効果━━━━━━━━━━━━

相関係数	値動きの関係	ポートフォリオ効果
1	2つの投資対象が完全に同一方向に動く	最小
0	2つの投資対象にまったく相関関係がない	──
−1	2つの投資対象がまったく逆方向に動く	最大

図表 8-4-2 輸出関連株と輸入関連株のポートフォリオ効果━━━━━━━

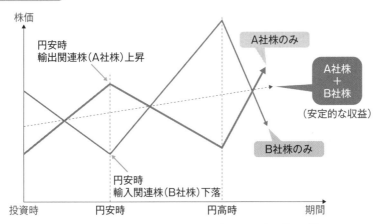

一般的に、輸出関連株と輸入関連株の相関係数は、「−1」に近いためポートフォリオ効果が大きくなります。

MEMO

第9節 | 金融商品と税金

❶ 預貯金の課税関係

チェック
✓ ✓ ✓
図表 9-1-1

利子は、利子所得として20％の源泉分離課税が適用されます。

❷ 債券の課税関係

/ 重要　チェック ✓ ✓ ✓

（1）利付債

📖 暗記　　図表 9-1-1　　図表 9-2-1　　図表 9-4-1

　　一般公社債の利子は、利子所得として20％の源泉分離課税が適用されます。

　　ただし、特定公社債等の利子等については、利子所得として20％の申告分離課税が適用されます。なお、金額にかかわらず確定申告不要を選択することもできます。

　　なお、償還差益および譲渡益については、譲渡所得等として20％の申告分離課税が適用されます。

> 申告分離課税になる特定公社債等の利子等とは、次に掲げるものです。
> ・国債、地方債の利子
> ・社債および公社債投資信託のうち公募によるもの（不特定かつ多数の者に対して募集するもの）または上場されているものに係る利子等
> また、一般公社債等は、特定公社債等に該当しないものです。

（2）割引債

図表 9-2-1　　図表 9-4-1

　　償還差益および譲渡益については、譲渡所得等として20％の申告分離課税が適用されます。

❸ 株式等の課税関係

図表 9-3-1　図表 9-4-1

株式等に係る配当金は、一般株式等と上場株式等に係るものに区分され、一般株式等に係る配当金は、総合課税と確定申告不要(少額の場合)の選択ができ、上場株式等に係る配当金は、総合課税と申告分離課税と確定申告不要のいずれかを選択できることになります。

譲渡益は、譲渡所得等として20%の申告分離課税が適用されます。

図表 9-1-1　利子所得

預貯金の利子 外貨預金の利子	20%の源泉分離課税
利付債の利子	一般公社債は、20%の源泉分離課税 特定公社債は、20%の申告分離課税(※)
公社債投資信託の収益分配金 外貨建てMMFの収益分配金	20%の申告分離課税(※)

※　金額にかかわらず源泉徴収のみで確定申告を省略することもできます。

図表 9-2-1　雑所得

外貨預金の為替差益	総合課税 預入時に為替予約を行った場合は、20%の源泉分離課税

為替予約は、予め満期時に換金する時の為替レートを定めて(予約して)おくことです。

図表 9-3-1　配当所得

一般株式の配当	総合課税と確定申告不要(少額の場合)を選択
上場株式の配当 株式投資信託の普通分配金	総合課税と20%申告分離課税と確定申告不要(※)のいずれかを選択

※　金額にかかわらず源泉徴収のみで確定申告を省略することもできます。

❹ 投資信託の課税関係

重要

(1) 公社債投資信託

図表 9-1-1　図表 9-4-1

　　収益分配金については、利子所得として20％の申告分離課税が適用され、金額に関わらず確定申告を省略することもできます。

　　譲渡益等については、譲渡所得等として20％の申告分離課税が適用されます。

(2) 株式投資信託

暗記　図表 9-3-1　図表 9-4-1

　　収益分配金のうち、<u>普通分配金</u>は配当所得として総合課税や申告分離課税が適用され、<u>元本払戻金（特別分配金）</u>は非課税となっています。

　　中途換金による譲渡益等は、譲渡所得等として20％の申告分離課税が適用されます。

> 元本払戻金は、元本の払戻しとみなされるため非課税となります。

❺ 外貨建て金融商品の課税関係

重要　実技（個人）

(1) 外貨預金

図表 9-1-1　図表 9-2-1

　為替差益は、雑所得として総合課税が適用されます。

　なお、預入時に為替予約を行った場合は、20％の源泉分離課税が適用されます。

(2) 外貨建てMMF

暗記　図表 9-1-1　図表 9-4-1

　　収益分配金については、利子所得として20％の申告分離課税が適用され、金額に関わらず確定申告を省略することもできます。為替差益については、譲渡所得等として20％の<u>申告分離課税</u>が適用されます。

図表 9-4-1 金融商品の換金に係る譲渡所得等

公社債の償還差益 上場株式の譲渡益 公社債投資信託の譲渡益等 株式投資信託の譲渡益 外貨建てMMFの為替差益	20%の申告分離課税

株式投資信託の元本払戻金（特別分配金）

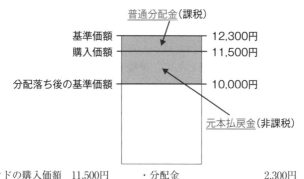

普通分配金（課税）

基準価額 12,300円
購入価額 11,500円
分配落ち後の基準価額 10,000円

元本払戻金（非課税）

・ファンドの購入価額 11,500円　・分配金 2,300円
・決算時の基準価額 12,300円　・分配落ち後の基準価額 10,000円
・個別元本＝ファンドの購入価額
※　上記の各価額および分配金は、1口当たりのものである。
※　当初1口当たりの価額は、1口＝1万円である。

分配金2,300円のうち、ファンドの購入価額である個別元本から基準価額までの金額（12,300円－11,500円＝800円）は、購入後に発生した利益からの分配となるため、普通分配金として課税されます。
しかし、購入価額から分配落ち後の基準価額までの金額（11,500円－10,000円＝1,500円）は、購入後の運用による部分からの分配ではないため、元本払戻金（特別分配金）として非課税になります。
なお、1,500円が元本として払い戻されたため、分配後の個別元本は10,000円（11,500円－1,500円）に修正されます。

第10節 | セーフティネット

❶ 預金保険制度

金融機関の経営破綻に対して、当該金融機関に代わって預金保険機構が<u>預金者の保護</u>を図り、金融市場の信用秩序を維持するための制度です。日本国内に本店のある金融機関は、預金保険制度への加入が義務付けられています。

> 日本国内に本店のある金融機関であっても、海外支店の預金は保護の対象となりません。

(1) 預金保険機構

預金保険機構の主な業務として、破綻金融機関の業務を引き継いだ金融機関に対する<u>資金援助</u>(ペイオフより優先される)と破綻金融機関の預金者に対する<u>ペイオフ方式</u>(保険金支払方式)があります。

(2) 預金保険制度による保護

图表 10-1-1

定期性預金および決済性預金についてはペイオフ(預金者1人に対して元本<u>1,000万円</u>までの預金とその<u>利子</u>までの払戻し)が実施されています。

決済用預金(<u>無利子・要求払い・決済サービス</u>の3条件を満たした預金)については、預金保険機構によって<u>全額</u>が保護されることになっています。

❷ 預金保険制度以外の保護制度

(1) 農水産業協同組合貯金保険制度

農業協同組合、漁業協同組合、水産加工業協同組合などの金融機関は、農水産業協同組合貯金保険制度に加入しており、貯金者は預金保険制度と同様に保護されています。

(2) 投資者保護基金制度

証券会社の顧客の預り資産は分別管理されています。しかし、分別管理によっても顧客の資産を保護できない場合を想定して、<u>日本投資者保護基金</u>の保護の対象となっています。

投資者保護基金では、1人当たり<u>1,000万円</u>までが補償されますが、銀行など証券会社以外の金融機関で購入した投資信託は補償の対象となりません。

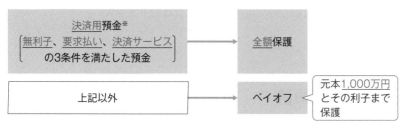

図表 10-1-1 預金保険制度による保護

決済用預金※
[無利子、要求払い、決済サービス] の3条件を満たした預金 → 全額保護

上記以外 → ペイオフ → 元本1,000万円とその利子まで保護

※ 決済用預金には、<u>利子の無い普通預金</u>や当座預金などがあり、金額に関係なく無制限に保護されます。

<預金保険制度における保護の対象・対象外>

保護される 金融商品	・預貯金、定期積金、掛金 ・元本補てん契約のある金銭信託 ・個人向けの金融債(保護預かり専用商品のみ)　等
保護されない 金融商品	・<u>外貨預金</u>、譲渡性預金 ・元本補てん契約のない金銭信託(ヒット・スーパーヒット) ・個人向け(保護預かり専用)以外の金融債　等

<預金保険制度における保護の対象額> 📊計算 ✏実技(資産・個人)

(例) 破綻した甲銀行における大原太郎名義の預金は次のとおりです。

A支店 | 外貨預金 100万円 | → 預金保険制度の対象外

定期預金 500万円

普通預金 400万円

当座預金 150万円 | → 決済用預金に該当するため全額保護

B支店 定期預金 300万円

①　　A支店定期　A支店普通　B支店定期
　　　500　+　400　+　300　=1,200>1,000　∴1,000
② 当座預金は完全保護　∴150
③ ①+②=1,150

第11節 | 関連法規

❶ 金融サービス提供法

(図表 11-1-1)

　金融商品販売業者が販売の際に顧客に対して説明すべき<u>重要事項</u>は、金融サービス提供法で定められています。もし、業者がその<u>説明をしなかった</u>ことにより顧客に元本割れなどの損害が生じた場合には、業者は顧客に対して、元本割れ相当額の<u>損害賠償</u>をしなければなりません。

❷ 消費者契約法

(図表 11-1-1)

　事業者と消費者が結ぶすべての契約において、消費者に重要な事項に関して誤認させたり困惑させる行為があった場合には、消費者契約法に基づき消費者に<u>契約の取消し</u>を認めています。

❸ 金融商品取引法

(図表 11-3-1)

　幅広い金融商品を対象として、金融商品の利用者保護の徹底と利便性の向上を図ることを目的に制定された法律です。

図表 11-1-1　金融サービス提供法と消費者契約法のまとめ

	金融サービス提供法	消費者契約法
適用範囲	金融商品販売に関する契約	消費者と事業者の間の契約全般
保護対象者	個人および事業者(※)	個人(事業の契約を除く)
法律が適用される場合	・重要事項の説明がなかった場合(=重要事項の説明義務違反) ・断定的判断を提供して販売を行った場合(=断定的判断の提供禁止違反)	・重要事項に関して誤認させた(元本割れの心配はないといわれて契約したが、実際には元本割れした)場合 ・監禁、不退去による契約の場合
法律の効果	金融商品販売業者の損害賠償	消費者による契約の取消し

※　事業者とは、個人事業者(事業を行う個人)および法人をいいます。ただし、機関投資家を除きます。

金融サービス提供法の対象商品

預貯金、定期積金、金銭信託、社債、株式、投資信託、外国為替証拠金取引(FX取引)、抵当証券、商品ファンド、保険・共済、金融先物取引、商品先物取引(海外)など、ほとんどの金融商品が金融サービス提供法の対象になりますが、金地金(金塊)や商品先物取引(国内)、ゴルフ会員権などは金融商品に該当しないことになっています。

図表 11-3-1　金融商品取引業者の販売・勧誘等の規制

適合性の原則	一般投資家の知識、経験、財産の状況等に照らし不適切な勧誘を行ってはいけません。
広告の規制	一般投資家が誤認するような表示をしてはいけません。
契約締結前の書面交付義務	契約締結前に、一般投資家に対して金融商品取引契約の概要等を記載した書面を交付しなければいけません。
不招請勧誘の禁止	顧客の要請がない場合には勧誘をしてはいけません。

第 4 章

タックスプランニング

章のテーマ

ファイナンシャル・プランニングに際しては、いずれの分野においても税金の知識が要求されます。

この章では、パーソナルファイナンスにとって必要な税の知識として、個人に課税される所得税、住民税を中心に学習します。

頻出項目ポイント

頻出度
No. **1** | **所得税の仕組み**
所得税は、個人が1年間で獲得した所得(もうけ)に対して課税され、さまざまな段階(プロセス)を経て計算されます。この「計算体系」を理解することが所得税の攻略の第一歩となります。まず「所得税の基本原則」を掴み、計算体系をしっかり覚えてください。

No. **2** | **各種所得の内容**
所得税の計算では、まず、1年間で獲得した所得を「10種類」に分類していきます。この中でも特に出題頻度が高いのが「給与所得」、「退職所得」、「譲渡所得」、「一時所得」、「雑所得」です。それぞれの「所得金額の計算」や「課税方法」をしっかり覚えてください。

No. **3** | **課税標準の計算**
各種所得の金額の計算で生じた損失があるときは、その損失額を他の所得(黒字)と相殺します。この手続きを「損益通算」といいます。損益通算できる所得は「4つ」の所得区分に限定されていますので、この4つの所得区分をしっかり覚えてください。

No. **4** | **所得控除**
所得控除には、「物的控除」と「人的控除」があります。「医療費控除」「生命保険料控除」「地震保険料控除」「配偶者控除」「扶養控除」の出題頻度が学科・実技ともに高くなっています。

No. **5** | **税額控除**
税額控除では、「配当控除」「住宅借入金等特別控除(住宅ローン控除)」をしっかり覚えてください。特に、住宅ローン控除の出題頻度が高くなっていますので、「居住用家屋の要件」「借入金の要件」を理解した上で、「適用が受けられない年」にも注意してください。

第1節 | 税金の分類と計算体系 頻出度 B

❶ 税金の分類

チェック ✓✓✓

(1) 国税と地方税

図表 1-1-1

　国税は国に納める税金であり、地方税は地方公共団体(都道府県・市区町村)に納める税金です。

　それぞれの納税場所は、次のとおりです。

国税	税務署
道府県税(東京都は都税)	都道府県税事務所
市町村税(東京23区は区税)	市区町村役場

(2) 直接税と間接税

図表 1-1-2

　直接税とは、税務署などに税金を納めに行く人(納税義務者)と、実質的に税金を負担している人(担税者)が同じ税金です。

　一方、間接税とは、納税義務者と担税者が異なる税金で、代表的な税金は消費税です。

❷ 税金計算の基礎

チェック ✓✓✓

(1) 税金の計算

図表 1-2-1

　原則として税金を課税する対象となる課税標準に税率を乗じて求めます。

(2) 税　率

① 累進税率

　課税標準の大小により税率が変化するものです。税金を課税する基礎である課税標準が大きくなればなるほど税率は高くなります。

② 比例税率

　課税標準の大小にかかわらず、税率が一定(一律)となるものです。

図表 1-1-1　国税と地方税

国　税	所得税、法人税、相続税、贈与税、印紙税、登録免許税、消費税、酒税、たばこ税　等	
地方税	道府県税	道府県民税(住民税)、事業税、不動産取得税、地方消費税、道府県たばこ税　等
	市町村税	市町村民税(住民税)、固定資産税、都市計画税、事業所税、市町村たばこ税　等

図表 1-1-2　直接税と間接税

直接税	所得税、法人税、相続税、贈与税、登録免許税、住民税、事業税、固定資産税　等
間接税	消費税、酒税、たばこ税　等

<＜直接税＞>

 ─所得税→ 国など

納税義務者
（＝担税者）

<＜間接税＞>

担税者 ─代金(税込)→ ××商店（事業者） ─消費税→ 国など

担税者　　　　　　納税義務者

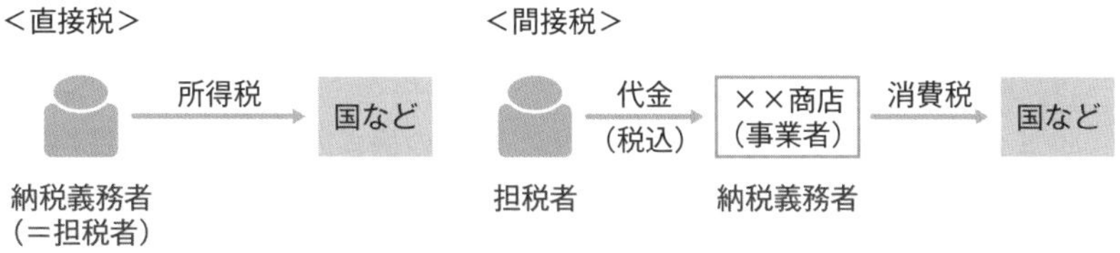

間接税は、税金が製品やサービスの価格に転嫁(上乗せ)されているため、最終的には消費者が税金を負担していることになります。
なお、わが国の歳入に占める直接税と間接税の比率(この比率のことを直間比率といいます)は、直接税が約6割、間接税が約4割です。

図表 1-2-1　税金計算の基礎

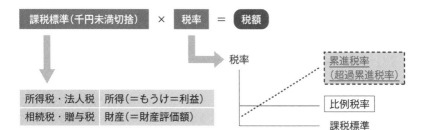

所得税・法人税	所得(＝もうけ＝利益)
相続税・贈与税	財産(＝財産評価額)

課税標準(千円未満切捨) × 税率 = 税額

税率

累進税率
（超過累進税率）

比例税率

課税標準

所得税・相続税・贈与税の累進税率は、課税対象となる金額が所定の金額を超えた部分だけ税率が累進する超過累進税率になります。

第2節 | 所得税の仕組み

❶ 所得税の基本原則

(1) 個人単位課税

<small>こ じんたん い か ぜい</small>

図表 2-1-1

　所得税は、所得(もうけ)を獲得した<u>個人</u>ごとに計算します。夫婦共働き
の世帯であっても世帯単位で課税をするのではなく、夫は夫、妻は妻がそ
れぞれ獲得した所得に対して所得税を計算します。

(2) 応能負担課税

<small>おうのう ふ たん か ぜい</small>

図表 2-1-2

　高所得者は低所得者に比べて税金を負担する力(これを担税力といいま
す)があります。

　また、同じ量の所得を獲得しても、所得の稼ぎ方(もうけの性質)や個人
個人の特殊事情によって、担税力は異なります。

　所得税の計算においては、担税力の違いによって<u>税金の負担</u>が不公平に
ならないような調整がされています。

(3) 暦年単位課税

<small>れきねんたん い か ぜい</small>

図表 2-1-3

　所得を計算する期間は、<u>1月1日〜12月31日(暦の1年間)</u>です。

　この1暦年間に獲得した所得について、<u>翌年2月16日〜3月15日</u>の期間に
所得税を計算し、申告および納付を行います。

💡 Hint! 所得の稼ぎ方(もうけの性質)

個人が稼ぎだす所得には、いろいろな種類があります。個人事業主であれば商品を仕入
れて販売することにより所得を獲得することができますし、会社員の方であれば、勤務
先で働くことにより所得を獲得することができます。また、株式や投資信託を購入して
売却することでも所得を獲得できるでしょう。
しかし、株式売買で得た所得と個人事業主や会社員が働いて得た所得を同列に課税して
もよいのでしょうか。国民感情を考慮すれば、公平性を図るために株式売買で得た所得
に多くの税金を負担してもらうという考え方も成り立ちます。

図表 2-1-1　個人単位課税

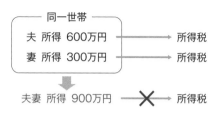

```
        ┌─ 同一世帯 ─┐
        │ 夫 所得 600万円 │ ─→ 所得税
        │ 妻 所得 300万円 │ ─→ 所得税
        └──────┘
            ↓
    夫妻 所得 900万円 ─✕→ 所得税
```

図表 2-1-2　応能負担課税

Aさん（独身）　　　　　　　　所得　　500万円

Bさん（既婚・扶養家族有）　　所得　　500万円

所得の量は500万円で同じ。

担税力はAさんの方が大きい　→　Aさんの方が多く税金を負担できる。

> Bさんは扶養する家族を抱えているため、Aさんよりも生活費が多く必要となります。したがってAさんよりも税金を払う余裕はないといえます。

図表 2-1-3　暦年単位課税

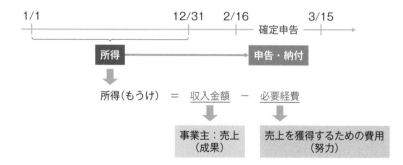

```
1/1                12/31  2/16        3/15
├─────────────┤   ├── 確定申告 ──┤ →
└──────┬──────┘
    ┌─────┐              ┌──────┐
    │ 所得 │ ──────────→ │ 申告・納付 │
    └─────┘              └──────┘
       ↓
  所得（もうけ）　＝　収入金額　－　必要経費
                      ↓              ↓
              ┌──────────┐  ┌─────────────┐
              │ 事業主：売上  │  │ 売上を獲得するための費用 │
              │   （成果）   │  │     （努力）       │
              └──────────┘  └─────────────┘
```

> 日本国内に住所または1年以上の居所（仮住まい）がある人は居住者となり、原則として国内外で発生した所得について納税義務があります。
> また、外国人などの非居住者は国内で発生した所得についてのみ納税義務があります。

❷ 計算体系

(1) 各種所得の金額の計算

📖暗記

1暦年間に獲得した所得を、その性質にしたがって10種類に分類し、それぞれの所得ごとに、収入金額から必要経費等を控除して各種所得の金額を計算します。

(2) 課税標準の計算

📖暗記

分類された各種所得の金額は、1暦年間に獲得した所得の総量に応じた税率を適用するために、原則として、確定申告において他の所得と合算して課税されます。(総合課税)

なお、一部の所得については、所得の性質や租税政策的な目的から、確定申告において他の所得と分離して課税されます。(申告分離課税)

(3) 所得控除額の計算

所得控除とは、各種所得の金額の計算上では考慮されない支出や個人的な事情に伴う担税力の低下などを所得税の計算に反映させ、税負担の公平性を保つために設けられた控除項目です。所得控除には、医療費控除(物的控除)や配偶者控除(人的控除)などが認められています。

(4) 課税所得金額の計算

課税所得金額は、課税の対象となる課税標準から所得控除を控除して計算します。個人的な事情に伴う担税力の低下を更に考慮して、税率をかけるもとになる金額を算出します。

(5) 納付税額の計算

納付税額は、課税所得金額に所定の税率を適用して求めた算出税額から税額控除と税金の前払いである源泉徴収税額を控除して計算します。

納税義務者が確定申告によって納める金額です。

図表 2-2-1 計算体系の概要

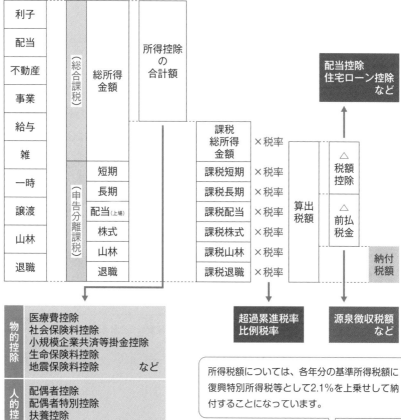

第4章
所得税の仕組み

所得税の超過累進税率による税額速算表

課税所得金額(A)		税率(B)	控除額(C)
	1,950,000円以下	5%	――
1,950,000円超	3,300,000円以下	10%	97,500円
3,300,000円超	6,950,000円以下	20%	427,500円
6,950,000円超	9,000,000円以下	23%	636,000円
9,000,000円超	18,000,000円以下	33%	1,536,000円
18,000,000円超	40,000,000円以下	40%	2,796,000円
40,000,000円超		45%	4,796,000円

※ 所得税額(算出税額)=(A)×(B)-(C)

❸ 所得税の納付方法

チェック

(1) 申告納税

図表 2-3-1

　　所得税では、納付税額を納税者が自ら計算して確定する<u>申告納税方式</u>を採用しています。

① 原　則

　　1月1日から12月31日の間に生じた所得金額に基づいて所得税額を計算し、それを原則として翌年2月16日から3月15日までの間に住所地を管轄する税務署へ申告(確定申告)し、金銭で<u>一括納付</u>しなければなりません。

② 延　納

　　延納の届出書を提出すると一部の税金の納付期限を5月31日まで延期することができます。

　　ただし、納付が本来の期限より遅れているため、延納税額については、延納期間に応じて<u>利子税(利息)</u>が課税されます。

> <u>申告納税方式</u>に対して、都道府県などが税額を確定して納税通知書を送付する方法を<u>賦課課税方式</u>といいます。

(2) 源泉徴収制度

① 制度の内容

図表 2-3-2

　　源泉徴収制度とは、特定の所得(例えば給与)について、その所得(給与)の支払者(会社)がその所得(給与)の支払い時に所定の所得税を天引き徴収し、納税義務者(従業員)に代わって納税(原則として<u>翌月10日</u>までに納付)する制度です。

② 源泉徴収税額の精算

図表 2-3-3

　　所得税は、確定申告によって1年分の所得税額を確定すればよいため、その年中に源泉徴収された所得税額は、確定申告で納めるべき税金の前払いという位置づけになります。前払いされた<u>源泉徴収税額</u>は、原則として<u>確定申告</u>で精算しなければなりません。

図表 2-3-1　納付の原則と延納

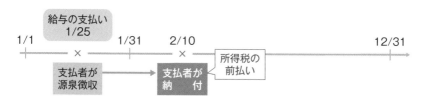

図表 2-3-2　源泉徴収制度

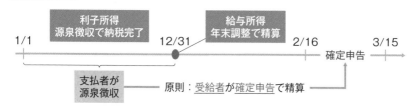

図表 2-3-3　源泉徴収税額の精算

前払いの税金である源泉徴収税額は、確定申告で精算するのが原則ですが、後述する預貯金の利子は源泉徴収の段階で納税が完了するため（源泉分離課税）、確定申告での精算は必要ありません。
また、会社員の方は、会社が年末調整という手続きの中で、源泉徴収税額を精算してくれますので、確定申告を省略することも可能です。

源泉徴収税額についても復興特別所得税等として2.1％が上乗せされて徴収されます。
（例）：源泉徴収税率15％の場合→15.315％
　　　源泉徴収税率20％の場合→20.42％　など

頻出度
A

❶ 利子所得

チェック
✓ ✓ ✓

（1）内　容

元本の安全性や利払いの確実性が高いとされる次に掲げる利子等です。

・預金、貯金の利子
・公債（国債・地方債）および社債の利子
・公社債投資信託の収益の分配　等

（2）所得金額の計算と課税方法

① 所得金額の計算

利子所得 ＝ 収入金額（必要経費は認められない）

② 源泉徴収

図表 3-1-1

利子等の支払者は、利子等の支払いをする際に、支払金額に対し20%（所得税15％＋住民税5％）を徴収し、徴収の日の属する月の翌月10日までに国と都道府県に納付することになっています。

③ 課税方法

📖暗記

㋐ 預貯金および一般公社債等の利子等

図表 3-1-2

預貯金および一般公社債等の利子等については、源泉徴収の段階で納税が完了する源泉分離課税が採用されています。源泉徴収の段階で納税が完了しているため、確定申告の必要はありません。

㋑ 特定公社債等の利子等

図表 3-1-3

特定公社債等の利子等については、課税標準の計算段階で上場株式等に係る配当所得等の金額に含まれ、申告分離課税により20％（所得税15％＋住民税5％）の比例税率が適用されます。

なお、確定申告を省略し、源泉徴収税額のみで納税を完了することもできます。

(図表 3-1-1) **利子所得の源泉徴収**

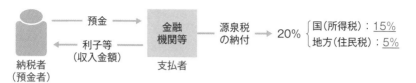

復興特別所得税等が上乗せされるため、源泉徴収税率は20.315%
（所得税15.315％＋住民税5％）となります。

(図表 3-1-2) **預貯金および一般公社債等の利子等に係る課税方法**

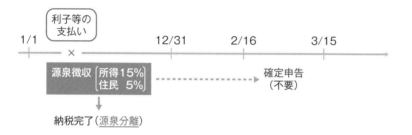

(図表 3-1-3) **特定公社債等の利子等に係る課税方法**

確定申告を省略して納税を完了させることも可能

申告分離課税になる特定公社債等の利子等とは、次に掲げるものです。
・国債、地方債の利子
・社債および公社債投資信託のうち公募によるもの（不特定かつ多数の
　者に対して募集するもの）または上場されているものに係る利子等
また、一般公社債等は、特定公社債等に該当しないものです。

❷ 配当所得

(1) 内　容

出資金の見返りとして得ることのできる次に掲げる配当等です。

- ・法人から受ける剰余金の配当(株式の配当金)
- ・公社債投資信託以外の証券投資信託(公募株式投資信託)の収益の分配
- ・上場不動産投資信託(J-REIT)の収益の分配　等

(2) 所得金額の計算と課税方法

① 所得金額の計算

配当所得 ＝ 収入金額 － 負債利子※

※　株式等を取得するために要した借入金の利子

② 源泉徴収

図表 3-2-1

配当等の支払者は、配当等の支払いをする際に、支払金額に対し20%の所得税(上場株式等の配当等の場合には、所得税15% ＋ 住民税5%)を徴収し、徴収の日の属する月の翌月10日までに国(上場株式等の配当等の場合には国と都道府県)に納付することになっています。

③ 一般株式等に係る配当所得の課税方法

図表 3-2-2

他の所得と合算し、総合課税により超過累進税率が適用されます。

なお、前払いとして源泉徴収された所得税額と正しい年税額の差額は、確定申告を通じて精算されることになります。

④ 上場株式等に係る配当所得の課税方法

図表 3-2-3

上場株式等の配当等について確定申告をする場合、総合課税と申告分離課税のいずれかを選択することができます。

なお、申告分離課税を選択した上場株式等に係る配当所得の金額は、特定公社債の利子等と共に20%(所得税15% ＋ 住民税5%)の比例税率が適用されます。

> 上場株式等には公募株式投資信託が含まれます。
> また、一般株式等は、上場株式等に該当しないものです。

図表 3-2-1 配当所得の源泉徴収

復興特別所得税等が上乗せされるため、源泉徴収税率は上場株式等以外が20.42%、上場株式等が20.315%(所得税15.315%＋住民税5%)となります。

図表 3-2-2 一般株式等に係る配当所得の課税方法

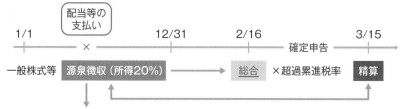

少額であれば確定申告を省略して納税を完了させることも可能

図表 3-2-3 上場株式等に係る配当所得の課税方法

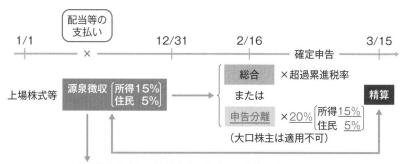

確定申告を省略して納税を完了させることも可能

大口株主とは、上場株式等の持株比率が3%以上である株主です。
大口株主に係る上場株式等の配当は一般株式等と同様の取扱いになります。

⑤ 確定申告不要制度

📖 暗記　図表 3-2-4

　特定公社債等の利子等および一定の要件を満たす配当等については、納税手続きの手間を省くため確定申告を省略することもできます。これを確定申告不要制度といいます。

　なお、確定申告不要制度を選択できるか否かは、上場株式等に係る配当等とそれ以外に係る配当等でその要件が異なります。

㋐ 一般株式等に係る配当等

　一般株式等に係る配当等については、1回に支払いを受ける配当等が10万円以下(年2回配当する会社は各5万円以下)である場合に、確定申告不要制度を選択することができます。

㋑ 上場株式等に係る配当等・特定公社債等に係る利子等

　上場株式等に係る配当等(大口株主が支払を受けるものを除く)と特定公社債等の利子等については、金額の多寡にかかわらず確定申告不要制度を選択することができます。

❸ 不動産所得

チェック ✓✓✓

(1) 内　容

図表 3-3-1

　不動産等(土地、建物等)の貸付けから得ることのできる所得です。

　不動産等の貸付けであれば、その貸付けの規模が「事業的規模(生計を維持できる程度の貸付の規模)」であるか「事業的規模以外」であるかを問わず不動産所得となります。

(2) 所得金額の計算と課税方法

図表 3-3-2

① 所得金額の計算

> 不動産所得 ＝ 収入金額 － 必要経費

② 課税方法

　他の所得と合算し、総合課税により超過累進税率が適用されます。

図表 3-2-4 確定申告不要制度

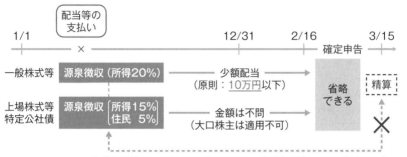

大口株主が支払いを受ける配当等については、一般的に高額(10万円超)になることから確定申告不要の対象とならないため、確定申告の上、総合課税により超過累進税率が適用されることになります。

図表 3-3-1 不動産所得の内容

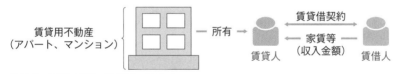

貸付けの規模は問わず不動産所得となる。

図表 3-3-2 不動産所得の課税方法

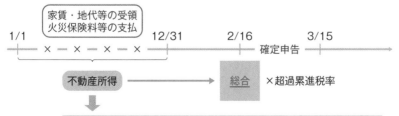

(3) 不動産所得の具体的計算

① 収入金額

図表 3-3-3

　不動産等の貸付けに伴う対価(見返り)である賃貸料(家賃や地代)や権利金・礼金などが該当します。

> 収入金額は、収入を得る権利が確定した日(契約書の支払日)に計上しますので、未収であっても収入として計上しなければなりません。

② 必要経費

(ア) 公租公課

図表 3-3-4

　貸付けている土地、マンション、アパートなどの不動産(以下「業務用資産」という)に関して支払う公租公課は必要経費に算入されます。

(イ) 借入金利子

図表 3-3-5

　業務用資産を取得するために、金融機関などから資金を借り入れた場合、その借入金の利子は、その支払利子のうち本年対応分を必要経費に算入しますが、借入金の元金返済分は、必要経費に算入できません。

> 必要経費は、支払義務が確定した日(請求書などの支払日)に計上しますので、未払いでも経費として計上しなければなりません。

(ウ) 減価償却費

図表 3-3-6

　　a．内容

　　業務用資産のうち期間の経過と共に価値が減る資産(減価償却資産)については、取得に要した金額(取得価額)を一定の方法によって各年分の必要経費として配分していきます。

減価償却資産	建物、構築物(駐車場のアスファルトなど)、備品　等
非減価償却資産	土地　等

　　なお、所得税では、各年分の減価償却限度額を必ず必要経費として計上しなければならないことになっています(強制償却)。

図表 3-3-3 　不動産所得の収入金額

収入として必ず計上しなければならないもの	収入金額に計上しないもの
・賃貸料(いわゆる家賃)	・敷金
・権利金、礼金、更新料　など	・保証金

> 賃貸契約時に受領する敷金や保証金は、賃借人(借主)のルール違反により損害が発生した場合の担保(一時的な預かり金)として受領するものです。原則として収入金額には計上しませんが、返還不要の金額があればその金額を計上します。

図表 3-3-4 　不動産所得の必要経費(公租公課)

必要経費になる公租公課	必要経費にならない公租公課
業務用資産に係る不動産取得税、登録免許税	所得税、住民税　等
業務用資産に係る固定資産税、都市計画税	罰金、延滞税、過怠税などの制裁金

図表 3-3-5 　不動産所得の必要経費(借入金利子)

図表 3-3-6 　不動産所得の必要経費(減価償却費)

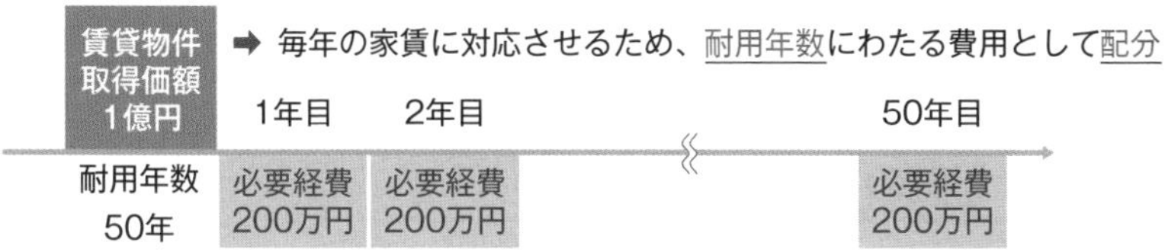

賃貸物件取得価額1億円	➡ 毎年の家賃に対応させるため、耐用年数にわたる費用として配分		
	1年目	2年目	50年目
耐用年数50年	必要経費200万円	必要経費200万円	必要経費200万円

ｂ．減価償却の方法

図表 3-3-7

　　減価償却の方法には定額法、定率法などがありますが、その中から納税者が選定し、税務署長に届出た方法で償却を行います。ただし、平成10年4月1日以後に取得した<u>建物</u>および平成28年4月1日以後に取得した建物附属設備・構築物については<u>定額法のみが適用</u>されます。

　　また、納税者が償却方法の選定をしなければ、法定償却方法である<u>定額法</u>により計算することになります。

<定額法>

<u>取得価額</u> × <u>定額法償却率</u> ＝ 1年分の償却費（減価償却限度額）

<定率法>

（取得価額 － 減価償却累積額^{年初未償却残高}） × 定率法償却率 ＝ 1年分の償却費

� エ) 少額減価償却資産

　　使用可能期間が1年未満または取得価額が<u>10万円</u>未満の減価償却資産は、取得価額の<u>全額</u>を業務の用に供した年分の必要経費に算入します。

❹ 事業所得

（1）内　容

図表 3-4-1

　　農業、漁業、製造業、卸売業、小売業、サービス業などの<u>事業</u>（不動産貸付業を除く）から得ることのできる所得です。

（2）所得金額の計算と課税方法

図表 3-4-2

① 所得金額の計算

事業所得 ＝ 収入金額 － 必要経費

② 課税方法

　　他の所得と合算し、<u>総合課税</u>により超過累進税率が適用されます。

図表 3-3-7 減価償却の方法

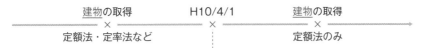

建物の取得	H10/4/1	建物の取得
×	×	×
定額法・定率法など		定額法のみ

建物附属設備・構築物の取得	H28/4/1	建物附属設備・構築物の取得
×	×	×
定額法・定率法など		定額法のみ

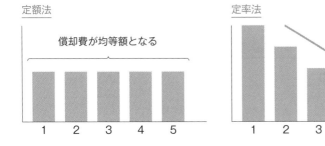

定額法
償却費が均等額となる
1 2 3 4 5

定率法
償却費は逓減する
1 2 3 4 5

費用として計上する減価償却費の累計は（取得価額−1円）になります。つまり、1円（備忘価格）を帳簿上に残して、残りの金額をすべて必要経費として計上することになります。

図表 3-4-1 事業所得の内容

××青果店 ── 商品 ──→
←── 代金（売上高）──
（収入金額）

図表 3-4-2 事業所得の課税方法

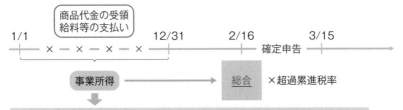

商品代金の受領
給料等の支払い

1/1　× − × − × − ×　12/31　　2/16　　3/15
確定申告

事業所得 ──→ 総合 ×超過累進税率

収入金額（商品売上高など）− 必要経費（売上原価・販売費・減価償却費など）
⇩
年初商品たな卸高 ＋ 本年商品仕入高 − 年末商品たな卸高

（1）内　容

　📖暗記　　図表 3-5-1

　給料、賞与など勤務関係から得ることのできる労務の対価です。

　なお、残業手当、住宅手当、家族手当などの諸手当も給与所得の収入金額に含まれますが、通勤手当(月額15万円までのものに限る)は非課税となります。

（2）所得金額の計算と課税方法

① 所得金額の計算

📖暗記　　図表 3-5-2

> 給与所得 ＝ 収入金額(年収) － 給与所得控除額(概算経費)

　　2ヵ所以上の場所で勤務している人は、それぞれの会社等から支払を受ける給与等の合計額が、1年間の収入金額(年収)になります。

② 課税方法

図表 3-5-3

　他の所得と合算し、総合課税により超過累進税率が適用されます。

　給与の支払時に一定の所得税額が源泉徴収されますが、正しい年税額との差額は原則として確定申告を通じて精算されます。

　なお、徴税事務の簡素化などの理由により、一般の給与所得者については会社の「年末調整」で支払者が年税額との過不足を精算します。

　　給与所得者はほかに所得がない人が多いため、12月の給与の支払時に従業員(納税者)に代わって給与の支払者が一旦年税額を確定する制度があります。この制度を年末調整といいます。

図表 3-5-1 　給与所得の内容

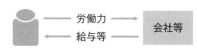

労務の対価であれば、工場で働く人の賃金、国会議員の歳費など名称は問いません。

第4章 各種所得の内容

図表 3-5-2 　給与所得の金額の計算 計算

給与所得 ＝ <u>収入金額（年収）</u> － <u>給与所得控除額</u>（概算経費）

＜給与所得控除額の速算表＞

給与等の収入金額（年収）		給与所得控除額
	1,800,000円以下	収入金額×40％－100,000円（最低550,000円）
1,800,000円超　3,600,000円以下		収入金額×30％＋　　80,000円
3,600,000円超　6,600,000円以下		収入金額×20％＋　440,000円
6,600,000円超　8,500,000円以下		収入金額×10％＋1,100,000円
8,500,000円超		1,950,000円（上限）

＜年収5,000,000円の給与所得＞
5,000,000円×20％＋440,000円＝1,440,000円
5,000,000円－1,440,000円＝3,560,000円

図表 3-5-3 　給与所得の課税方法

一般の給与所得者が還付申告をする場合は、医療費控除や住宅ローン控除（後述）など税金を安くする規定を適用する場合です。

❻ 退職所得

（1）内　容

図表 3-6-1

　　勤務関係にあった会社などを退職し、退職手当など退職により<u>一括して</u>得ることのできる所得です。

> 確定拠出年金の老齢給付金を一時金で受け取った場合等も退職所得に区分されます。

（2）所得金額の計算と課税方法

① 所得金額の計算

暗記 図表 3-6-2

退職所得 ＝ {<u>収入金額（退職金）</u> － <u>退職所得控除額（概算経費）</u>} × <u>1/2</u>

② 課税方法

図表 3-6-3

　　他の所得と分離し、<u>申告分離課税</u>により超過累進税率が適用されます。

　　なお、退職手当等の支払時に一定の所得税が源泉徴収されますが、支払時に徴収される源泉徴収税額は、「退職所得の受給に関する申告書」を提出しているか否かによって異なります。

提出あり	{(収入金額－退職所得控除額)×1/2}×超過累進税率 退職所得の金額
提出なし	収入金額×20%

退職所得の金額の計算上、「1/2」を適用しない場合

・勤続年数が5年以下である一定の役員等
　退職手当等の収入金額から退職所得控除額を控除した残額に相当する金額
・勤続年数が5年以下である役員でない者（従業員）
　退職手当等の収入金額から退職所得控除額を控除した残額のうち300万円を超える部分の金額

図表 3-6-1 　退職所得の内容

労働力 →
← 退職手当

会社等

退職手当等を分割して年金形式で受け取る場合は、公的年金等に係る雑所得（後述）になります。

図表 3-6-2 　退職所得の計算　　　　　　　　　■計算

退職所得 ＝ {収入金額（退職金）－ 退職所得控除額（概算経費）} × 1/2

勤続年数	退職所得控除額
20年以下	40万円×勤続年数（最低80万円）
20年超	800万円＋70万円×（勤続年数－20年）

勤続年数　年40万円　年70万円　20年　800万円

＜勤続年数34年2ヵ月の場合＞
34年2ヵ月→35年（1年未満は1年とする）
800万円＋70万円×（35年－20年）＝1,850万円

図表 3-6-3 　退職所得の課税方法

退職金の支払い
1/1　　×　　12/31　2/16　　3/15
　　　　　　　　　　　確定申告
源泉徴収　　申告分離 ×超過累進税率　精算

「退職所得の受給に関する申告書」の提出の有無により異なる。 → 退職所得の年税額≦源泉税徴収税額 ∴確定申告の省略が可能

「退職所得の受給に関する申告書」を提出している場合、または、源泉徴収税額が退職所得の金額に係る申告納税額以上になる場合には、確定申告を省略することができます。
しかし、前払いの税金が確定申告で納める税額より多くなる場合は還付を受けることができますので、確定申告をした方が有利になることを理解しておきましょう。

❼ 山林所得

(1) 内　容

図表 3-7-1

　　山林業者などが長年にわたり育成した山林(立木)を伐採し、譲渡したことにより得ることのできる所得です。保有期間が5年を超える山林が対象になります。

(2) 所得金額の計算と課税方法

図表 3-7-2

① 所得金額の計算

　山林所得 ＝ 収入金額 － 必要経費 － 特別控除(最高50万円)

② 課税方法

　　他の所得と分離し、申告分離課税により超過累進税率が適用されます。ただし、五分五乗方式という特殊な税額計算を行うことにより、納める税額が少なくなるような配慮がなされています。

❽ 譲渡所得

(1) 内　容

図表 3-8-1

　　不動産、動産、有価証券などの資産(棚卸資産・山林を除く)の譲渡により得ることができる所得です。

　　譲渡とは、所有権の移転を表しており、一般的には有償による(金銭等の授受がある)資産の売却が該当します。

> 保有していた期間の価値増加分(値上益)について、資産を保有していた人が所有権移転時に課税されます。

図表 3-7-1 山林所得の内容

保有期間が5年を超える山林を
伐採して譲渡→山林所得

山の土地部分を譲渡
→譲渡所得

図表 3-7-2 山林所得の課税方法

1/1 山林の伐採・譲渡 12/31 2/16 3/15

× 確定申告

山林所得 申告分離 ×超過累進税率

＜五分五乗方式＞→税金を少なくする。

図表 3-8-1 譲渡所得の内容

資産
棚卸資産 譲渡所得の基因となる資産
山林 不動産、動産、有価証券など

譲渡
金銭等

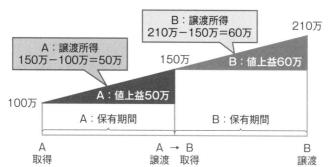

B：譲渡所得
210万－150万＝60万

A：譲渡所得
150万－100万＝50万

210万

150万

B：値上益60万

A：値上益50万

100万

A：保有期間 B：保有期間

A 取得　　A→B 譲渡 取得　　B 譲渡

無償による（金銭等の授受がない）資産の贈与については、贈与時点で
値上益が生じていても、金銭等の授受がないため、原則として譲渡所
得は課税されません。

（2）非課税

・家具や衣服などの<u>生活に通常必要な動産</u>の譲渡による所得
（書画、骨とう、貴金属などで時価30万円を超えるものを除く）

※　譲渡損失となる場合には、その損失は発生しなかったものとみなされます。

（3）譲渡所得の区分と課税方法　　🔖暗記　図表 3-8-2

　　譲渡所得は、他の所得と異なり、「譲渡資産の種類」および「保有期間」に応じた課税を行うため、総合短期、総合長期、分離短期、分離長期、株式分離の5つに区分して課税を行います。

　　総合短期・総合長期では、車両やゴルフ会員権などの<u>総合課税される</u>資産について、取得日以後<u>譲渡日</u>までの保有期間が<u>5年</u>以内か<u>5年</u>超かで短期と長期に区分します。

　　分離短期・分離長期も同様に、土地や建物などの<u>申告分離課税される</u>資産について<u>5年</u>以内か<u>5年</u>超かで短期か長期に区分しますが、総合課税される資産のように実際に保有していた期間ではなく、取得日の翌日から<u>譲渡日の属する年の1月1日現在</u>までの所有期間で判定する点に注意が必要です。

　　なお、それぞれの区分に応じた課税方法のまとめは、　図表 3-8-2　のとおりです。

（4）所得金額の計算　　図表 3-8-3

　　資産を譲渡したことによる収入金額から、譲渡資産の取得費および譲渡に要した費用の合計額を控除した額（譲渡損益）が譲渡所得の金額です。

譲渡所得 ＝ 収入金額 －（取得費 ＋ 譲渡費用）

① 収入金額

　　資産の売却代金（譲渡価額）が収入金額になります。

図表 3-8-2　譲渡所得の区分と課税方法

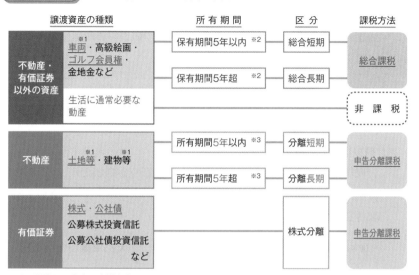

※1　営業用・自家用を問わない。

※2　＜総合課税における短期・長期の判定＞

取得日以後 譲渡日まで の保有期間	5年以内	総合短期
	5年超	総合長期

※3　＜分離課税における短期・長期の判定＞

取得日の翌日から 譲渡年の1/1まで の所有期間	5年以内	分離短期
	5年超	分離長期

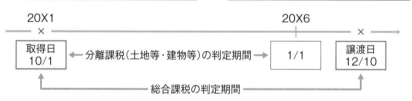

図表 3-8-3　譲渡所得の計算方法

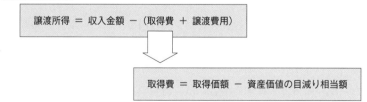

② 取得費

㈠ 原　則

譲渡した資産の取得に要した金額（取得価額）から資産価値の目減り相当額を控除した額が取得費になります。

> 土地・絵画・骨とう品などは、資産の利用価値について目減りはないと考えられているため控除する金額はなく、取得価額そのものが取得費となります。

㈡ 概算取得費の特例

取得費は、契約書や領収証などにより実際の金額を証明し、それらの証明書類を添付して確定申告を行いますが、次のいずれか大きい金額を取得費とすることもできます。

譲渡収入金額 × 5%（概算取得費） ≧ 実際の取得費　　∴大きい金額

③ 譲渡費用

資産を譲渡するために要した仲介手数料、運搬費や建物を取り壊して土地を譲渡するための建物の取壊し費用、借家人を立ち退かせるための立退料などです。資産を譲渡するための費用ですから、譲渡資産の修繕費、固定資産税、その他の維持管理費用は含みません。

(5) 総合短期・総合長期の具体的計算（車両、ゴルフ会員権などの譲渡）

暗記

収入金額から取得費と譲渡費用を控除した額から、最高50万円の特別控除を控除して計算します。

なお、同一年に総合短期（総短）および総合長期（総長）となる所得がある場合、控除額は総短および総長の合計で50万円です。この場合、50万円の特別控除は、それぞれの譲渡益を限度として総短・総長の順で控除することになっています。

また、他の所得と合算する場合には、総長のみ2分の1に減額した金額を合算して総所得金額を計算する特例があります。

総短・総長の金額 ＝ 収入金額 －（取得費 ＋ 譲渡費用）－ 特別控除（最高50万円）

総所得金額 ＝ 総短（全額）＋ 総長 × 1/2 ＋ 給与所得など他の所得

図表 3-8-4 譲渡所得の計算上控除する取得費（原則）

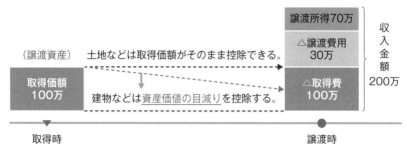

設例 総合短期および総合長期に係る譲渡所得の計算

大原一郎さんが20X6年10月に売却した次の「ゴルフ会員権」および「絵画」について、20X6年分の譲渡所得の金額を求めなさい。

譲渡資産	取得に係る資料		譲渡に係る資料	
	取得日	取得価額	売却代金	譲渡費用
ゴルフ会員権	20X1年12月	2,600,000円	3,000,000円	30,000円
絵　画	20X1年9月	800,000円	1,240,000円	10,000円

【解答】

①総合短期（ゴルフ会員権）

3,000,000円－（2,600,000円＋30,000円）－370,000円※＝0

※　特別控除額500,000円のうち譲渡益（370,000円）を限度として控除します。

②総合長期（絵画）

1,240,000円－（800,000円＋10,000円）－130,000円※＝300,000円

※　特別控除額500,000円の残額（500,000円－370,000円＝130,000円）

総合長期譲渡所得の金額は、300,000円という結論になります。

なお、総合長期譲渡所得の金額は、損益通算の後、2分の1に減額した金額を他の所得と合算しますので、大原さんの場合、損益通算がなければ、300,000円×1/2＝150,000円を他の所得と合算することになります。

(6) 分離短期・分離長期の具体的計算（不動産の譲渡）　図表 3-8-5

　　所得金額の計算は、収入金額から取得費と譲渡費用を控除した額となります。

　　なお、分離短期（分短）と分離長期（分長）は、他の所得と分離することにより申告分離課税の対象となります。適用される税率は比例税率ですが、租税政策的な配慮の違いから分離短期と分離長期では異なる税率が適用されます。

① 分離短期　　　　　　　　　　　　　　　　　　　　　　　　　　暗記

　　譲渡日の属する年の1月1日時点で所有期間が5年以下の場合、短期的な不動産売買による地価の高騰を抑えるという観点から、土地等、建物等の譲渡益については重い税金を課税（重課）することになっています。

　　なお、比例税率は39％（所得税30％＋住民税9％）が適用されます。

② 分離長期　　　　　　　　　　　　　　　　　　　　　　　　　　暗記

　　譲渡日の属する年の1月1日時点で所有期間が5年超の場合、長期保有の土地等、建物等の譲渡を促進するという観点から、土地等、建物等の譲渡益については少ない税金を課税（軽課）することになっています。

　　なお、比例税率は20％（所得税15％＋住民税5％）が適用されます。

(7) 株式分離の具体的計算（株式、公社債、公募株式投資信託などの譲渡）

図表 3-8-6

　　所得金額の計算は、収入金額から取得費と譲渡費用を控除した金額となります。

　　なお、株式分離（株分）は、他の所得と分離することにより申告分離課税の対象となり、比例税率20％（所得税15％＋住民税5％）が適用されます。

　　なお、株式等は「一般株式等（非上場株式など）」と「上場株式等」に区分し、公社債は「一般公社債（公募以外の私募で募集される公社債など）」と「特定公社債」に区分してそれぞれ計算します。

図表 3-8-5 分離短期・分離長期の具体的計算

譲渡資産の種類		所有期間	区 分	課税方法	税 率
不動産	土地等・建物等	5年以内	分離短期	申告分離課税	39%（所30%、住9%）
		5年超	分離長期		20%（所15%、住5%）

それぞれの区分に応じて計算。

譲渡所得 ＝ 収入金額 －（取得費 ＋ 譲渡費用）

 図表 3-8-6 株式分離の具体的計算

譲渡資産の種類		計算区分	区 分	課税方法	税 率
有価証券	株式等	一般株式等	株式分離	申告分離課税	20%（所15%、住5%）
		上場株式等			
	公社債	一般公社債			
		特定公社債			

それぞれの区分に応じて計算。

譲渡所得 ＝ 収入金額 －（取得費 ＋ 譲渡費用）

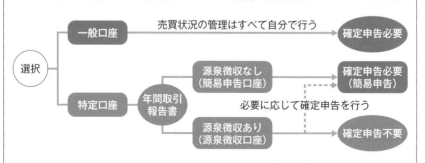

Plus one!

特定口座の開設と確定申告

特定口座は、個人投資家の納税にかかわる負担を軽減するために設けられた制度であり、証券会社や銀行などの金融機関ごとに一つの特定口座を開設することができます。

(8) NISA(Nippon Individual Savings Account) 暗記 　図表 3-8-7

　NISAとは、NISA口座(非課税口座)内で、毎年一定金額の範囲内で購入した金融商品から得られる利益が非課税となる制度であり、対象資産や非課税投資枠などの相違により、つみたて投資枠と成長投資枠があります。

　なお、つみたて投資枠と成長投資枠は併用適用することができます。

　また、非課税投資枠に係る上場株式等の譲渡による損失金額は、生じなかったものとみなされますので、非課税投資枠以外で売却した株式の譲渡益と相殺することはできません。

MEMO

図表 3-8-7　NISA口座の比較

	つみたて投資枠	成長投資枠
対　象　者	18歳以上	
対　象　資　産	累積投資契約など 一定の要件を満たす 公募株式投資信託 （ETFを含む）	上場株式、 公募株式投資信託、 ETF、J-REITなど （高レバレッジ投資信託などを除く）
年間投資上限額	年120万円	年240万円
非課税保有限度額	1,800万円（成長投資枠はうち1,200万円まで）	
非課税期間	無期限	

MEMO

❾ 一時所得

（1）内　容

図表 3-9-1

利子所得・配当所得・不動産所得・事業所得・給与所得・退職所得・譲渡所得・山林所得以外の所得で、次のすべての要素を兼ね備えた所得です。

- ・継続した営利行為から生じた所得以外の所得
- ・一時的な所得
- ・サービスの提供や資産の譲渡の対価としての性格をもたない所得

（2）一時所得の例示

図表 3-9-2　　図表 3-9-3　　図表 3-9-4

一時所得の内容は非常に抽象的であるため、所得税法では実務的な取扱いとしていくつかの具体例を示しています。

ファイナンシャル・プランナーとして理解しておくべき一時所得の内容は、概ね以下の具体例になります。

- ・生命保険契約に基づく一時金（保険料負担者が受取人本人の場合）
- ・損害保険契約に基づく満期返戻金（保険料負担者が受取人本人の場合）
- ・法人からの贈与により取得する金品（個人からの贈与は贈与税が課税）
- ・死亡後3年を超えて支給額が確定した死亡退職金

（3）非課税

一時所得で非課税となるものは、次に掲げるものです。

- ・相続、遺贈または個人からの贈与により取得したものとみなされるもの
- ・身体の傷害または心身の損害に基因して支払いを受ける傷害保険金など
- ・資産の損害に基因して支払いを受ける火災保険金、車両保険金など
- ・宝くじの当選金　等

> 傷害保険金、入院給付金、火災保険金、車両保険金などは、いずれも損失（損害）を補てんするために支払を受けるものであるため、保険料負担者に関係なく非課税となります。

図表 3-9-1 一時所得の内容

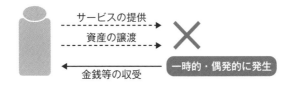

図表 3-9-2 生命保険契約等に基づく一時金

被保険者	保険料負担者	保険金受取人	課税関係
夫 （死亡）	夫	子	相続税
	子	子	所得税
	妻	子	贈与税

図表 3-9-3 法人からの贈与により取得する金品

図表 3-9-4 死亡後3年を超えて支給額が確定した死亡退職金

(4) 所得金額の計算と課税方法

① 所得金額の計算　　　　　　　　　　　　　　📖暗記

> 一時所得 ＝ <u>収入金額</u> － <u>その収入を得るために支出した金額</u> － <u>特別控除(最高50万円)</u>

② 課税方法　　　　　　　　　📖暗記　　図表 3-9-5　　図表 3-9-6

　他の所得と合算し、<u>総合課税</u>により超過累進税率が適用されます。

　なお、他の所得と合算する際には、一時所得の金額を<u>2分の1</u>に減額した金額を他の所得と合算して総所得金額を計算します。

> 総所得金額 ＝ 一時所得 × 1/2 ＋ 給与所得など他の所得

　また、一時払養老保険、一時払確定年金保険、一時払変額保険(有期型)などの満期保険金や解約返戻金に係る差益(保険期間<u>5年以内</u>または保険期間5年超で<u>5年以内</u>に解約されるものに限る)は一時所得に区分されますが、金融類似商品として、源泉徴収税率20％(所得税15％＋住民税5％)のみで納税が完了する<u>源泉分離課税</u>の対象となります。

🐦Hint!　金融類似商品に係る課税方法

金融類似商品とは、表面上は金融商品ではないのですが、その利息相当額が実体としては金融商品の利子に近い商品をいいます。

一時払養老保険の場合、表面上は生命保険という体裁を整えていますが、契約時に一括して保険料を支払い、5年以内に運用益込みで満期保険金や解約返戻金が戻ってくるということは、実質的には満期が3年～5年の定期預金が利子込みで満期を迎えたような性質も備えています。

そこで、生命保険会社などが販売する商品でも、利子相当額が定期預金の利子など金融商品に極めて類似している商品については、利子所得と同じ源泉分離課税にするよう規定されています。

図表 3-9-5　一時所得の課税方法

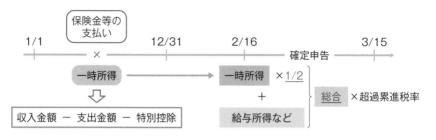

図表 3-9-6　一時払養老保険などに係る差益

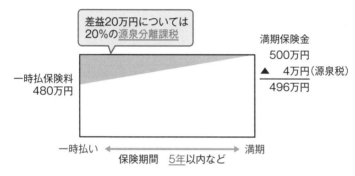

差益20万円については20%の源泉分離課税

満期保険金
500万円
▲ 4万円（源泉税）
496万円

一時払保険料
480万円

一時払い ← 保険期間　5年以内など → 満期

復興特別所得税等が上乗せされるため、源泉徴収税率は20.315%（所得税15.315%＋住民税5%）となります。

設例　一時所得の計算　　　計算　実技（保険）

会社員の大原次郎さんは、自己を契約者（保険料負担者）および保険金受取人とする生命保険契約に加入していた。本年、被保険者である父が死亡し、死亡保険金2,000万円を受け取っている。この保険金を得るために支出した保険料の総額が620万円であるとき、大原さんの本年分の総所得金額を求めなさい。
なお、大原さんの本年分の給与所得の金額は400万円である。

【解答】
①一時所得の金額　2,000万円－620万円－50万円（特別控除額）＝1,330万円
　給与所得の金額　400万円
②総所得金額　1,330万円×1/2＋400万円＝1,065万円

❿ 雑所得

(1) 内　容

図表 3-10-1

　　雑所得とは、利子所得・配当所得・不動産所得・事業所得・給与所得・退職所得・山林所得・譲渡所得・一時所得のいずれにも該当しない所得です。

(2) 雑所得の例示

暗記　　図表 3-10-2

　　雑所得も一時所得と同様に非常に抽象的であるため、所得税法では実務的な取扱いとしていくつかの具体例を示しています。

　　ファイナンシャル・プランナーとして理解しておくべき雑所得の内容は、概ね以下の具体例となります。

公的年金等	公的年金	・国民年金法、厚生年金保険法などに基づく老齢年金
	企業年金	・過去の勤務に基づき会社から支払を受ける退職年金 ・確定拠出年金
公的年金等 以外	個人年金	・生命保険契約などに基づく個人年金
	金融類似商品	・外貨建定期預金の為替差益
	副業等による 所得	・友人、知人に対する貸付金の利子（事業的規模以外） ・講演料、原稿料（事業的規模以外）

(3) 非課税

雑所得で非課税となるものは、次に掲げるものです。

・遺族年金、障害年金
・心身障害者扶養共済制度に基づく年金
・財形年金に基づく年金　等

図表 3-10-1 雑所得の内容

利子、配当、不動産、事業、給与、退職、山林、譲渡、一時

雑所得 雑所得
雑所得 雑所得 雑所得

9種類の所得の受け皿になる所得分類といえます。

図表 3-10-2 雑所得の金額　　　　　　　📱計算 ✐実技 (個人・保険)

(公的年金等)	収入金額－公的年金等控除額(概算経費)……㋐
(公的年金等以外)	収入金額－必要経費……㋑
雑所得＝㋐＋㋑	

受給者の年齢	公的年金等の収入金額(A)	公的年金等控除額
65歳未満	1,300,000円未満	600,000円
	1,300,000円以上　4,100,000円未満	(A)×25%＋275,000円
	4,100,000円以上　7,700,000円未満	(A)×15%＋685,000円
	7,700,000円以上　10,000,000円未満	(A)×5%＋1,455,000円
	10,000,000円以上	1,955,000円
65歳以上	3,300,000円未満	1,100,000円
	3,300,000円以上　4,100,000円未満	(A)×25%＋275,000円
	4,100,000円以上　7,700,000円未満	(A)×15%＋685,000円
	7,700,000円以上　10,000,000円未満	(A)×5%＋1,455,000円
	10,000,000円以上	1,955,000円

※　公的年金等に係る雑所得以外の合計所得金額が1,000万円を超える場合、上記の表より計算した金額から、さらに次の金額を引き下げます。

<公的年金等に係る雑所得以外の合計所得金額>

　・1,000万円超　2,000万円以下：一律100,000円
　・2,000万円超　　　　　　　　：一律200,000円

　※　65歳以上の人で「公的年金等の収入金額の合計額」が350万円、「公的年金等に係る雑所得以外の合計所得金額」が500万円の場合、公的年金等控除額は、次のとおりとなります。

　　　3,500,000円×25%＋275,000円＝1,150,000円

65歳未満か以上かの判定は、原則として12月31日時点で行います。

（4）所得金額の計算と課税方法

① 所得金額の計算

> （公的年金等）　　　収入金額−公的年金等控除額（概算経費）……(ア)
> （公的年金等以外）　収入金額−必要経費……(イ)
> 雑所得＝(ア)＋(イ)

② 課税方法

他の所得と合算し、<u>総合課税</u>により超過累進税率が適用されます。

③ 公的年金等の課税方法

図表 3-10-3　　図表 3-10-4

<u>公的年金等に係る雑所得</u>は、所定の金額以上である場合、支払時に一定の所得税額が源泉徴収されますが、その正しい年税額との差額は、確定申告を通じて精算されます。

なお、公的年金等の収入金額が<u>400万円</u>以下で、かつ、公的年金等に係る雑所得以外の他の所得の金額が<u>20万円</u>以下の人は、確定申告を省略することができます。

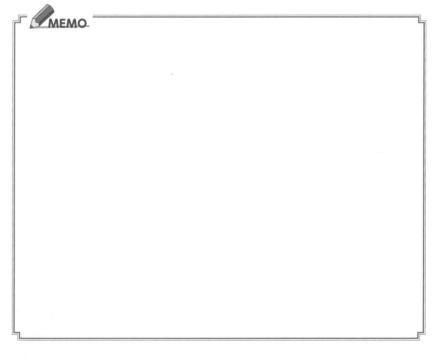

MEMO

図表 3-10-3　公的年金等の課税方法

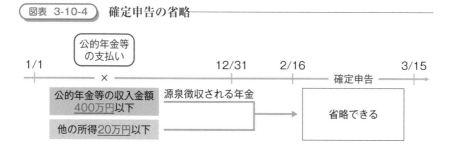

図表 3-10-4　確定申告の省略

MEMO

頻出度
A

　課税標準の計算では、個人の所得の量に応じた課税をするために原則として各種所得の金額を集計して計算(総合課税)しますが、臨時に発生する所得など一部集計に含めないものがあります(分離課税)。

　また、一定の所得について損失があるときは、その損失額を他の所得(黒字)と相殺(損益通算)して課税標準を計算します。

課税標準の計算順序

損益通算　→　総所得金額の計算※　→　損失の繰越控除

※　総所得金額は、次の算式により計算します。

① 経常グループ
　配当所得の金額＋不動産所得の金額＋事業所得の金額＋給与所得の金額
　＋雑所得の金額
② 半経常グループ
　譲渡所得(総合短期)の金額＋{譲渡所得(総合長期)の金額＋一時所得の金額}×1/2
③ ①＋②＝総所得金額

❶ 損益通算

そんえきつうさん

チェック

(1) 損益通算できる所得

　損益通算をすることができる所得の損失は、所得税法上、次の4つの所得区分に限定されています。したがって、残り6つの所得区分で損失が発生しても、その損失額は相殺されないことになります。

・不動産所得の金額の計算で生じた損失
・事業所得の金額の計算で生じた損失
・山林所得の金額の計算で生じた損失
・譲渡所得(総合課税のみ)の金額の計算で生じた損失

損益通算は、青色申告者以外(白色申告者)でも適用できます。

図表 4-1-1 損益通算の位置づけ

※1 利子所得の金額のうち預貯金の利子は「源泉分離課税」となる。

※2 上場株式等の配当等は、「総合課税」「申告分離課税」を選択適用できる。

（例） 次の各種所得の金額から総合所得金額を計算しなさい。なお、▲が付された所得の金額は、その所得に損失が発生していることを意味するものとする。

　・給与所得　　　350万円
　・一時所得　　　100万円
　・雑所得　　▲　20万円

【解答】
給与所得の金額　一時所得の金額
350万円 ＋ 100万円 ×1/2※＝400万円

※　一時所得の金額は、総合所得金額に算入する際、1/2に減額する。

☆　雑所得の損失の金額は損益通算できない。

(2) 損益通算の例外

① 不動産所得の損失

📖 暗記　　図表 4-1-2

不動産所得に損失が生じた場合、必ずしも損失額の全額が損益通算できるわけではなく、その損失額のうち<u>土地</u>取得のための<u>借入金利子</u>に相当する額は、損益通算できません。

> この取り扱いは<u>土地</u>取得のための<u>借入金利子</u>のみに適用されるため、<u>建物</u>取得のための<u>借入金利子</u>に相当する額は、損益通算できます。

② 譲渡所得の損失

図表 4-1-3

譲渡所得に損失が生じた場合、必ずしも損失額の全額が損益通算できるわけではなく、次の損失額は損益通算できません。

- ・<u>土地等</u>および<u>建物等</u>の譲渡損失
  （一定の居住用財産に係る譲渡損失は、損益通算できる特例がある）
- ・<u>株式等</u>および<u>公社債等</u>の譲渡損失
  （上場株式等および特定公社債等に係る譲渡損失は、損益通算できる特例がある）
- ・生活に通常必要でない資産（<u>ゴルフ会員権</u>など）の譲渡損失
- ・生活に通常必要な動産（家具や衣服など）の譲渡損失

㋐ 土地等および建物等の譲渡損失

土地等および建物等の譲渡に係る譲渡所得の計算で生じた損失額は、原則として他の所得区分と損益通算できません。

> 譲渡年の1月1日における所有期間が5年を超えるなど、一定の要件を満たした居住用財産（住宅およびその敷地）に係る譲渡損失は、特例として他の所得区分と損益通算および3年間の繰越控除が認められます。

㋑ 株式等および公社債等に係る譲渡損失

株式等および公社債等の譲渡に係る譲渡所得の計算で生じた損失額は、原則として他の所得区分と損益通算できません。

> <u>上場株式等</u>および<u>特定公社債等</u>に係る譲渡損失は、確定申告を行うことにより、特例として<u>申告分離課税</u>を選択した上場株式等に係る<u>配当所得</u>の金額および特定公社債等に係る<u>利子所得</u>の金額と損益通算することができます。

図表 4-1-2 不動産所得の損益通算

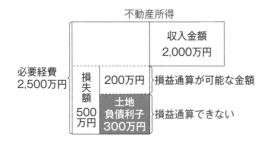

（例）不動産所得

収入金額　必要経費　　損失額
2,000万円−2,500万円※＝▲500万円

※　必要経費の中に、土地取得のための借入金利子が300万円含まれる。

＜損益通算が可能な金額＞

損失額　　借入金利子（土地）　損益通算が可能な金額
500万円− 300万円 ＝ 200万円

図表 4-1-3 上場株式等の譲渡損失と配当所得等の損益通算── 📖暗記

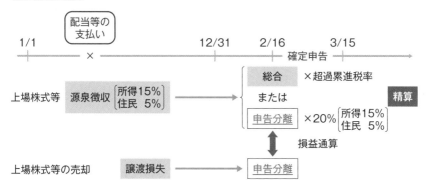

土地の損益と建物の損益、上場株式等の損益と特定公社債の損益など、同じ分類どうしでの通算は可能です。これを内部通算といいます。

なお、同じ有価証券どうしですが、上場株式等の損益と一般株式等の損益は通算できませんので注意しましょう。

❷ 純損失の金額

チェック

じゅんそんしつ

純損失とは、損益通算をしてもなお控除しきれない損失をいいます。

純損失の金額の取扱いについては、翌年以後の損失として繰越す方法と、前年の損失として繰戻す方法が認められています。

(1) 純損失の繰越控除

図表 4-2-1

前年以前3年以内に生じた純損失の金額がある場合、本年分の損益通算後の所得金額から控除する規定です。

純損失の金額が生じた年の所得税について「青色申告書」を提出している場合には、純損失の金額の全額が控除の対象となります。

(2) 純損失の繰戻し還付

図表 4-2-2

純損失の金額が生じた場合、その前年分の課税所得にその純損失の金額を繰戻して、前年の所得税の還付を請求する規定です。

なお、純損失の繰戻し還付は、純損失の金額が生じた年およびその前年分の所得税について「青色申告書」を提出している場合に限り、適用が認められます。

❸ 特定公社債等および上場株式等の譲渡損失の繰越控除

チェック

図表 4-3-1

特定公社債等および上場株式等(公募株式投資信託を含む)を譲渡したことにより生じた損失のうち、その年に控除しきれない金額については、翌年以後3年間にわたり、上場株式等に係る譲渡所得および配当所得の金額、特定公社債等に係る譲渡所得および利子所得の金額から繰越控除することができます。

図表 4-2-1 純損失の繰越控除

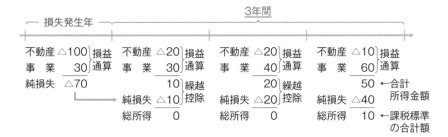

図表 4-2-2 純損失の繰戻し還付

図表 4-3-1 特定公社債等および上場株式等の譲渡損失の繰越控除

第5節 ｜ 所得控除

　税率を乗じる課税所得金額を計算するにあたって、個人が抱えているさまざまな事情を考慮することが租税負担の公平を図る上で必要となります。この個人的事情を考慮する項目が所得控除です。

　所得控除には、金銭の支出額を基礎として計算する「物的控除」、金銭の支出額にかかわらず人の頭数を基礎として計算する「人的控除」があります。

❶ 雑損控除
ざっそんこうじょ

チェック ✓✓✓

(1) 内　容

　納税者本人またはその人と生計を一にする配偶者その他の親族が所有する生活用資産が、災害、盗難、横領という納税者の不可抗力による理由で損害を受けた場合、その損害金額について一定の金額を納税者本人の課税標準から控除します。なお、詐欺による損害には適用されません。

(2) 対象となる資産の範囲

　日常生活に必要な住宅、家具、衣類、現金などの資産について雑損控除が認められます。これは、日常生活に必要な資産が失われると、納税者はその資産を買い換えるためのお金が必要となり、その結果、税金を負担する力(担税力)が弱まることを考慮しなければならないからです。

(3) 雑損失の金額

図表 5-1-1

　課税標準から控除する雑損控除の金額を雑損失の金額といい、損失発生時の時価を基準に、（図表 5-1-1）の算式で計算します。

(4) 雑損失の繰越控除

　本年分の課税標準から雑損失の金額を控除しきれない場合、その控除しきれない金額を翌年以後3年間にわたり繰越して控除することができます。

＜所得控除の概要＞

分　類	種　類	主な要件	控除額
物的控除 〔一定の支出や損害により、担税力が減殺したことを考慮〕	①雑損控除	生活に通常必要な資産に災害、盗難、横領の事由により損失が発生	損失額の一部
	②医療費控除	一定の医療費の支払い	支払額の一部
	③社会保険料控除	社会保険料の支払い	支出額の全額
	④小規模企業 共済等掛金控除	小規模企業共済等に係る掛金の支払い	支出額の全額
	⑤生命保険料控除	一定の生命保険料の支払い	一定額
	⑥地震保険料控除	一定の地震保険料の支払い	原則として支出額の全額
	⑦寄附金控除	一定の寄附金の支払い	支出額の一部
人的控除 〔扶養家族の人数などにより担税力が減殺することを考慮〕	⑧障害者控除	本人や控除対象配偶者、扶養親族が障害者である	原則27万円
	⑨寡婦控除	一定の寡婦	27万円
	⑩ひとり親控除	一定のひとり親	35万円
	⑪勤労学生控除	一定の働く学生、生徒	27万円
	⑫配偶者控除	生計一の配偶者（合計所得48万円以下）がいる、かつ、納税者本人の合計所得が1,000万円以下	原則38万円
	⑬配偶者特別控除	生計一の配偶者（合計所得48万円超133万円以下）がいる、かつ、納税者本人の合計所得が1,000万円以下	38万円 （上限）
	⑭扶養控除	合計所得が48万円以下の生計一親族（年齢16歳以上）を有する	原則38万円
	⑮基礎控除	納税者の合計所得が2,500万円以下	原則48万円

第4章　所得控除

(図表　5-1-1) 雑損失の金額と繰越控除

（損害金額 − 保険金などで補てんされる金額）−（課税標準の合計額 × 10%）
≶ 災害関連支出 − 5万円　∴大きい金額

本年で控除できない場合は翌年以後3年間の繰越しが可能

Hint!　生計を一にする親族

納税者と同じ財布で生活している配偶者や子供、両親などが生計を一にする親族となります。納税者の稼ぎで生活している親族が該当しますので、同一の家屋に居住していない場合（別居の場合）でも、生活費の仕送りなど納税者の稼ぎで生活していることが明らかな場合は、生計を一にする親族と判断されます。

❷ 医療費控除

!重要 ✎実技（資産・個人・保険）

（1）内　容

納税者本人の医療費、または、その人と生計を一にする配偶者その他の親族のための医療費を支払った場合、一定の金額を支払った納税者の課税標準から控除します。

（2）対象となる医療費

📖暗記　（図表 5-2-1）

診療または治療に関連するものが医療費控除の対象となります。具体的には（図表 5-2-1）に掲げるものが対象になります。

（3）控除額

🖩計算　（図表 5-2-2）

医療費控除の趣旨は、多額の医療費を支払ったことにより、税金を負担する力(担税力)が弱まることを考慮するものですから、実際に負担した医療費が担税力を弱めるほど多額であったかどうかを判定する必要があります。控除額の計算式もその趣旨にそった算式となっており、具体的には（図表 5-2-2）の算式で計算します。

（4）特定一般医薬品等に係る医療費控除の特例 　（図表 5-2-3）

健康の保持増進および疾病の予防への取組として予防接種や定期健康診断などを行っている納税者が、本人、または、その人と生計を一にする配偶者その他の親族のために、所定の特定一般用医薬品(スイッチOTC医薬品)等を購入した場合、原則の医療費控除に代えて、一定の金額を支払った納税者の課税標準から控除することができます。

> スイッチOTC医薬品は、厚生労働省が定める有効成分が含まれている医薬品です。製薬会社では、消費者が判断しやすいように医薬品の梱包ラベルに「セルフメディケーション税制対応」などの表記を入れて薬局・薬店に発送しているようです。医薬品を購入する際は、対象医薬品であるかどうかを確認して購入するようにしましょう。

図表 5-2-1　医療費控除の対象となる医療費

控除の対象となるもの	控除の対象とならないもの
医師または歯科医師による診療代、または、治療代	医師・看護師に対する謝礼金 美容整形手術代
通院費（公共交通機関の交通費など）	自家用車で通院した場合のガソリン代や駐車場代
入院食事代	入院のための身の回り品の購入費用
松葉杖・義歯の購入費用	老眼鏡の購入費用
人間ドック費用 （人間ドックの結果、重大な疾病が発見され、かつ、治療を行った場合に限る）	左記以外の人間ドック費用
出産費用（妊娠後の定期検診費用も可）	出産の際里帰りするための交通費
付添保健師による療養上の世話の対価	身内の者に対する付添の謝礼金
風邪薬の購入費用（医師の処方箋は不要）	ドリンク剤など健康増進剤の購入費用

図表 5-2-2　医療費控除の控除額

（支払った医療費の額 － 保険金などで補てんされる金額） － 10万円※ ＝ 控除額
（上限：200万円）

①12/31までに支払済　　②入院給付金など　　③多額の医療費かどうかの判定
※　10万円よりも課税標準の合計額×5%が小さい場合は、その金額。

図表 5-2-3　医療費控除の特例における控除額

（支払ったスイッチOTC医薬品等の購入費の合計額 － 補てんされる金額） － 12,000円
＝ 控除額（上限：88,000円）

設例 医療費控除

次の資料に基づき、大原次郎さんの本年分の医療費控除額を求めなさい。
＜資料＞
・生計一の長男の入院に際し、病院に支払った費用：500,000円
・病院へ通うための交通費：12,300円
・病院の医者への謝礼金：100,000円
・保険会社から受け取った入院給付金：350,000円
・給与所得の金額：5,865,000円

【解答】
$(500,000円 + 12,300円 - 350,000円) - 100,000円^※ = 62,300円$
※　$5,865,000円 \times 5\% = 293,250円 > 100,000円$　　∴100,000円

❸ 社会保険料控除

（1）内　容

図表 5-3-1

　　納税者本人の社会保険料、または、その人と<u>生計を一にする配偶者その</u><u>他の親族</u>が負担することになっている社会保険料を支払いまたは給与などから控除される場合、その支払ったまたは控除された金額（<u>全額</u>）を支払った納税者の課税標準から控除します。

（2）対象となる社会保険料

・健康保険の保険料、国民健康保険の保険料または国民健康保険税
・介護保険料、雇用保険料
・国民年金保険料および厚生年金保険料
・厚生年金基金の掛金、国民年金基金の掛金　等

❹ 小規模企業共済等掛金控除

（1）内　容

図表 5-4-1

　　小規模企業共済等の掛金を支払った場合、その支払った金額（<u>全額</u>）を支払った納税者の課税標準から控除します。

（2）対象となる掛金

・小規模企業共済法に基づく共済契約（自営業者などの退職金制度）の掛金
・確定拠出年金法に基づく企業型年金加入者掛金または個人型年金加入者掛金
・心身障害者扶養共済制度に基づく共済契約の掛金

図表 5-3-1 社会保険料控除の内容

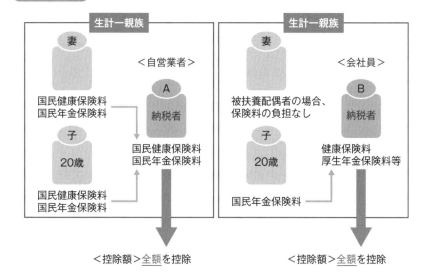

<自営業者>
<控除額>全額を控除

<会社員>
<控除額>全額を控除

第4章 所得控除

図表 5-4-1 小規模企業共済等掛金控除の内容

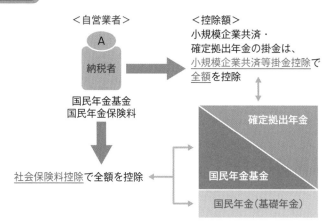

<自営業者>
<控除額>
小規模企業共済・確定拠出年金の掛金は、小規模企業共済等掛金控除で全額を控除

国民年金基金
国民年金保険料

確定拠出年金
国民年金基金
国民年金（基礎年金）

社会保険料控除で全額を控除

国民年金や国民年金基金の掛金は、社会保険料控除として、確定拠出年金等の掛金は小規模企業共済等掛金控除として控除されますので両者と混同しないようにしましょう。

❺ 生命保険料控除

(1) 内 容

図表 5-5-1　　図表 5-5-2

　次の要件に該当する生命保険契約などの保険料を支払った場合、その支払った保険料について一定の金額を支払った納税者の課税標準から控除します。

一般の保険料 （定期保険、終身保険など）	保険金の受取人のすべてを 納税者本人またはその配偶者その他の親族とするもの^(注2)
介護・医療保険料^(注1) （介護保険、医療保険など）	
個人年金保険料 （定期年金、終身年金など）	年金の受取人を 納税者本人またはその配偶者とするもの

（注1）　傷害のみを保障する保険（傷害保険、傷害特約）は対象にはなりません。
（注2）　住宅ローンに付随する団体信用生命保険は、受取人が金融機関であるため対象にはなりません。

(2) 控除額

計算　　実技（個人・保険）

　上記の要件に該当する生命保険契約などについて、2011（平成23）年12月31日以前に契約したもの（旧契約）と2012（平成24）年1月1日以後に契約したもの（新契約）に区分し、それぞれ　図表 5-5-1　　または　図表 5-5-2　の算式によって計算します。

❻ 地震保険料控除

(1) 内 容

　納税者本人またはその人と生計を一にする配偶者その他の親族が有する居住用家屋または家財を保険の目的とする地震保険の保険料を支払った場合、その支払った金額（上限あり）を支払った納税者の課税標準から控除します。

(2) 控除額

地震保険料の全額（最高5万円）

図表 5-5-1 **2011（平成23）年12月31日以前に契約した生命保険契約など──**

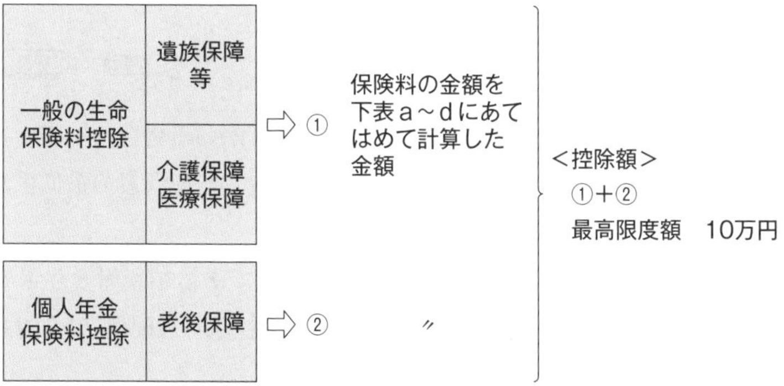

	年間正味払込保険料		控除される金額
a		25,000円以下	支払保険料の全額
b	25,000円超	50,000円以下	支払保険料×1/2＋12,500円
c	50,000円超	100,000円以下	支払保険料×1/4＋25,000円
d	100,000円超		50,000円

一般の生命保険料控除：遺族保障等 ⇒ ① 保険料の金額を下表a〜dにあてはめて計算した金額、介護保障医療保障

個人年金保険料控除：老後保障 ⇒ ②

＜控除額＞ ①＋② 最高限度額 10万円

図表 5-5-2 **2012（平成24）年1月1日以後に契約した生命保険契約など──**

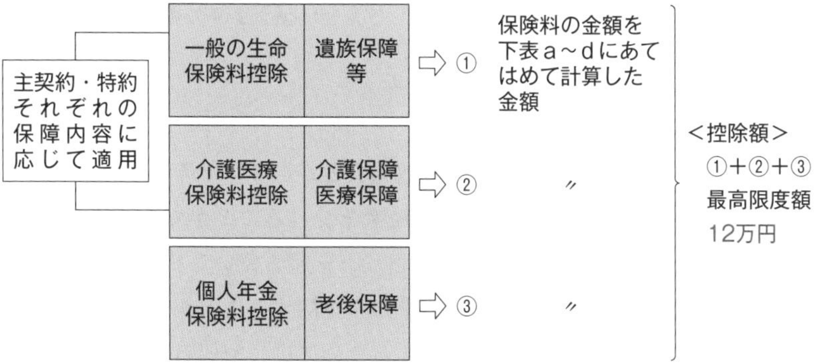

主契約・特約それぞれの保障内容に応じて適用

一般の生命保険料控除：遺族保障等 ⇒ ① 保険料の金額を下表a〜dにあてはめて計算した金額
介護医療保険料控除：介護保障医療保障 ⇒ ②
個人年金保険料控除：老後保障 ⇒ ③

＜控除額＞ ①＋②＋③ 最高限度額 12万円

	年間正味払込保険料		控除される金額
a		20,000円以下	支払保険料の全額
b	20,000円超	40,000円以下	支払保険料×1/2＋10,000円
c	40,000円超	80,000円以下	支払保険料×1/4＋20,000円
d	80,000円超		40,000円

❼ 配偶者控除

 !重要 ✎実技（資産・個人・保険）

チェック ✓ ✓ ✓

（1）内　容

📖暗記　　図表 5-7-1

　　納税者に専業主婦（主夫）など養うべき配偶者がいる場合、一定の金額を課税標準から控除することにより税負担を軽減し、配偶者の最低生活費を確保しようとするものです。

　　具体的には、合計所得金額が1,000万円以下である納税者と生計を一にする配偶者で合計所得金額が48万円以下の人（控除対象配偶者）を対象として適用されます。

（2）控除額

図表 5-7-2

　　その年の納税者の合計所得金額および控除対象配偶者の年齢に応じて、図表 5-7-2 に掲げる金額を控除します。

❽ 配偶者特別控除

!重要 ✎実技（資産・個人・保険）

チェック ✓ ✓ ✓

（1）内　容

📖暗記

　　生計を一にする配偶者にパート収入などがあり、その年の合計所得金額が48万円を超えてしまうと配偶者控除を受けることができなくなります。しかし、配偶者の合計所得金額が48万円を超えている状態でも133万円以下であれば、一定の金額を課税標準から控除することができます。

　　ただし、配偶者特別控除を適用するためには、配偶者控除と同様に納税者自身の合計所得金額が1,000万円以下でなければなりません。

（2）控除額

図表 5-8-1

　　その年の納税者および配偶者の合計所得金額に応じて、図表 5-8-1 に掲げる表によって算定します。

図表 5-7-1 配偶者控除の対象となる控除対象配偶者

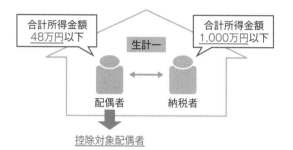

合計所得金額は、1年間に稼ぎ出した所得の合計です。

> （例）納税者の妻にパート収入（給与所得）がある場合
>
> | 年収 | | 給与所得控除額 | | 給与所得 | | 判定金額 |
> | 103万円 | − | 55万円 | = | 48万円 | ≦ | 48万円 |

図表 5-7-2 配偶者控除の控除額

納税者本人の合計所得金額	控　　除　　額	
	一般の控除対象配偶者	老人控除対象配偶者※
900万円以下	<u>38万円</u>	48万円
900万円超950万円以下	26万円	32万円
950万円超1,000万円以下	13万円	16万円

※　70歳以上の控除対象配偶者を老人控除対象配偶者といいます。

図表 5-8-1 配偶者特別控除の控除額

		配偶者の合計所得金額		
		48万円超 95万円以下	95万円超 130万円以下	130万円超 133万円以下
納税者本人の合計所得金額	900万円以下	<u>38万円</u>		3万円
	900万円超950万円以下	26万円	〜省略〜	2万円
	950万円超1,000万円以下	13万円		1万円

❾ 扶養控除

(1) 内　容

 暗記　　図表 5-9-1

　　納税者に子供や両親など養うべき配偶者以外の親族がいる場合、一定の金額を課税標準から控除することにより税負担を軽減し、その親族の最低生活費を確保しようとするものです。

　　具体的には、納税者に扶養親族（生計を一にする親族等で合計所得金額が48万円以下の人）のうち16歳以上である控除対象扶養親族がいる場合に適用されます。

　　控除対象扶養親族が複数いる場合には、控除対象扶養親族1人につき一定の金額を課税標準から控除することができます。

(2) 控除額

　　控除対象扶養親族の年齢に応じて、次の金額を控除します。

扶養親族の年齢			控除額
───	16歳未満		適用なし
控除対象扶養親族	16歳以上19歳未満（一般扶養親族）		38万円
	19歳以上23歳未満（特定扶養親族）		63万円
	23歳以上70歳未満（一般扶養親族）		38万円
	70歳以上（老人扶養親族）	同居老親以外	48万円
		同居老親※	58万円

※　同居老親とは、老人扶養親族のうち、納税者本人または納税者本人の配偶者の直系尊属で、本人または本人の配偶者のいずれかとの同居を常況としている人です。

❿ 基礎控除

(1) 内容および控除額

暗記

　　合計所得金額が2,500万円以下の納税者の最低生活費を確保するため、原則48万円を課税標準から控除します。

図表 5-9-1 扶養控除の内容

年齢は、原則としてその年12月31日現在の年齢で判定します。

その他の所得控除

(1) 寄附金控除
　　納税者が国、地方公共団体、特定公益増進法人などに対し、特定寄附金を支出した場合、その特定寄附金について一定の金額を課税標準から控除します。
(2) 寡婦控除
　　納税者本人が所定の要件を満たす寡婦である場合、27万円を課税標準から控除します。
(3) ひとり親控除
　　納税者本人が所定の要件を満たすひとり親である場合、35万円を課税標準から控除します。
(4) 勤労学生控除
　　納税者本人が所定の要件を満たす勤労学生である場合、27万円を課税標準から控除します。
(5) 障害者控除
　　納税者本人が障害者である場合、または納税者が障害者である扶養親族などを有している場合、その障害者1人につき原則27万円を課税標準から控除します。

基礎控除

合計所得金額が2,400万円を超える場合は次の金額となります。
　2,400万円超2,450万円以下：32万円
　2,450万円超2,500万円以下：16万円
　2,500万円超：適用なし

第6節 | 税額控除

税額控除とは、二重課税の排除および租税政策的な目的により、<u>算出税額</u>から一定の金額を控除するものです。

税率を適用する前の段階で控除する所得控除に比べて、一般的に租税政策における減税効果が高いといわれています。

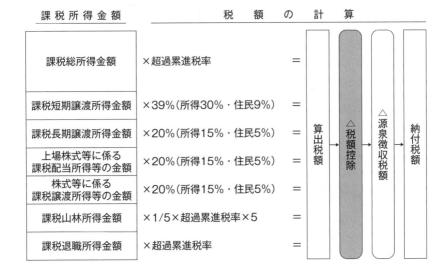

課税所得金額	税額の計算				
課税総所得金額	×超過累進税率 =	算出税額	△税額控除	△源泉徴収税額	納付税額
課税短期譲渡所得金額	×39%(所得30%・住民9%) =				
課税長期譲渡所得金額	×20%(所得15%・住民5%) =				
上場株式等に係る課税配当所得等の金額	×20%(所得15%・住民5%) =				
株式等に係る課税譲渡所得等の金額	×20%(所得15%・住民5%) =				
課税山林所得金額	×1/5×超過累進税率×5 =				
課税退職所得金額	×超過累進税率 =				

❶ 配当控除

チェック ✓ ✓ ✓

(1) 内 容

図表 6-1-1　図表 6-1-2

納税者が剰余金の配当(株式の配当金)などを有する場合、<u>確定申告</u>において<u>総合課税</u>を選択することを条件に、納税者の算出税額から一定の金額を控除します。

なお、図表 6-1-2 に掲載する配当等は、配当控除の対象となりません。

(2) 控除額

課税総所得金額等が1,000万円以下である場合、配当所得の金額に<u>10%</u>を乗じた金額が控除額となります。

図表 6-1-1 配当控除の内容

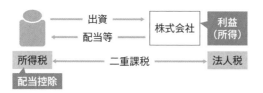

法人の利益（所得）には法人税が課税されます。配当等は法人税等控除後の利益から分配されているため、配当控除はこの二重課税を調整するために設けられています。

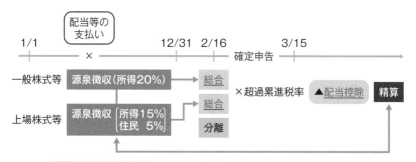

配当控除率（10%）もふまえて、総合課税と確定申告不要の有利不利を判断します。

図表 6-1-2 配当控除の対象とならない配当等

- ・確定申告不要制度を採用した配当等
- ・申告分離課税制度を採用した配当等
- ・上場不動産投資信託（日本版REIT）の収益の分配
- ・外国法人から受ける配当等　等

❷ 住宅借入金等特別控除（住宅ローン控除）

❗重要 ✏実技（個人・保険）

（1）内　容

図表 6-2-1

　納税者が、①一定の要件を満たす居住用家屋（敷地を含む）を新築・購入等をし、②これらの家屋に取得の日から6ヵ月以内にその者の居住の用に供した場合において、③その者がその取得資金などに係る借入金など（以下「住宅借入金等」という）を有するときは、④その居住の用に供した日の属する年以後一定の期間、一定の金額をその年分の所得税額から控除します。

① 居住用家屋の要件

📖暗記

・床面積が原則50㎡※以上（マンションの場合は区分所有する部分の床面積）
・床面積の2分の1以上が専ら自己の居住の用に供されるもの

　※　床面積40㎡以上50㎡未満でも適用できます。（納税者の合計所得金額が1,000万円以下の場合）
　※　2024年以降に新築等された居住用家屋については、原則として、一定の省エネ基準に適合していることが要件となります。

　既存（中古）住宅の場合には、新耐震基準に適合している住宅の用に供する家屋であることが要件となります。

② 居住要件

　取得の日（契約書の引渡日）から6ヵ月以内に居住していること。

③ 借入金の要件

📖暗記

　金融機関などとの契約において、返済期間が10年以上となっている住宅借入金等が必要です。なお、親族からの借入金は控除の対象とはなりません。

④ 控除額など

　次の算式で計算した控除額が、新築住宅（一定の省エネ基準に適合）は13年間、中古住宅は10年間にわたり所得税額から控除されます。

　控除額 ＝ 住宅借入金等の年末残高 × 控除率（0.7%）

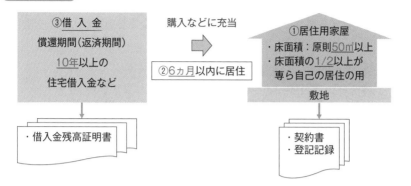

図表 6-2-1 住宅借入金等特別控除（住宅ローン控除）の内容

図表 6-2-2 住宅借入金等の年末残高限度額（2024年、2025年に居住した場合）

住宅の種類		住宅借入金等の年末残高限度額	
		2024年に居住[1]	2025年に居住
新築等	認定長期優良住宅など	4,500万円 （5,000万円）	4,500万円
	ZEH水準省エネ住宅	3,500万円 （4,500万円）	3,500万円
	省エネ基準適合住宅	3,000万円 （4,000万円）	3,000万円
	上記以外の住宅	0円[2]	
中古	認定等住宅	3,000万円	
	上記以外の住宅	2,000万円	

[1] 一定の要件を満たす子育て世帯等はカッコ内の金額。

[2] 次のいずれかに該当する場合、住宅借入金等の年末残高限度額2,000万円、控除期間10年で適用を受けることができる。
・2023年12月31日以前に建築確認を受けている新築等住宅
・2024年6月30日以前に建築された新築等住宅

(2) 適用が受けられない年

図表 6-2-3

次に掲げる要件に該当する場合、住宅借入金等特別控除の適用を受けることはできません。

①その年分の合計所得金額が2,000万円を超える年
②その年の12月31日まで引き続いて自己の居住の用に供していない年
ただし、転勤などのやむを得ない事情により、その者の居住の用に供しなくなった場合、次のケースに該当すれば適用を受けることができます。
③転勤などが明けて再入居した場合（再入居の年より適用可）
④その者と生計を一にする親族が引き続き居住の用に供している場合（継続適用可）

(3) 手続き

暗記 図表 6-2-4

住宅借入金等特別控除は、原則として、各年において確定申告を行うことにより適用を受けることができます。

なお、給与所得者が適用を受ける場合、必要書類等で適用要件を確認するために最初の年は確定申告が必要ですが、2年目以降は税務署から発行される「年末調整のための住宅借入金等特別控除証明書」と「年末借入金残高等証明書」を勤務先に提出することにより、年末調整で適用を受けることができます。

図表 6-2-3 適用できない場合

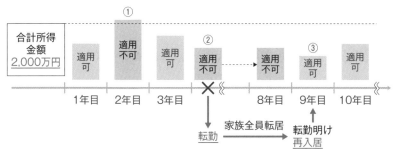

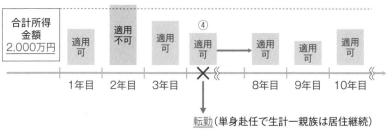

図表 6-2-4 手続き

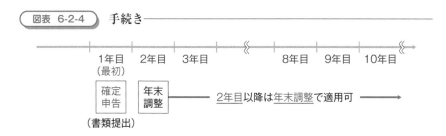

第7節 | 確定申告

❶ 確定申告の義務

(1) 原　則

個人の1暦年間(1月1日から12月31日までの期間)の所得税額(算出税額)が、配当控除等の税額控除の額を超えるとき(納付しなければならない税金があるとき)は、翌年2月16日から3月15日までの期間において、所轄の税務署長に対して「確定所得申告書」を提出しなければなりません。

(2) 給与所得者の確定申告

図表 7-1-1

① 確定申告の省略

一般的な給与所得者については、年末調整により源泉徴収された所得税が精算されるため、国税当局の徴税事務の簡素化などの理由から、確定申告を省略してもよいことになっています。

② 確定申告をしなければならない場合

給与等の収入金額が2,000万円を超える人については、所得税の規定により年末調整を行うことができません。

したがって、その年中に源泉徴収された所得税の精算が行われないため、確定申告によって正しい年税額を計算しなければなりません。

また、給与所得および退職所得以外の所得が20万円を超える人については、年末調整による精算が完了していたとしても、確定申告によって他の所得と給与所得等を合算し、正しい年税額を計算し直す必要があります。

(3) 死亡した人の確定申告

図表 7-1-2

年の途中で死亡した人については、その人の相続人が1月1日から死亡した日までの所得を計算して、相続の開始があったことを知った日の翌日から4ヵ月以内に申告しなければなりません。相続人が行う申告手続きを「準確定申告」といいます。

図表 7-1-1 給与所得者が確定申告をしなければならない場合

＜給与等の金額（＝年収）が2,000万円を超える場合＞

給与所得 → 源泉徴収（概算徴収）→ 年末調整 → 確定申告（年税額確定→精算）

収入金額（年収）2,000万円超 → 行うことが<u>できない</u>

＜給与所得および退職所得以外の所得が20万円を超える場合＞

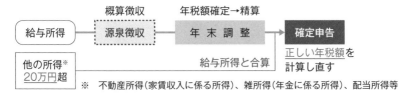

給与所得 → 源泉徴収（概算徴収）→ 年末調整（年税額確定→精算）→ 確定申告

他の所得※ 20万円超 → 給与所得と合算

<u>正しい年税額</u>を計算し直す

※ 不動産所得（家賃収入に係る所得）、雑所得（年金に係る所得）、配当所得等

図表 7-1-2 死亡した人の準確定申告

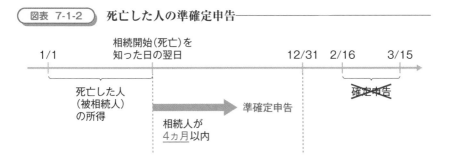

1/1　相続開始（死亡）を知った日の翌日　12/31　2/16　3/15

死亡した人（被相続人）の所得

相続人が4ヵ月以内 → 準確定申告

~~確定申告~~

(4) 源泉徴収票の読み方

所得控除のうち、<u>雑損控除</u>、<u>医療費控除</u>、<u>寄附金控除</u>の3つについては、確定申告しなければ控除できないことになっています。

<源泉徴収票の各欄の読み方> ～復興特別所得税などを含む～

令和 × 年分　　**給与所得の源泉徴収票**

支払を受ける者	住所又は居所	東京都豊島区東池袋×-×-×		（受給者番号）		15		
				（役職名）		営業部長		
				氏名	（フリガナ）オオハラ ジロウ **大 原 次 郎**			

種別	支払金額	給与所得控除後の金額（調整控除後）	所得控除の額の合計額	源泉徴収税額
給料・賞与	内 7 850 000	5 965 000	3 584 500	内 143 400

| （源泉）控除対象配偶者の有無等 | | 配偶者（特別）控除の額 | 控除対象扶養親族の数（配偶者を除く。） | | | 16歳未満扶養親族の数 | 障害者の数（本人を除く。） | | 非居住者である親族の数 |
有	従有		特定	老人	その他		特別	その他	
○		380 000	人 1 従人	内 1 人 1	従人 人 従人 1	人	内 人	人	人

社会保険料等の金額	生命保険料の控除額	地震保険料の控除額	住宅借入金等特別控除の額
内 1,020 500	99 000	15 000	

（摘要）

生命保険料の金額の内訳	新生命保険料の金額	96,000	旧生命保険料の金額		介護医療保険料の金額	19,000	新個人年金保険料の金額	120,000	旧個人年金保険料の金額	

以下、省略

所得控除の合計額＝480,000〔基礎控除〕＋<u>380,000</u>〔配偶者控除〕＋（630,000＋580,000＋380,000）〔扶養控除〕
　　　　　　　　＋1,020,500〔社会保険料控除〕＋99,000〔生命保険料控除〕＋15,000〔地震保険料控除〕＝3,584,500

課税総所得金額＝5,965,000－3,584,500＝2,380,000（千円未満切捨）

課総に係る税額＝2,380,000×10％－97,500＝140,500

復興特別所得税等を含む年調年税額＝140,500×102.1％＝143,400（百円未満切捨）

図表 7-1-3　源泉徴収票における各記載欄の内容

a 支払金額	税金(所得税・住民税)・社会保険料控除前の総支給額(現物給与などを含む)
b 給与所得控除後の金額	速算表により計算した給与所得控除額を支払金額より控除した金額
c 源泉徴収税額	年末調整により最終的に納付されている源泉所得税額(住民税は含まれない)
d 所得控除の額の合計額	物的控除(雑損控除、医療費控除、寄附金控除を除く)および人的控除の合計額
e (源泉)控除対象配偶者の有無等	(源泉)控除対象配偶者の有無について、「有」の場合には「有」欄に○(70歳以上は老人欄に○)
f 配偶者(特別)控除の額	配偶者控除の額または配偶者特別控除の額を記載
g 控除対象扶養親族の数	「特定」欄は特定扶養親族の数、「老人」欄は老人扶養親族の数、「その他」欄は一般の控除対象扶養親族の数 なお、「老人」欄の内書は、老人扶養親族が同居老親に該当する場合のその人数
h 障害者の数	「特別」欄は特別障害者の数、「その他」欄は一般障害者の数 なお、「特別」欄の内書は、特別障害者が同居特別障害者に該当する場合のその人数
i 社会保険料等の金額	原則として給与から天引きされた社会保険料の合計額(社会保険料控除の金額)
j 生命保険料の控除額	生命保険料控除の金額
k 地震保険料の控除額	地震保険料控除の金額
l 住宅借入金等特別控除の額 (所得控除ではなく、税額控除)	2年目以降に控除される住宅ローン控除の金額

❷ 青色申告制度

(1) 制度の目的

　業務を営む人が日々の収入や支出を帳簿に記録する際、一般の記帳よりも水準の高い記帳(一般的には複式簿記による記帳)をし、その帳簿書類に基づいて正しい申告をした場合には、有利な取扱いを認める制度です。

(2) 青色申告ができる人

　青色申告制度は、次に掲げる人に限り認められています。

> ・不動産所得
> ・事業所得 〉のいずれかを生ずべき業務を営んでいる人
> ・山林所得

　不動産投資でマンション一室を賃貸している場合でも、不動産所得が発生しているため青色申告ができます。

(3) 青色申告をするための要件　　📖暗記　　図表 7-2-1

　新たに青色申告を行おうとする人は、 図表 7-2-1 の期限までに「青色申告承認申請書」を所轄の税務署長に提出し、税務署長の承認を受けなければなりません。

(4) 青色申告者の特典　　　　　　　　　　　図表 7-2-2

① 青色申告特別控除　　　　　　　　　　　　　　　📖暗記

　青色申告者の不動産所得や事業所得などを計算する際、必要経費の他に10万円または55万円(所定の要件を満たした場合65万円)を控除することができます。なお、控除額は「事業規模」「記帳方法」「添付書類」と「確定申告書の申告時期」により、 図表 7-2-2 のとおりになります。

② 青色事業専従者給与　　　　　　　　　　　図表 7-2-3

　青色申告者で不動産所得や事業所得などを事業として営むものが、生計を一にする親族(配偶者など)を専らその事業に従事させ、その親族(青色事業専従者)に給与の支払いをした場合には、一定の要件のもとにその支払った給料・賞与の金額を必要経費として控除することができます。

図表 7-2-1 青色申告承認申請書の提出期限

区 分	申請期限
原 則	青色申告しようとする年の3月15日
その年の1月16日以後全く新たに業務を開始（会社員が退職して起業した場合など）	業務を開始した日から2ヵ月以内

青色申告をしようとする年

1/1　1/16　　　　　　3/15　　　　　　　　　　　　　　　12/31
　×　　×　　　×　　　×　　　　　　　　×

業務開始　原則　　2ヵ月以内　◀━━━▶　承認

図表 7-2-2 青色申告特別控除

収入金額 － 必要経費 － 青色申告特別控除 55万円※ または 10万円

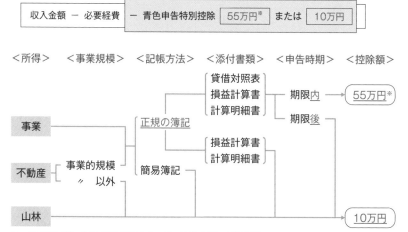

<所得>　<事業規模>　<記帳方法>　<添付書類>　<申告時期>　<控除額>

事業

不動産　事業的規模　〃 以外

山林

正規の簿記　貸借対照表・損益計算書・計算明細書　期限内 → 55万円※

期限後

簡易簿記　損益計算書・計算明細書

10万円

※ 次のいずれかの要件を満たしている場合は、65万円
・帳簿書類につき、電子計算機による電磁的記録の備付けおよび保存を行っていること
・確定申告書の提出期限までに、e-Taxを使用して、確定申告書に記載すべき事項などに係る情報を送信すること

図表 7-2-3 青色事業専従者給与

青色申告者　　　　生計を一にする親族

専ら従事

給与・賞与

事業主　　必要経費に算入

青色事業専従者として給与の支払いを受けた親族には、配偶者控除や扶養控除は適用されません。

❶ 個人住民税

チェック ✓✓✓

(1) 内　容

図表 8-1-1

　道府県が課税する道府県民税(都民税を含む)と市町村が課税する市町村民税(特別区民税を含む)を合わせて個人住民税といいます。

　個人住民税は行政サービスを受けるための費用(応益負担課税)という意味合いがありますので、一律に一定額を負担する均等割があります。

　なお、納税者は1月1日現在で居住する都道府県・市町村に対して納付します。

(2) 所得割の計算

図表 8-1-2

　所得割に関する住民税は、原則として、前年の所得を基に税金を計算することになっています。

　所得金額の計算は、原則として所得税における所得計算と同じですが、所得控除や税額控除に若干の相違点があります。

❷ 個人事業税

チェック ✓✓✓

(1) 内　容

　不動産所得または事業所得を生じる事業を行う人に対して、都道府県が課税する税金です。

(2) 税額の計算

図表 8-2-1

　個人事業税は、原則として、前年の所得を基に税金を計算することになっています。

　所得金額の計算は、原則として所得税における不動産所得または事業所得の計算方法と同じですが、青色申告特別控除を認めない代わりに290万円の事業主控除を控除するなど若干の相違点があります。

図表 8-1-1　個人住民税の種類

区　　分	内　　容	税　　率
所 得 割	1年間に稼ぎ出した所得の大きさによって課税されるもの。	<u>10%</u>
<u>均 等 割</u>	所得の大きさに関わらず均等に課税されるもの。	4,000円
利 子 割 配 当 割	預貯金や公社債の利子、上場株式等の配当について課税されるもの。	5%
株 式 等 譲渡所得割	特定口座の源泉徴収口座内で譲渡した上場株式等の譲渡益について課税されるもの。	5%

図表 8-1-2　個人住民税（所得割）の計算

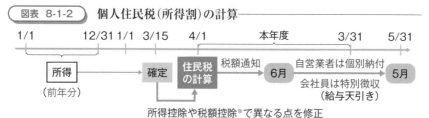

※　個人住民税における寄附金の控除は税額控除であり、住所地以外の自治体（5団体以下）に寄附した場合で、一定の要件を満たす場合には「ふるさと納税ワンストップ特例制度」があります。

図表 8-2-1　個人事業税の計算と納付

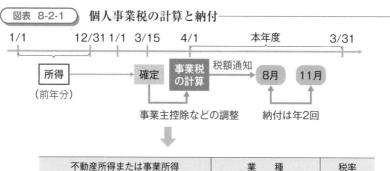

不動産所得または事業所得	業　　種	税率
収入金額－必要経費－事業主控除 （<u>290万円</u>）	製造、物販業など	5%
	畜産、水産業など	4%
	医師、弁護士など	5%

第5章

不動産

章のテーマ

不動産(土地、建物など)の取り扱いについては、多くの法律や規制が定められており、これらの理解が要求されます。
この章では、特に不動産の中でもマイホーム(住宅)に関する内容が重要となり、住宅を建てる際の制限や不動産に関する税金についても学習します。

頻出項目ポイント

1

不動産に関する法令上の制限

不動産に関する法律の中では、都市計画法(「都市計画区域」「用途地域」「開発許可制度」)と建築基準法(「道路に関する制限」)の出題頻度が高くなっています。「建蔽率」「容積率」は、学科・実技ともにお馴染みの出題項目となります。

No. **2**

不動産の取引

不動産の取引に関連して、売買契約の際の「手付金」の出題頻度が高くなっています。賃貸契約の際の「借地借家法」も借地関係、借家関係について、しっかり区別できるようにしましょう。

No. **3**

不動産に係る税金

不動産に係る税金には、取得の段階で「不動産取得税」「登録免許税」等、保有の期間中には「固定資産税」「都市計画税」が課税されます。まず、各税金の「課税標準」「税率」を押さえることから始めましょう。また、マイホーム(住宅)の特例も出題頻度が高くなっています。

No. **4**

不動産の見方

不動産(土地)の価格には、「公示価格」「標準価格」「路線価」「固定資産税評価額」などがあります。「評価機関」「基準日」などをしっかり押さえ、混同しないように注意しましょう。公示価格などを具体的に求める場合に鑑定評価の手法が用いられます。

No. **5**

不動産の有効活用

不動産投資の収益性(もうけ)の指標となるのが利回りです。不動産の利回りには「表面利回り」「投資利回り(実質利回り)」があります。計算方法の相違をしっかり覚えてください。不動産(土地)の有効活用の手法では「事業受託方式」「等価交換方式」の出題頻度が高くなっています。

第1節 | 不動産の見方

頻出度
B

❶ 不動産（土地）の価格

⚠️**重要**

チェック
✓ ✓ ✓

図表 1-1-3

(1) 売買取引の指標となる価格

📖**暗記**

① 実勢価格

実勢価格とは、実際に取引が成立した価格、または周辺の売買実例から推定される土地価格の水準のことです。

② 公示価格（こうじ）

公示価格は、<u>国土交通省</u>が毎年<u>1月1日</u>を基準日として毎年<u>3月末</u>頃に官報で公示し、インターネットでの閲覧も可能となっています。公示価格は、中庸性・確定性・代表性・安定性により標準地を設定し、価格が調査されます。

③ 標準価格（基準地価格）

図表 1-1-1

標準価格は、<u>都道府県</u>が毎年<u>7月1日</u>を基準日として毎年<u>9月末</u>頃に各都道府県の公報で発表し、インターネットでの閲覧も可能となっています。標準価格は、公示価格に準じて基準地を設定し、価格を調査します。

(2) 税金の算出の基礎となる価格

📖**暗記**

① 路線価（ろせんか）

図表 1-1-2

路線価は、<u>国税庁</u>が毎年<u>1月1日</u>の時点で宅地の面する路線（街路）ごとに1㎡当たりの標準価格（単位：千円）として評価し、毎年<u>7月頃</u>に公表するものであり、<u>公示価格の80％</u>の価格となるように評価されます。路線価はインターネットで閲覧することができます。

② 固定資産税評価額

固定資産税評価額は、<u>3年</u>ごとの<u>1月1日</u>現在における固定資産の価格として、<u>公示価格の70％</u>の価格となるように評価します。市町村は、「固定資産課税台帳」を閲覧に供しますが、本人および<u>一定の利害関係者等</u>のみしか閲覧できません。

図表 1-1-1 標準価格

基準地番号	千代田※－※	調査基準日	※年7月1日
所在及び地番	東京都千代田区西神田※丁目※番※外		
住居表示	西神田※－※－※		
価格（円/㎡）	※（円/㎡）	交通施設、距離	水道橋、300m
地積（㎡）	※（㎡）	形状（間口：奥行き）	（1.0：1.5）
利用区分、構造	建物などの敷地、SRC（鉄骨鉄筋コンクリート造）9F		

図表 1-1-2 路線価図

図表 1-1-3 不動産価格のまとめ

	実勢価格	公示価格	標準価格	路線価	固定資産税評価額
評価機関	——	国土交通省	都道府県	国税庁	市町村
基準日（評価替）	——	1月1日毎年評価替	7月1日毎年評価替	1月1日毎年評価替	1月1日3年に1度
公表時期	——	3月末頃	9月末頃	7月頃	（公表なし）
評価割合				公示価格の80%	公示価格の70%
目的	周辺の売買実例から推定される土地価格の水準	一般土地取引の指標・公共事業に係る補償金の算定基準	公示価格を補完	相続税・贈与税の課税のため	固定資産税などの課税のため

❷ 不動産の鑑定評価の手法

チェック

　不動産の鑑定評価とは、土地もしくは建物またはこれらに関する所有権以外の権利の経済価値を判定し、その結果を価額に示すことをいいます。

　評価方法には、次の3つがあり、複数の方法を適用して評価を行います。

（1）原価法

図表 1-2-1

　価格時点（不動産価格の判定の基準日）における対象不動産の再調達原価を求め、その<u>再調達原価</u>に<u>減価修正</u>を行って対象不動産の価格を求める手法です。原価法は、対象不動産が建物や建物とその敷地である場合に有効な手法といえます。

> 価格（積算価格）＝ 再調達原価 － 減価修正による減価額

（2）取引事例比較法

図表 1-2-2

　多数の取引事例の中から<u>適切な事例</u>を選択し、取引等の特殊な事情、取引等の時点の相違による<u>価格変化の補正</u>を行い、かつ、地域要因・個別要因の比較を行って求められた価格を比較考慮し、対象不動産の価格を求める手法です。

> 価格（比準価格）＝ 取引価格 × 補正（修正）率

（3）収益還元法

図表 1-2-3

　対象不動産が将来生み出すであろうと期待される<u>純収益（＝総収入－総費用）の現価の総和</u>を求める手法です。具体的には、純収益を還元利回りで還元して対象不動産の価格を求めます。

　収益還元法には、単年度の純収益をもとに計算を行う直接還元法と将来生み出す純収益の現在価値の総和をもとに計算を行うDCF法（Discounted Cash Flow法）があります。

> 直接還元法による価格（収益価格）＝ 純収益 ÷ 還元利回り

263

原価法

物価の上昇等
＋200万円

3,000万円 → X万円

取得時点　価値の減少　価格時点
▲300万円

再調達原価	3,200万円
減価修正	▲300万円
積算価格	2,900万円

最近、造成された造成地、埋立地等のように再調達原価を的確に求めることができる土地であれば原価法を適用することができます。

第5章 不動産の見方

図表 1-2-2　取引事例比較法

12/25 ──── 時点修正 ──→ 1/10

甲土地
（5,000万円）

乙土地
（X万円）

特殊な取引事情
・売り急ぎ事情の場合
➡取引価格が低いため増額補正
・買い進み事情の場合
➡取引価格が高いため減額補正

事情補正

取引事例比較法は、一般に近隣地域内で対象不動産と類似の取引が行われている場合に有効な手法といえます。

図表 1-2-3　収益還元法

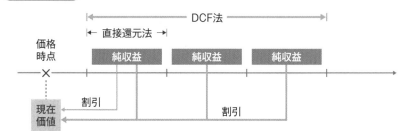

賃貸用不動産以外（居住用不動産など）であっても、賃貸不動産とみなすことによりこの手法を適用することができます。

❸ 不動産に関する調査

(1) 不動産登記制度の必要性

図表 1-3-1

　物権の変動(所有権の移転など)は、当事者の意思表示の合致(口約束など)だけで生じます。しかし、これだけでは、当事者以外の者は、物権の変動があったことを把握することができません。そこで、物権の変動があった場合に、そのことを第三者(当事者以外の者)に知らせて注意を促す必要があり、そのための公示の手段として登記制度が設けられています。

(2) 不動産登記の効力

① 対抗力

図表 1-3-2

　対抗力とは、当事者間で有効に成立した権利関係を第三者に主張できる法的な効力をいいます。つまり物権の変動があった場合、登記がされていない限り、第三者に対して自己の所有権を主張することができませんが、登記をすれば第三者に対する対抗力を得ることができます。このように、わが国の不動産登記には対抗力が認められています。

② 公信力

暗記　図表 1-3-3

　公信力とは、たとえ登記名義人が真実の所有者でない場合でも、登記簿の内容を信じて取引を行った者に、権利を取得させることを認める力のことをいいます。しかし、わが国の不動産登記では、公信力を認めていません。

　したがって、登記の内容が真実と違う場合に、登記名義人が真実の所有者であると信じて取引した者は、真実の所有者から返還要求があった場合には、返還に応じなければならず、権利を取得できない場合があります。

図表 1-3-1　不動産登記制度の必要性

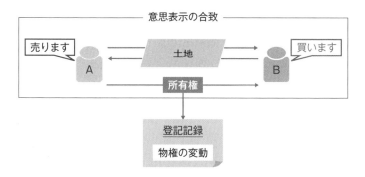

図表 1-3-2　対抗力

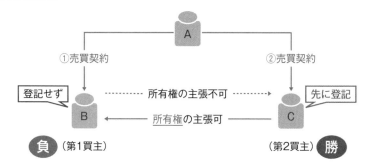

わが国の不動産登記には対抗力が認められています。

図表 1-3-3　公信力

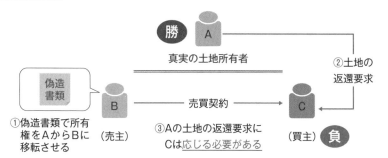

わが国の不動産登記では、公信力を認めていません。

(3) 不動産登記記録の構成

不動産登記記録は、土地は一筆・建物は一棟ごとに、登記記録が存在し、登記記録の内容は、表題部、権利部(甲区・乙区)で構成されています。

① 表題部

表題部には、土地や建物の「表示に関する事項」が記載されています。

(ア) 土地に関する記載内容

所 在	所在する郡、市、区、町村、字
地 番	土地を人為的に区分して付けられた番号(住居表示番号とは異なります)
地 目	土地の主たる用途により、田・畑・宅地・池沼・山林・牧場・原野・墓地・運河用地などに区分
地 積	土地の面積を㎡で記録
所 有 者	権利部(甲区)の記録がない場合

(イ) 建物に関する記載内容

所 在	建物が所在する郡、市、町村、字と地番
家屋番号	敷地の地番と同一の番号をもって登記官が定める ただし、一筆の土地に数個の建物がある場合には、敷地地番に支号を付す
種 類	建物の主たる用途により、居宅・店舗・寄宿舎・共同住宅・事務所・旅館・料理店・工場・倉庫・発電所に区分し、これに該当しない建物はこれに準じて定める
構 造	建物の主な構成材料、屋根、階数
床 面 積	各階ごとの床面積を㎡で記録
所 有 者	権利部(甲区)の記録がない場合

② 権利部(甲区)

所有権に関する事項が記載されています。

甲区	事項欄	所有権に関する事項
	順位番号	登記事項を記載した順序(番号)

③ 権利部(乙区)

所有権以外の権利に関する事項が記載されています。

乙区	事項欄	所有権以外の権利(地上権・永小作権・地役権・先取特権・質権・抵当権・賃借権・採石権)に関する事項
	順位番号	登記事項を記載した順序(番号)

図表 1-3-4　土地の登記事項証明書

○区×2丁目6−2			全部事項証明書(土地)	
表題部(土地の表示)		調製 余白	不動産番号	＊＊＊＊＊＊＊＊＊
地図番号 余白		筆界特定 余白		
所在 ○○区××2丁目			余白	
①地番	②地目	③地積㎡	原因及びその日付〔登記の日付〕	
6番2	宅地	125 60	昭和59年8月10日　○○番から分筆 昭和63年法務省令第37号附則第2条第2項の規定により移記 〔平成3年4月7日〕	

権利部(甲区)(所有権に関する事項)			
順位番号	登記の目的	受付年月日・受付番号	権利者その他の事項
1	所有権移転	昭和60年4月12日第1011号	原因　昭和60年4月12日売買 所有者　○区×2丁目8番3号 　徳川　太朗 昭和63年法務省令第37号附則第2条第2項の規定により移記
2	所有権移転	平成14年4月7日第6846号	原因　平成14年4月7日売買 所有者　○区×3丁目2番4号 　石田　英雄

権利部(乙区)(所有権以外の権利に関する事項)			
順位番号	登記の目的	受付年月日・受付番号	権利者その他の事項
1	抵当権設定	平成5年3月2日第6432号	原因　平成5年3月2日金銭消費貸借同日設定 債権額　金3,000万円 利息　年3.50%(年365日日割計算) 損害金　年14.6%(年365日日割計算) 債務者　○区×2丁目8番3号 　徳川　太朗 抵当権者　○区×5丁目1番1号 　東西銀行
2	1番抵当権抹消	平成14年4月7日第6845号	平成14年4月7日弁済
3	抵当権設定	平成14年4月7日第6847号	原因　平成14年4月7日金銭消費貸借同日設定 債権額　金2,000万円 利息　年3.0%(年365日日割計算) 損害金　年14.6%(年365日日割計算) 債務者　○区×3丁目2番4号 　石田　英雄 抵当権者　○区×2丁目6番3号 　北国信用金庫

※下線のあるものは抹消事項であることを示す。

(4) 登記の調査

📖 暗記

登記事項証明書は、<u>登記所(法務局)</u>で手数料を納付すれば、<u>誰でも</u>交付を請求(郵送・オンラインによる請求も可能)することができます。

(5) 登記記録の確認

土地登記記録は、人為的に区分けした区画(一筆)が地番順に、建物登記記録は、一棟の建物が敷地の地番順に記録されています。

登記事項証明書等の交付を請求する際には、土地の場合には土地の「<u>地番</u>」、建物の場合には「<u>家屋番号</u>」を申請書に記載する必要があります。

この<u>地番</u>および<u>家屋番号</u>は、現在用いられている住居表示番号とは<u>異なる</u>ため、登記所に備えつけてある新旧対照表により調べるなど、注意をする必要があります。

(6) 登記所に備え付けられている図面等

① 14条地図

不動産登記法(第14条)では、登記所に地図および建物所在図を備え付けることになっています。これを14条地図といいます。土地に関する14条地図は、現在進められている日本全国の土地を測り直す地籍調査に基づく地籍図です。

② 公図

図表 1-3-5

14条地図を補完するものとして公図(旧土地台帳付属地図)が広く用いられています。公図は明治時代の地租改正時に作られた図面に基づいているため、現況を正確に表わしていないものが多く、14条地図に比べて<u>精度はあまり高くありません</u>。

③ 地積測量図

1つの土地を複数に分割(分筆)したり、複数の土地を1つに統合(合筆)する際に添付しなければならない書面です。したがって、分筆や合筆の履歴がない土地には備え付けられていません。

図表 1-3-5　公　図

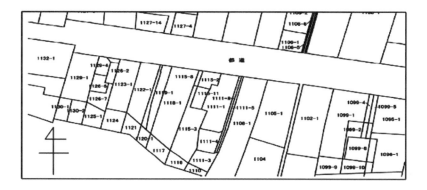

表示に関する登記（登記の申請が義務づけられているもの）

表示に関する登記とは、登記記録の内容と物理的現況を一致させるために行う登記であり、それぞれの者がそれぞれの日から1ヵ月以内に登記の申請をしなければなりません。

表示登記	新たに土地が生じた場合や新たに建物を建築した場合に行う登記 （土地の埋立て、住宅などの建築）
滅失登記	土地が消滅した場合や建物が消滅した場合に行う登記 （海没による土地の消滅、取壊し・火災焼失による建物の消滅）

権利に関する登記（登記の申請が任意であるもの）

権利に関する登記とは、不動産に関する権利について行う登記であり、これらの登記を行うことにより対抗力を得ることができますが、登記に際しては登録免許税が発生します。

保存登記	初めてする所有権の登記 住宅などの建築（所有権保存登記）
移転登記	ある者に属していた権利が他の者に移転した場合に行う登記 AとBの間における土地の売買契約（所有権移転登記）
設定登記	不動産の上に新たに権利が創設された場合に行う登記 A所有の土地を担保にC銀行から融資を受ける場合（抵当権設定登記）
抹消登記	既存の登記に対応する実体関係が欠けている場合に、既存の登記の（全部）抹消を目的として行われる登記 債務の弁済による抵当権抹消登記など

第2節 不動産の取引

頻出度
A

❶ 宅地建物取引業

重要

チェック
✓✓✓

(1) 宅建業と宅建業者

図表 2-1-1　図表 2-1-2

　宅地建物取引業(宅建業)とは、自らが売主となって宅地建物の売買・交換、または売主・貸主の依頼で宅地建物の売買・交換・貸借の代理または媒介(仲介)を行うことをいいます。

　宅地建物取引業者(宅建業者)は、都道府県知事または国土交通大臣の免許を受けなければなりません。ただし、自らが貸主となって賃貸業を行う場合には、宅建業に該当しないため免許は不要です。

(2) 宅地建物取引士

図表 2-1-3

　宅地建物取引士とは、所定の試験に合格し、都道府県知事より「宅地建物取引士証」の交付を受けた者をいいます。宅地建物取引士は、契約が成立するまでの間に「重要事項説明書」を交付し、説明の相手方に対し、宅地建物取引士証を提示して、権利関係、法令上の制限など所定の重要事項を説明します。

(3) 媒介契約

図表 2-1-4

　媒介契約には、一般媒介契約、専任媒介契約、専属専任媒介契約があり、他の宅建業者への重複依頼の可否、依頼者自身が売買の相手を見つけてもよいか否か(自己発見の可否)など、それぞれ特徴があります。

媒介報酬の限度額

宅建業者が、媒介により売買・貸借の契約を成立させた場合、依頼者から次の報酬を受け取ることができます。

売買の媒介	取引価格が400万円超の場合 取引価格×3%+6万円(税抜)
貸借の媒介	借賃の1ヵ月分に相当する額(税抜)

図表 2-1-1　宅建業の対象となる取引

	売買	交換	貸借	
自ら	○	○	×	○：宅建業の「取引」に該当します　∴免許必要
代理・媒介	○	○	○	×：宅建業の「取引」に該当しません　∴免許不要

図表 2-1-2　免許の種類

国土交通大臣免許	2つ以上の都道府県の区域内に事務所を設置して宅建業を営む場合
都道府県知事免許	1つの都道府県の区域内に事務所を設置して宅建業を営む場合

図表 2-1-3　重要事項の説明

重要事項説明書
・都市計画法や建築基準法の制限
・取引条件（支払方法、契約解除など）
・影響を及ぼす事項（隣地マンション建設など）

売買契約書署名前
　　　契約　　　　　　　　　　　引渡、登記
　　　　　　　　　　　　　　残代金支払

図表 2-1-4　媒介契約

種類 ＼ 特徴	依頼者の探索		業者の義務	
	他業者へ重複依頼	自己発見	指定流通機構への登録義務	依頼者への経過報告義務
一般媒介契約	○	○	無	無
専任媒介契約※	×	○	有（契約締結後7日以内）	有（2週間に1回以上）
専属専任媒介契約※	×	×	有（契約締結後5日以内）	有（1週間に1回以上）

※　専任の媒介契約の有効期間は3ヵ月を超えることはできず、超えた部分は無効となり、3ヵ月に短縮されます。

❷ 不動産の売買契約

重要　チェック

図表 2-2-1

　不動産という高額物件を扱う宅建業者については、宅地または建物の売買または交換の媒介契約を締結する場合には、契約内容を記載した書面等(売買契約書など)を作成して、依頼者に交付することが宅建業法により義務づけられています。

(1) 売買代金の額と内訳

　分譲住宅やマンションを購入する場合、土地の売買は消費税の<u>課税対象となりません</u>が、建物の売買は売主が課税事業者である場合には、消費税の<u>課税対象となります</u>。

(2) 手付金

暗記　図表 2-2-2

　手付金とは、売買などの契約締結の際に、当事者の一方から相手方に交付される金銭です。

　買主が売主に解約手付を交付したときは、<u>相手方(売主)</u>が履行に着手していない場合には、買主は手付金を<u>放棄</u>して契約の解除をすることができます。

　また、売主は<u>相手方(買主)</u>が履行に着手していない場合には、手付金の倍額を買主に提供して契約を解除することができます。

> 宅地建物取引業者が売主(買主は宅地建物取引業者ではない)になっている場合、宅地建物取引業者が受け取ることができる手付金は、売買代金の<u>20%</u>を超える手付金を受領してはならないとされています。

図表 2-2-1 売買契約書

収入印紙

不動産売買契約書

売主 ㈱大原不動産(以下「甲」という)と買主 大川三郎(以下「乙」という)は、甲所有の後記土地建物(以下「本物件」という)について本日、次のとおり売買契約を締結したので、その証として本書2通を作成し、甲、乙署名捺印の上、各自1通ずつ保有する。

(売買契約の成立)
　第1条　甲は、本物件を乙に売り渡し、乙はこれを買い受けるものとする。
(売買代金)
　第2条　本物件の売買代金は、金26,500,000円也とし、その内訳は次のとおりとする。
　　　　　土地　金　10,000,000円也
　　　　　建物　金　16,500,000円也　(内消費税　1,500,000円)
　　　　　　　　　　　　　　　　　　　　　　(以下、省略)

図表 2-2-2 手付金

Aは履行に着手していない

◀── 手付金100万円の放棄 ── Bからの手付による解除

売主A

◀── 解約手付　100万円 ──

買主B

Aからの手付による解除 ── 手付金の倍額200万円の償還 ──▶

Bは履行に着手していない

履行の着手とは、売主が相手方の場合には登記や引渡しを指し、買主が相手方の場合には代金の提供を指します。

(3) 売買対象面積(実測売買、公簿売買)

　土地の売買取引には、実測売買と公簿売買という方法があります。

　実測売買とは、まず登記記録に記載されている面積で売買契約を行い、その後、実測による売買面積との差異が生じたときは、あらかじめ契約条項に織り込んでおいた㎡当たりの単価で売買代金の増減精算を行う方法をいいいます。

　また、公簿売買とは、実測面積との増減精算を一切行わない方法をいい、売主および買主双方の合意があれば認められます。

(4) 危険負担　　　　　　　　　　　　　　　図表 2-2-3

　売買契約の成立後から引渡しの日までに、売主と買主の双方の責めに帰すことができない事由で売買の目的物の引渡しができなくなったときは、売主側が代金の支払請求をしたとしても、買主はその支払いを拒否することができます。

> 買主側に責められるべき事由がある場合には、代金の支払いを拒否することができません。

(5) 契約不適合責任　　　　　　　暗記　　図表 2-2-4

　売買契約において、売主が種類または品質に関して契約の内容に適合しない物を買主に引き渡した場合には、買主は適合しないことを知った時から1年以内に通知することにより、修理や代替物の引渡し、代金の減額、損害賠償請求、契約解除を請求することができます。

区分所有建物（マンション）の専有部分の面積

マンションの専有部分についての売買面積は登記記録の面積によりますが、この登記記録の面積は内法計算により算出されたもの（壁の内側で測った面積）であり、マンションの契約書や広告などに記載されている壁芯（壁心）計算により算出されたもの（壁の中心線で測った面積であり、いわゆる住居専有面積）よりも若干狭くなっているため注意が必要です。

＜上から見た場合＞

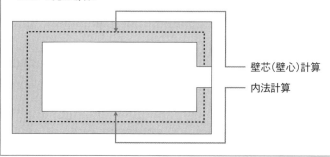

壁芯（壁心）計算

内法計算

図表 2-2-3 危険負担

②引渡前に火災で全焼
（双方に責任なし）

売主A

←――― ①売買契約 ―――→

③代金の支払請求

買主B

――――――――――→

④支払いの拒否ができる

図表 2-2-4 契約不適合責任

売主A

不適合

買主B

・修理や代替物の引渡し
・代金の減額
・損害賠償
・契約解除

契約に適合しないことを
知ったときから1年以内
に通知

損害賠償には、売主の責めに帰すべき事由が
必要です。

❸ 不動産の賃貸契約（借地借家法） ⚠重要

(1) 借地関係（普通借地権、定期借地権）

① 普通借地権　📖暗記　　図表 2-3-1　　図表 2-3-2

(ア) 存続期間

期間の定めがある場合	最低30年以上
期間の定めがない場合や30年より短い契約	30年

(イ) 契約の更新

　　借地人は、期間の定めがある場合には契約期間終了時（期間の定めがない場合は、30年が経過した時）に建物が存在する場合に限り、契約更新の請求をすることができます。更新期間は、次のとおりです。

期間の定めがある場合	最初の更新が20年以上、次回以降が10年以上
期間の定めがない場合	最初の更新が20年、次回以降が10年

(ウ) 更新の拒否

　　借地人の更新の請求に対し、地主は「正当な事由」がなければ更新の拒否をすることができません。

　　なお、「正当な事由」とは、地主と借地人双方の土地を必要とする事情、借地に関する従前の経緯、土地の利用状況、立退料の申出、等を総合的に判断して決めることとされています。

(エ) 建物買取請求権

　　普通借地権の契約期間が終了し、契約の更新をしない場合、借地人は地主に対して、借地上の建物を時価で買い取るべきことを請求することができます。

(オ) 土地賃貸借の効力　　図表 2-3-3

　　土地の賃貸借は、その登記（土地の賃借権の登記）がなくても、建物の登記があったときは、その後、その土地について新たに所有権などの物権を取得した者に対して、対抗することができます。

図表 2-3-1 借地関係

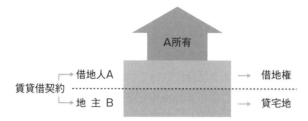

- 賃貸借契約
  - → 借地人A → 借地権
  - → 地主B → 貸宅地

図表 2-3-2 普通借地権

図表 2-3-3 土地賃貸借の効力

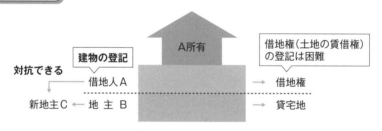

Hint! 借地借家法

借地借家法は、借地契約においては「建物の所有を目的」とする土地の賃借権などが適用対象となり、資材置場や青空駐車場などの建物所有を目的としない権利や、使用貸借などのように対価を授受しないで貸し借りする場合には適用されません。

なお、土地や建物を賃料（地代や家賃）を支払って利用する権利を賃借権といい、借地借家法で保護される賃借権をそれぞれ借地権、借家権と呼びます。

② 定期借地権

㈎ (一般)定期借地権

図表 2-3-4

　(一般)定期借地権とは、定期借地権のうち建物譲渡特約付借地権と事業用定期借地権等以外のものをいいます。当初の存続期間を50年以上として借地権を設定する場合においては、契約の更新を一切行わず、建物の買取りの請求をしない旨の特約を有効にすることができます。

> (一般)定期借地権は、書面等(公正証書でなくてもよい)により契約しなければならず、書面等によらなかったときは、その特約は無効となり、普通借地権となります。

㈑ 建物譲渡特約付借地権

図表 2-3-5

　建物譲渡特約付借地権とは、当初の存続期間は普通借地権と同様30年以上ですが、借地権設定後30年以上を経過した日に、借地人が借地上の建物を地主に有償で譲渡することにより借地権を消滅させる旨の特約があるものをいいます。

> 建物譲渡特約付借地権は、書面等によらなくても有効にすることができます。

㈒ 事業用定期借地権等

！重要　図表 2-3-6

　事業用定期借地権等とは、借地上の建物を事業用のものに限定することにより、存続期間を10年以上50年未満の定期借地権として認められるものです。

　なお、借地上の建物の一部が社宅などの居住の用に供される場合は、事業用定期借地権等を設定することができません。

> 事業用定期借地権等は、公正証書により契約しなければならず、公正証書によらない特約は無効となり、普通借地権となります。

用 語 解 説

公正証書：法務大臣が任命する公証人(元裁判官、元検事などが選ばれる)が作成する公文書です。公文書であるため、通常の契約書よりも高い証拠能力があります。

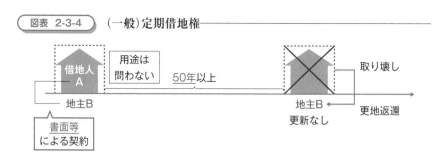

図表 2-3-4　（一般）定期借地権

図表 2-3-5　建物譲渡特約付借地権

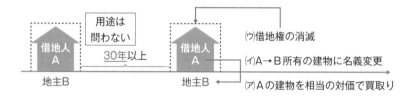

図表 2-3-6　事業用定期借地権等

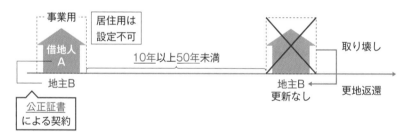

第5章
不動産の取引

＜定期借地権のまとめ＞　🔖暗記

	（一般）定期借地権	建物譲渡特約付借地権	事業用定期借地権等
存続期間	50年以上	30年以上	10年以上50年未満
借地上の建物用途	制限なし	制限なし	専ら事業用に限る（居住用は不可）
書面等による契約	必要	不要	必要（公正証書に限る）

(2) 借家関係（普通借家権、定期借家権）　図表 2-3-7

借家権とは建物の賃借権をいい、借地借家法のうち借家関係に関する規定は、建物（居住用・事業用）の賃貸借にのみ適用されます。従って、建物以外を目的とする賃貸借や、使用貸借等の賃貸借以外の契約には適用されません。

① 普通建物賃貸借（普通借家権）　図表 2-3-8

(ア) 存続期間　📖暗記

期間の定めがある場合	無制限
1年未満の期間を定めた場合	期間の定めのない賃貸借として有効に成立

> 存続期間を1年未満の期間とした場合には、その期間が無効となり、期間の定めのない普通借家権となる点に留意しましょう。

(イ) 契約の更新（期間の定めがある場合）

期間の定めのある普通借家権においては、当事者が期間の満了の1年前から6月前までの間に相手方に対して更新をしない旨の通知または条件を変更しなければ更新をしない旨の通知をしなかったときは、更新前の契約と同一の条件で契約を更新（法定更新）したものとみなします。

> 賃借人を保護するため、賃貸人から更新拒絶の通知を行うには、正当事由が必要とされます。

(ウ) 建物賃貸借の効力　図表 2-3-9

建物の賃貸借は、その登記（建物賃借権の登記）がなくても、建物の引渡しがあったときは、その後、その建物について所有権などの物権を取得した者に対して、対抗することができます。

用 語 解 説

使用貸借：無償で借り受けることのできる貸借契約
賃 貸 借：有償で借り受けることのできる貸借契約

図表 2-3-7 借家関係

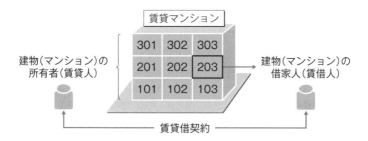

賃貸マンション

301	302	303
201	202	203
101	102	103

建物(マンション)の
所有者(賃貸人)

建物(マンション)の
借家人(賃借人)

賃貸借契約

図表 2-3-8 普通建物賃貸借(普通借家権)

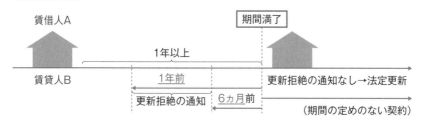

賃借人A

期間満了

1年以上

賃貸人B

1年前

更新拒絶の通知

6ヵ月前

更新拒絶の通知なし→法定更新

(期間の定めのない契約)

図表 2-3-9 建物賃貸借の効力

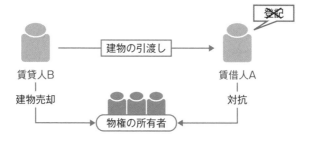

登記

建物の引渡し

賃貸人B

賃借人A

建物売却

対抗

物権の所有者

② 定期建物賃貸借（定期借家権） 📖暗記　図表 2-3-10

　定期借家権は、<u>公正証書などの書面等</u>による契約であること、事前に、賃借人に更新がない旨の特約があることを書面等で説明し、交付することを条件として、建物の明渡しについての<u>立退料</u>の支払いを伴わずに、期間満了時に、その建物が賃貸人に必ず返還されることとなる賃貸借です。

> 契約の条件を満たすことができない場合は、契約の更新がないとする定めは無効となり、普通借家権となる点に留意しましょう。

㈠ 契約期間

当事者間で自由（1年未満でも可）

㈡ 賃貸借終了の通知　📖暗記

　契約期間が1年以上である場合は、賃貸人は期間満了の<u>1年前から6ヵ月前</u>までの間（通知期間）に、建物の賃借人に対して期間の満了により賃貸借が終了する旨を通知しなければならず、この通知が遅れたときは、その通知の日から6ヵ月間は、賃貸借の終了を賃借人に対抗することができない（立ち退き請求ができない）ものとしています。

③ 造作買取請求権　図表 2-3-11

　賃貸人の同意を得て建物に付加した造作（畳や建具など）がある場合、建物の賃借人は、建物の賃貸借が終了するときに、賃貸人に対し、その造作を時価で買い取るべきことを請求することができます。

④ 借賃増減請求権　図表 2-3-12

　建物の借賃（家賃）が、土地・建物に対する租税公課の増減やその他の経済事情の変動により不相当となったときは、当事者は、将来に向かって建物の借賃の額の増減を請求することができます。

図表 2-3-10 定期建物賃貸借（定期借家権）

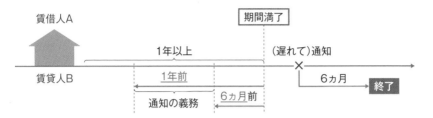

図表 2-3-11 造作買取請求権

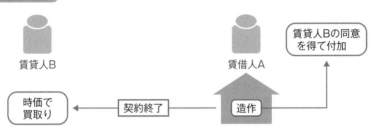

造作買取請求権は、当事者の合意による特約で排除することもできます。

図表 2-3-12 借賃増減請求権

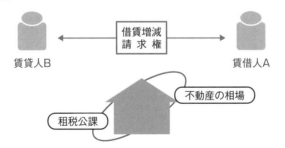

借賃増減請求権は、一定の期間、建物の借賃を増額しない旨の特約（賃借人に有利な特約）がある場合は、その期間は増額請求をすることができません。

第3節 │ 不動産に関する法令上の制限 頻出度 A

❶ 都市計画法

重要 チェック ✓✓✓

（1）都市計画区域

 暗記

　計画的な街づくりを行おうとする場合、まずその区域（場所）を指定する必要があります。この指定されたエリアを都市計画区域といい、都道府県が指定します。都市計画区域について、無秩序な市街化を防止し、計画的な市街化を図るため、必要があると認めるときは、都市計画に市街化区域と市街化調整区域との区分（区域区分）を定めることができます。

市 街 化 区 域	すでに市街地を形成している区域、または、おおむね10年以内に優先的かつ計画的に市街化を図るべき区域
市街化調整区域	市街化を抑制すべき区域 （原則として、宅地の開発・建物の建築ができません）

（2）用途地域

　用途地域とは、建築物の用途などについて一定の規制をする地域であり、住居系、商業系および工業系として13種類があります。

住居系 （8種類）	①第一種低層住居専用地域	商業系 （2種類）	⑨近隣商業地域
	②第二種低層住居専用地域		⑩商業地域
	③第一種中高層住居専用地域	工業系 （3種類）	⑪準工業地域
	④第二種中高層住居専用地域		⑫工業地域
	⑤第一種住居地域		⑬工業専用地域
	⑥第二種住居地域		
	⑦準住居地域		
	⑧田園住居地域		

> 市街化区域には、用途地域を定めていきますが、市街化調整区域には、原則として、用途地域を定めない点に留意しましょう。

285

(3) 防火地域・準防火地域

防火地域・準防火地域とは、市街地における火災の危険を取り除くために定める地域をいいます。防火地域または準防火地域内においては、一定規模以上の建築物は耐火建築物や準耐火建築物(燃焼しにくい建築物)としなければなりません。

建築物が防火地域・準防火地域にわたる場合

建築物が、防火地域、準防火地域、無指定のうち防火地域制限が異なる地域にわたる場合には、建築物の全体が規制の厳しい地域にあるものとみなされて、その地域の規制が適用されます。

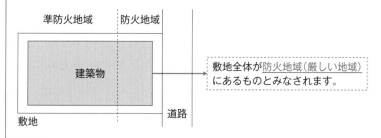

敷地全体が防火地域(厳しい地域)にあるものとみなされます。

(4) 開発許可制度　

開発行為とは、建築物を建築するなどの目的で行う土地の区画形質の変更(造成工事など)をいいます。都市計画区域内などで開発行為をしようとする者は、あらかじめ、都道府県知事の許可を受けなければなりません。

市街化区域内で行う開発行為で、その規模が1,000㎡未満である場合には、開発許可は不要となります。

❷ 建築基準法

チェック ✓ ✓ ✓

建築基準法は、国民の生命や財産を守ることを目的として建築物の基準を定めた法律であり、建築物の敷地や道路に関する規定などがあります。

(1) 道路に関する制限

① 原　則

建築基準法に定める道路とは、公道(国道、県道など)、私道などで幅員4m以上のものをいいます。

② みなし道路(2項道路)

建築基準法が適用される際、現に建築物が立ち並んでいる幅員4m未満の道で特定行政庁の指定したものは建築基準法に定める道路とみなされます。

なお、みなし道路は建築基準法第42条2項に規定されているため、2項道路ともいわれます。

③ みなし道路における制限の付加(セットバック)　暗記　図表 3-2-1

道路とみなされた道の中心線からの水平距離2mの線が、その道路と敷地の境界線とみなされてしまうため、建築物を建替える際には、本来の境界線から後退した部分は建築物の敷地として利用することができません。

(2) 接道義務　暗記

建築物の敷地は、建築基準法に定める道路(原則、幅員4m以上)に2m以上接していなければなりません。この接道義務を満たさない敷地(道路に全く面していない敷地等を含む)には、建築物を建てることはできません。

(3) 用途に関する制限　暗記　図表 3-2-2

都市計画区域のうち用途地域が定められているところでは、その地域ごとに建築物を合理的に立地させるため、一定の建築物を建築することが制限されています。

たとえば、住宅、共同住宅は工業専用地域には建築することができません。

図表 3-2-1　みなし道路におけるセットバックと接道義務

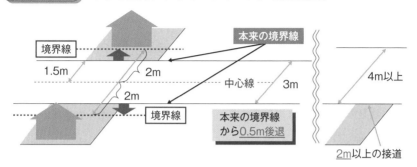

図表 3-2-2　用途に関する制限

○印はその地域に建築可　△印は建築面積によりその地域に建築可　×印はその地域に建築不可

建築物 ＼ 用途地域	住　　居　　系								商業系		工業系		
	第一種低層住居専用地域	第二種低層住居専用地域	第一種中高層住居専用地域	第二種中高層住居専用地域	第一種住居地域	第二種住居地域	準住居地域	田園住居地域	近隣商業地域	商業地域	準工業地域	工業地域	工業専用地域
住宅、共同住宅、老人ホーム	○	○	○	○	○	○	○	○	○	○	○	○	×
幼稚園、小学校、中学校、高等学校	○	○	○	○	○	○	○	○	○	○	○	×	×
保育所等、公衆浴場、診療所	○	○	○	○	○	○	○	○	○	○	○	○	○
病院・大学	×	×	○	○	○	○	○	×	○	○	○	×	×
カラオケボックス等	×	×	×	×	×	○	○	×	○	○	○	○	×
ホテル・旅館	×	×	×	×	△	○	○	×	○	○	○	×	×

※　第一種・第二種低層住居専用地域、田園住居地域には、絶対高さ制限（10mまたは12m）があります。

第一種住居地域（300㎡）　近隣商業地域（200㎡）

第一種住居地域の建築制限に従う

敷地全体（500㎡）

敷地が2つ以上の用途地域にまたがる場合には、敷地の過半（面積の大きい方：上記では、第一種住居地域）を占める用途地域の規制に従います。

(4) 建蔽率 <ruby>建蔽率<rt>けんぺいりつ</rt></ruby>

① 定　義　　　　　　　　　　　　　　　　　　　　　　　📖暗記

　　建蔽率とは、建築物の<u>建築面積</u>の敷地面積に対する割合をいい、建築物
が敷地をどの程度まで覆ってもよいかを示す数値です。敷地面積に建蔽率
を乗じることにより、その敷地の<u>最大建築面積</u>を求めることができます。

　　建蔽率は、都市計画に基づき、各用途地域ごとに指定されます。

$$建蔽率(\%) = \frac{建築面積}{敷地面積} \times 100$$

$$\underline{最大建築面積}(㎡) = 敷地面積 \times 建蔽率$$

　・建築面積：建築物の外壁、これに代わる柱の中心線で囲まれた部分の
　　　　　　　水平投影面積
　・敷地面積：敷地の面積(セットバックの部分の面積は<u>算入しない</u>)

② 建蔽率の緩和・適用除外　　　　✏️実技 (個人)　図表 3-2-3

　　次の要件に該当する場合には、指定建蔽率が緩和、または適用が除外さ
れます。

	適用要件	緩和措置
Ⅰ	特定行政庁が指定する角地	10%の加算
Ⅱ	防火地域内※に耐火建築物 準防火地域内に耐火建築物または準耐火建築物	10%の加算
Ⅲ	ⅠとⅡの両方に該当する場合	20%の加算

※　防火地域内で建蔽率80%の地域は、20%の加算となります。(建蔽率の適用除外)

③ 敷地が2以上の用途地域にまたがる場合　　　　　📖暗記

　　建蔽率の制限が異なる2以上の地域または区域にわたる場合には、その敷
地における建蔽率はそれぞれの地域などの<u>敷地面積の割合</u>に応じて按分計算
したものを合計します。

| それぞれの地域
または区域内の
建蔽率 | × | それぞれの地域または区域に存する敷地面積
敷地全体の面積 | の合計 |

建築基準法に従い、下記＜資料＞の土地に建築物を建築する場合、この土地に対する建築物の建築面積の最大限度を求めなさい。

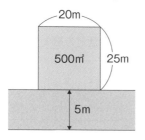

・準住居地域
・指定建蔽率　　50%
・指定容積率　　300%
・前面道路の幅員に対する法定乗数　4/10

【解答】

建築面積の最大限度　　500㎡×50%＝250㎡

図表 3-2-3　建蔽率の緩和

Ⅰ

Ⅱ

(5) 容積率

① 定　義

　容積率とは、建築物の<u>延べ面積</u>の敷地面積に対する割合をいい、その敷地にどのくらいの規模(大きさ)の建築物を建築してもよいかを示す数値です。敷地面積に容積率を乗じることにより、その敷地の<u>最大延べ面積</u>を求めることができます。

　容積率は、都市計画に基づき、各用途地域ごとに指定されます。

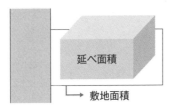

$$容積率(\%) = \frac{延べ面積}{敷地面積} \times 100$$

$$\underline{最大延べ面積(㎡)} = 敷地面積 \times 容積率$$

・延べ面積:建築物の各階の床面積の合計(延べ床面積)
・敷地面積:敷地の面積(セットバックの部分の面積は<u>算入しない</u>)

② 前面道路の幅員による制限　📙暗記

　前面道路の幅員が<u>12m</u>未満である場合、指定容積率と次の算式による数値のうち、いずれか<u>小さい方</u>がその敷地の容積率の限度となります。

住居系の用途地域	前面道路の幅員(m)×<u>4/10</u>
住居系以外(商業・工業系)の用途地域	前面道路の幅員(m)×<u>6/10</u>

　前面道路が2以上ある場合には、幅員の最大の道路を前面道路とします。

③ 敷地が2以上の用途地域にまたがる場合

　容積率の制限が異なる2以上の地域または区域にわたる場合には、その敷地における容積率はそれぞれの地域などの<u>敷地面積の割合</u>に応じて按分計算したものを合計します。

それぞれの地域または区域内の容積率	×	$\dfrac{それぞれの地域または区域に存する敷地面積}{敷地全体の面積}$	の合計

設例 最大延べ面積(容積率)の計算　　計算　実技(資産・個人)

建築基準法に従い、下記<資料>の土地に建築物を建築する場合、この土地に対する建築物の延べ面積の最大限度を求めなさい。

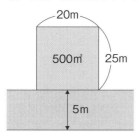

・準住居地域
・指定建蔽率　50%
・指定容積率　300%
・前面道路の幅員に対する法定乗数　4/10

【解答】

延べ面積の最大限度　500㎡×200%※＝1,000㎡

※土地の前面道路の幅員が12m未満であるため「指定容積率」と
「前面道路×法定乗数」のいずれか小さい方が容積率の上限となります。

・指定容積率　300%
・前面道路×法定乗数　5m×4/10＝20/10(＝200%)
・いずれか小さい方　200%

設例 2以上の用途地域にまたがる場合の最大延べ面積　　計算

建築基準法に従い、下記<資料>の土地に建築物を建築する場合、①容積率の上限(%)、②建築物の延べ面積の最大限度を求めなさい。

・用途地域：近隣商業地域および準住居地域
・指定容積率
　近隣商業地域：500%、準住居地域：300%
・敷地面積：400㎡
　(近隣商業地域：300㎡、準住居地域：100㎡)

【解答】

①容積率の限度

$$容積率 = 500\% \times \underset{\text{近隣商業地域部分}}{\frac{300㎡}{400㎡}} + 300\% \times \underset{\text{準住居地域部分}}{\frac{100㎡}{400㎡}} = 450\%$$

②延べ面積の最大限度＝400㎡×450%＝1,800㎡

なお、延べ面積の最大限度は、次の方法によっても求めることができます。

延べ面積の最大限度＝300㎡×500%＋100㎡×300%＝1,800㎡

❸ 建物の区分所有等に関する法律（区分所有法）

区分所有法は、一棟の建物に、構造上区分された部分（独立して住居等としての用途に供することができる部分）が多数ある建物（区分所有建物）を対象としています。

（1）専有部分と共用部分

図表 3-3-1

専有部分とは、一棟の建物のうち構造上区分された建物の部分で、独立して住居、店舗などに利用できる部分です。

また、共用部分とは、専有部分以外の建物部分であり、共用廊下や階段室等のように区分所有者の共用に供される部分です。

> 各専有部分の上に成立する所有権を<u>区分所有権</u>といい、その所有者を<u>区分所有者</u>といいます。また、専有部分を所有するための建物の敷地に関する権利を<u>敷地利用権</u>といい、原則として専有部分と敷地利用権を分離して売買することはできません。

（2）管理組合

区分所有者は、全員で、建物並びにその敷地および附属施設および敷地の管理を行うための団体を構成することとされています。この団体を一般に管理組合といい、集会（管理組合の最高意思決定機関）の開催、規約の作成、管理者の選任を行うことになっています。

> 規約とは、区分所有者が自主的に定める相互間の約束事項です。

（3）集会における決議事項

区分所有建物における集会の決議は、原則として区分所有者および議決権の各過半数で決めますが、例外として次のようなものがあります。

決議事項	区分所有者および議決権
規約の設定・変更・廃止	各4分の3以上
区分所有建物の<u>建替え</u>	各5分の4以上

図表 3-3-1　専有部分と共用部分

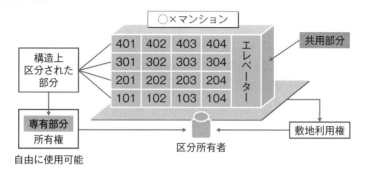

区分所有者と議決権

専有部分の各区分所有者は、専有部分の持分割合により議決権を有し、集会の決議は、原則として、区分所有者および議決権の各過半数で決することになります。
例示　区分所有者4人、各区分所有者の部屋数(専有部分の面積)は次のとおりです。

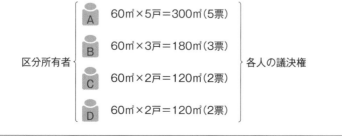

❹ 農地法

(1) 適用対象

　　農地法の適用を受ける土地か否かの判断は、登記記録上の地目とは関係なく、客観的な事実状態として、耕作の目的に供される土地か否かにより行います。

(2) 農地に関する規制

図表 3-4-1

① 権利移動に係る規制（第3条制限）

　　農地を農地のまま売買などをする場合には農業委員会の<u>許可</u>が必要です。

② 転用に係る規制（第4条制限）

　　農地を宅地など（農地以外のもの）に転用をする場合には都道府県知事の<u>許可</u>が必要です。

③ 権利移動および転用に係る規制（第5条制限）

　　農地を宅地など（農地以外のもの）に転用する目的で売買などをする場合には都道府県知事の<u>許可</u>が必要です。

④ 市街化区域内の特例

　　市街化区域内の自分が所有する農地の転用（第4条制限）、または、農地の転用目的での売買など（第5条制限）については、許可を得ることに代えて、面積の大小を問わず農業委員会への<u>届出</u>をすれば可能となります。

図表 3-4-1　農地に関する規制

	第3条制限 （権利移動）	第4条制限 （転用）	第5条制限 （権利移動・転用）
制限の対象と な る 行 為	農 地 → 農 地 A 権利移動 B 採 草 → 採 草 A 権利移動 B 採 草 → 農 地 A 権利移動 B	農 地 → 農地以外 A 転用のみ A	農 地 → 農地以外 A 権利移動 B 採 草 → 採草以外 （農地を除く） A 権利移動 B
許 可 権 者	農業委員会	都道府県知事	都道府県知事
市街化区域内 の 特 例	――――	農業委員会への届出	農業委員会への届出

第5章　不動産に関する法令上の制限

Hint!　市街化区域内の特例

農地法の目的の一つに、一定の農地を確保しておくことで、国民に対して安定的に食料を供給できるようにしておくことがあります。

このような目的から、農地が消滅してしまうような転用に関しては、都道府県知事の許可が必要になります。

その一方で、計画的に市街化を図っている区域においては、農地を宅地に転用した上で、マンションや住宅、店舗などを建築する方が良い場合もあります。そこで、市街化区域内の農地においては、農地以外の用途に転用するような取引については、都道府県知事の許可ではなく、農業委員会への届出のみで良いという特例が設けられています。

用語解説

農　　　地：現況において耕作の目的に供されている土地。

採草放牧地：農地以外の土地で、主として耕作または養畜の事業のための採草、または家畜の放牧の目的に供される土地。

農業委員会：主として農地に関する行政に農民の意見を反映させるために、「農業委員会等に関する法律」などに基づいて市町村に設置されている行政委員会。

❶ 不動産の取得に係る税金

(1) 消費税

図表 4-1-2

① 納税義務者

　　商品やサービスの消費に対して、国・地方公共団体が課税する税金であり、資産の譲渡やサービスの提供などを行う事業者に対して課税されます。

> 土地の譲渡・貸付け、住宅の貸付け(貸付期間が1ヵ月に満たない場合を除く)は、消費税の非課税となります。

② 課税標準・税率

課税標準	税率
課税資産の譲渡等の対価の額	10%(国7.8%＋地方2.2%)

(2) 印紙税

図表 4-1-2

① 納税義務者

　　課税文書を作成した場合に、国が課税する税金であり、課税文書(不動産の売買契約書など)は、通常、売主および買主が一通ずつ作成し、両者が保有することになるため、売主および買主のそれぞれに対して課税されます。

② 税 額

　　印紙税の税額は、課税文書に記載された金額によって決定されます。

課税文書	記載された契約金額※	税額
不動産の売買契約書	1,000万円超　5,000万円以下	2万円

※　記載された契約金額は、一部抜粋(軽減措置を除く)。

印紙税の納付

印紙税は、課税文書に収入印紙を貼り、印章・署名によりそれを消印することで納税が完了します。なお、印紙税の課税文書に必要となる収入印紙が貼り付けられていない場合でも、売買契約などの効力に影響はありません。

図表 4-1-1　**不動産の取得・保有に関する税金の全体像**

図表 4-1-2　**売買契約書**

不動産売買契約書

売主　㈱大原不動産(以下「甲」という)と買主　大川三郎(以下「乙」という)は、甲所有の後記土地建物(以下「本物件」という)について本日、次のとおり売買契約を締結したので、その証として本書2通を作成し、甲、乙署名捺印の上、各自1通ずつ保有する。

(売買契約の成立)
　第1条　甲は、本物件を乙に売り渡し、乙はこれを買い受けるものとする。
(売買代金)
　第2条　本物件の売買代金は、金26,500,000円也とし、その内訳は次のとおりとする。
　　　　　土地　金　10,000,000円也
　　　　　建物　金　16,500,000円也　(内消費税　1,500,000円)
　　　　　　　　　　　　　　　　　　(以下、省略)

消費税の非課税取引

非課税取引	非課税となる理由
土地の譲渡・貸付け (1ヵ月未満の貸付けを除く)	土地の譲渡は、単に資本の転嫁に過ぎず、「消費」という考え方に馴染まないため非課税とされています。 また、土地の貸付けは、土地の譲渡との課税バランスを考慮して非課税とされています。
住宅の貸付け (1ヵ月未満の貸付けを除く)	国民生活に直接関係しているものであり、家計収入に占める家賃の割合も大きいことから非課税とされています。
登記等に係る行政手数料	国民生活の遂行上、その支払いが事実上強制されているものが多く、税金に類似する性格を持っていることから非課税とされています。

(3) 不動産取得税

① 納税義務者

土地・建物など不動産の取得に対して、都道府県が課税する税金であり、その取得については、有償による取得(売買、増改築等)であるか、無償による取得(贈与)であるかを問わず課税されます。

> 相続による不動産の取得は無償による取得に該当しますが、相続は意図的に発生するものではなく、また、相続が発生した場合は、自動的に不動産の所有者となるため、不動産取得税は非課税となる点に留意しましょう。

② 課税標準・税率

課税標準	税率
固定資産税評価額	原則4%

> 「固定資産課税台帳登録価格」を一般的に「固定資産税評価額」と呼んでいます。

(4) 登録免許税

① 納税義務者

登記などを行う場合に国が課税する税金であり、権利に関する登記を行う者に課税されます。

② 課税標準・税率

登記の種類により、次のとおりとなります。

登記の種類	課税標準	税率
所有権の保存登記	固定資産税評価額	原則0.4%
所有権の移転登記(売買)	固定資産税評価額	原則2.0%
抵当権の設定登記	債権金額	原則0.4%

> 住宅の新築等に際して登記を行う場合、一定の要件を満たしていると、軽減税率の適用を受けることができます。

不動産取得税の特例

■家屋(住宅)の課税標準の特例

　一定の要件を満たす家屋(住宅)を取得した場合には、その家屋(住宅)の固定資産税評価額から、原則として1,200万円を控除できます。

■土地および家屋(住宅)の税率の特例

　不動産取得税の標準税率は4%と定められていますが、土地および住宅については、3%の軽減税率が適用されます。

　一定の要件を満たす家屋(住宅)を取得した場合

家屋(住宅)	(固定資産税評価額－1,200万円)×軽減税率(3%)

登録免許税の特例

■土地の税率の特例

　土地の売買による所有権の移転登記については、次の軽減税率の適用を受けることができます。

登記の種類	本　則	軽減税率
所有権の移転登記(売買)	2.0%	1.5%

■家屋(住宅)の税率の特例

　家屋(住宅)の新築後、1年以内に登記の申請を行うなどの一定の要件を満たす場合には、次の軽減税率の適用を受けることができます。

登記の種類	本　則	軽減税率
所有権の保存登記	0.4%	0.15%
所有権の移転登記(売買)	2.0%	0.3%
抵当権の設定登記	0.4%	0.1%

❷ 不動産の保有に係る税金

（1）固定資産税

① 納税義務者 📖暗記

　　土地・建物など不動産（固定資産）の保有に対して、市町村が課税する税金であり、固定資産課税台帳に1月1日現在における所有者として登録されている者に課税されます。

> 不動産を年の中途に譲渡した場合でも、1月1日現在の所有者が1年分の納税義務を負います。

② 課税標準・税率 〔図表 4-2-1〕

課税標準	税率
固定資産税評価額	原則1.4%

> 住宅用地のうち、住居1戸につき200㎡までの部分の面積（小規模住宅用地）については、「固定資産税評価額×1/6」、また、200㎡を超える部分の面積（（一般）住宅用地）については、「固定資産税評価額×1/3」を課税標準として計算する減額特例が適用されます。

（2）都市計画税

① 納税義務者 📖暗記 〔図表 4-2-2〕

　　固定資産税と同様に土地・建物など不動産（固定資産）の保有に対して、市町村が課税する税金であり、固定資産課税台帳に1月1日現在における所有者として登録されている者に課税されます。

> 都市計画税は、土地区画整理事業などの費用に充てる目的で課税されます。したがって、都市計画区域のうちこれらの事業を行う市街化区域内に土地・建物を保有している者が納税義務者となります。

② 課税標準・税率

課税標準	税率
固定資産税評価額	0.3%（上限）

図表 4-2-1 課税標準の特例

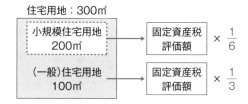

図表 4-2-2 都市計画税の納税義務者

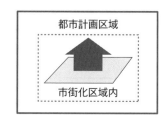

固定資産税の特例

■家屋(住宅)の税額の特例

新築の家屋(住宅)を保有している場合には、次の算式により計算した金額が本来の税額から控除されます。

$$家屋の評価額 \times 税率 \times \frac{減額対象床面積(120㎡を限度)の合計}{家屋の総床面積} \times \frac{1}{2}$$

都市計画税の特例

■住宅用地の特例

住宅用地に係る都市計画税の課税標準は、住戸1戸につき200㎡までの部分の面積(小規模住宅用地)については、「固定資産税評価額×1/3」、また、200㎡を超える部分の面積((一般)住宅用地)については、「固定資産税評価額×2/3」を課税標準として計算する減額特例が適用されます。

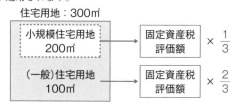

第5章 不動産に係る税金

❸ 居住用不動産の譲渡に係る税金（特例）

居住用財産とは、現に居住の用に供している家屋とその敷地をいいます。

ただし、過去に居住の用に供していた家屋とその敷地を居住の用に供しなくなった日から同日以後<u>3年</u>を経過する日の属する年の年末までに譲渡した場合（<u>3年</u>目の年末基準を満たす家屋など）は居住用財産として認められます。

（1）3,000万円の特別控除

📖暗記

3,000万円の特別控除とは、居住用財産の<u>所有期間</u>にかかわらず譲渡益から3,000万円の特別控除（一暦年で3,000万円を限度）を控除ができることをいいます。

分離短期の場合	分離短期譲渡益－3,000万円＝課税短期譲渡所得金額
分離長期の場合	分離長期譲渡益－3,000万円＝課税長期譲渡所得金額

（2）軽減税率

📖暗記

譲渡した年の1月1日における所有期間が<u>10年</u>を超える居住用財産を譲渡した場合には、課税長期譲渡所得金額のうち<u>6,000万円</u>以下の部分について軽減税率<u>14%</u>（所得税<u>10%</u>＋住民税<u>4%</u>）の適用を受けることができます。

分離短期の場合	所有期間 5年以内	（分離短期譲渡益－最高3,000万円）×39% （所得税30%＋住民税9%）
分離長期の場合	所有期間 5年超10年以下	（分離長期譲渡益－最高3,000万円）×20% （所得税15%＋住民税5%）
	所有期間 10年超	（分離長期譲渡益－最高3,000万円）×<u>14%</u> （所得税<u>10%</u>＋住民税<u>4%</u>）

なお、6,000万円を超える部分の金額には軽減税率が適用されないため、6,000万円を超える部分の税率は<u>20%</u>（所得税<u>15%</u>＋住民税<u>5%</u>）になります。

(3) 買換え特例(課税の繰延べ)

譲渡した年の1月1日における所有期間が<u>10年</u>を超える居住用財産を譲渡(譲渡代金が1億円超のものは除く)し、新たに居住の用に供する家屋またはその敷地(買換資産)を取得した場合には、買換え特例の適用を受けて課税の延期(課税の繰延べ)を図ることができます。

<譲渡代金＝買換代金の場合>

(4) 特例を受けることができない場合

・譲渡先の制限

居住用財産を配偶者、直系血族、生計を一にする親族、同族会社へ譲渡した場合には、居住用財産に関する特例を受けることができません。

・重複適用の制限

3,000万円の特別控除と軽減税率は重複適用が可能です。しかし、買換え特例を受ける場合、3,000万円の特別控除と軽減税率の規定とは重複適用できません。

・連年適用の制限

前年または前々年においてすでに特例の適用を受けている場合には、適用されません。

被相続人の居住用財産(空き家)に係る譲渡所得の特別控除の特例

被相続人の居住用財産を相続等し、耐震リフォームまたは空き家を除却して譲渡した場合において、次の要件を満たすときは、相続人が居住の用に供していなくても居住用財産の3,000万円の特別控除の適用を受けることができます。
・相続開始日以後3年目の年末までに譲渡すること
・昭和56年5月31日以前に建築された家屋(区分所有建物を除く)であること
・譲渡価額が1億円以下であること
・相続税の取得費加算と選択適用

❶ 不動産投資と利回り

（1）不動産投資の形態

① 実物（現物）不動産への投資

　実物（現物）不動産への投資は、流動性が低く、投資額も多額となるため、一般的にはリスクが高いと考えられていました。しかし、近年は金融商品の利回りが低いため、インカムゲイン（不動産賃貸収入など）に着目した不動産投資が見直されてきています。

② 不動産の証券化商品への投資

`図表 5-1-1`

　不動産の証券化とは、オフィス、マンションなどの不動産の所有権などの権利を分割し、株式などの証券にして市場に流通させることをいいます。投資家は、実物（現物）不動産そのものを購入するのではなく、株式を購入するのと同様に少額の資金で証券を購入し、その不動産から得られる賃貸収入や売却益などを収益の分配として受け取ることができます。

（2）不動産投資の利回り

① 表面利回り

　表面利回りとは、不動産が生み出す総収入をその元本価格（購入価格）で割った収益性の指標をいいます。

> 表面利回り(%) ＝ 総収入 ÷ 元本価格（購入価格）× 100

② 純利回り（NOI利回り）

　純利回り（Net Operating Income利回り）とは、不動産が生み出す<u>純収益（収入－経費）</u>をその元本価格（購入価格）で割った収益性の指標をいいます。

> 純利回り(%) ＝ <u>純収益（収入－経費）</u> ÷ 元本価格（購入価格）× 100

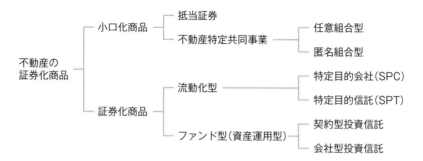

図表 5-1-1　不動産の証券化商品

```
                        ┌─ 抵当証券
          ┌─ 小口化商品 ─┤                      ┌─ 任意組合型
          │              └─ 不動産特定共同事業 ─┤
不動産の  │                                    └─ 匿名組合型
証券化商品─┤
          │                                   ┌─ 特定目的会社（SPC）
          │              ┌─ 流動化型 ────────┤
          └─ 証券化商品 ─┤                    └─ 特定目的信託（SPT）
                         │                                  ┌─ 契約型投資信託
                         └─ ファンド型（資産運用型）────┤
                                                            └─ 会社型投資信託
```

> 不動産の証券化による代表的な商品として不動産投資信託（REIT）が
> あり、株式市場に上場されている会社型不動産投資信託のことを
> 「J-REIT」といいます。

＜会社型不動産投資信託の仕組み＞

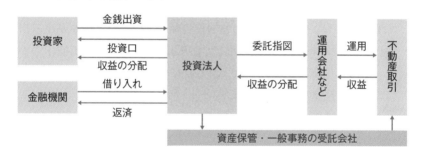

```
          金銭出資              委託指図        運用
投資家 ←─────────→ 投資法人 ←─────────→ 運用 ←─────→ 不動産
        投資口                              会社など        取引
        収益の分配           収益の分配        収益
金融機関←─────────→          ←─────────       ←─────
        借り入れ
        返済
                         ↓
              資産保管・一般事務の受託会社
```

設例　不動産投資の利回り　　　計算 実技（資産）

投資総額1億円で賃貸用不動産を購入した。その賃貸用不動産における年間収入の合計
額が1,200万円、年間実質費用の合計額が500万円であった場合、この投資の①表面利回
り、②純利回り（NOI利回り）を求めなさい。

【解答】
①表面利回り
　1,200万円÷1億円×100＝12.0％
②純利回り（NOI利回り）
　（1,200万円－500万円）÷1億円×100＝7.0％

(3) 不動産投資の採算性

　不動産投資ではその投資判断の指標として、DCF法に基づく正味現在価値法や内部収益率法が用いられます。DCF法とは、貨幣の時間的価値に着目し、対象不動産の保有期間中の純収益と保有期間満了時の転売価格のそれぞれの現在価値の総和を収益価格とする方法をいいます。

① 正味現在価値（Net Present Value＝NPV）法

図表 5-1-3

　投資不動産が将来生み出すキャッシュフローを市場金利などで割り引いて現在価値（PV）を算出し、初期投資額（I）を差し引いた収益額（NPV＝正味現在価値）を求めることにより投資の判断を行います。正味現在価値（NPV）がプラスの場合には投資を実行し、マイナスの場合には投資を断念します。

② 内部収益率（Internal Rate of Return＝IRR）法

図表 5-1-4

　不動産に投資した資金が何％で運用されているかという点に着目して投資の判断を行います。

　具体的には、投資不動産の初期投資額（I）と投資不動産が生み出すキャッシュフローを市場金利などで割り引いて求めた現在価値（PV）が等しくなる、すなわち、NPV＝0となる収益率（IRR＝内部収益率）を求めることにより投資の判断を行います。

デュー・デリジェンス（Due Diligence）

デュー・デリジェンスとは、投資対象不動産に関する詳細な事前調査をいい、物件の特定、立地分析、建築デザイン・機能性、建物の構造等、広範囲にわたって対象不動産の分析を行い、その不動産から生み出される将来の収益に基づく経済価値を算定していくものである。

図表 5-1-2 DCF法

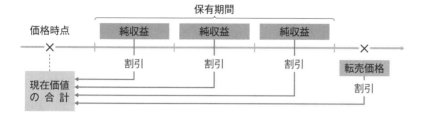

図表 5-1-3 正味現在価値(Net Present Value＝NPV)法

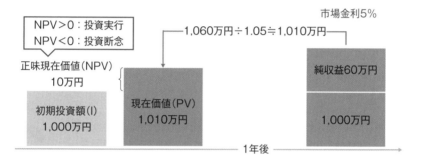

図表 5-1-4 内部収益率(Internal Rate of Return＝IRR)法

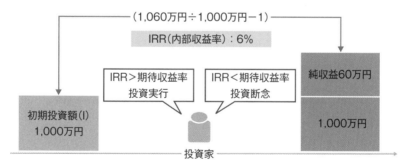

❷ 不動産(土地)の有効活用の手法

(1) 事業受託方式

図表 5-2-1

　　事業受託方式とは、開発業者(ディベロッパー)が開発事業の一連の業務を土地所有者から受託することによりすすめられる事業方式です。

> 事業受託方式では、建物を建設する場合に必要な資金の借り入れは、土地所有者の名義で借り入れを行います。

(2) 等価交換方式

図表 5-2-2

　　等価交換方式とは、土地所有者の土地に、ディベロッパーが建物を建て、土地所有者は土地の価格に応じた建物部分を交換により取得する事業方式です。

> 等価交換方式では、ディベロッパーが建物を建てるため、土地所有者の名義での借り入れはありませんが、土地の全部または一部を譲渡(交換)しなければなりません。

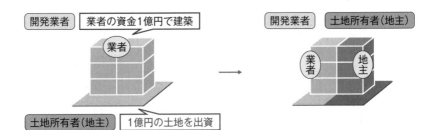

図表 5-2-1 事業受託方式

①土地所有者とディベロッパーとの間で、事業受託契約を締結
②ディベロッパーは事業計画、建物設計、金融機関の斡旋、テナント募集・管理などの業務を行う
③土地所有者は金融機関から必要な資金を借り入れ、建設会社に工事を発注し、完成後、代金の支払いとともに建物の引渡しを受ける
④ディベロッパーは土地所有者から建物を一括借上げ、テナントに転貸する(サブリース)
⑤ディベロッパーは土地所有者へ一括借上げ賃料を支払い、その差額を事業収益として得る
⑥土地所有者はディベロッパーからの一括借り上げ賃料から、建設工事費の借入金を返済し、その差額を事業収益として得る

図表 5-2-2 等価交換方式

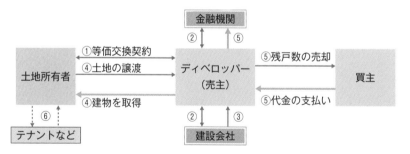

①土地所有者はディベロッパーと等価交換契約を締結
②ディベロッパーは金融機関から必要な資金を借り入れ、建設会社に工事を発注する
③ディベロッパーは完成した建物を建設会社から引受ける
④土地所有者は土地の一部をディベロッパーに売り、その代金に見合う地上建物を取得する。または、土地の全部を売り、その代金に見合う土地持分付き建物を取得する
⑤ディベロッパーは、土地所有者に売った残りの建物部分を分譲し、その売買代金より建設工事の借入金を返済する。その差額を、販売利益として得る
⑥土地所有者は取得した建物を賃貸し、賃料収入を得る。また、建物の一部に居住したり、売却し収入を得ることもある

（3）土地信託方式

　　土地信託方式とは、土地所有者の土地を信託銀行などに信託し、信託銀行などが資金調達、建物の建築、管理および賃貸または譲渡を行い、その運用収益による配当を土地所有者に交付する事業方式です。

MEMO

図表 5-2-3 土地信託方式

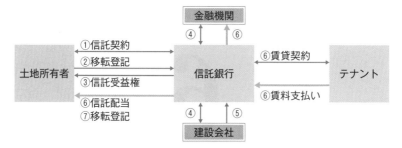

①土地所有者は信託銀行の作成した事業実施計画に基づき信託契約を締結
②土地所有者から、土地所有権を信託銀行へ移転登記する
③土地所有者は、信託銀行から信託配当受益権を取得する
④信託銀行は金融機関から必要な資金を借り入れ、建設会社に工事を発注する
⑤信託銀行は完成した建物を建設会社から引受け、建物の所有権を登記する
⑥信託銀行は建物をテナントに貸し、賃料から建設工事の借入金を返済する
　その差額は、自ら信託報酬として受けるとともに土地所有者に信託配当として渡す
⑦信託期間が終了したら、信託銀行は土地を土地所有者に返還し、土地・建物の所有権
　を土地所有者に移転する

＜不動産の有効活用のまとめ＞

有効活用の手法	土地の所有名義 （有効活用後）	建物の所有名義	土地所有者の 建設資金の負担
事業受託方式	土地所有者	土地所有者	あり
等価交換方式	土地所有者 ディベロッパー	土地所有者 ディベロッパー	なし

その他の不動産の有効活用の方式

■建設協力金方式
土地所有者が建設する建物を借り受ける予定のテナント等から貸与された保証金や建設
協力金を建設資金の全部または一部に充当してビルや店舗等を建設する事業方式です。

■定期借地権方式
土地所有者の所有する土地の上に定期借地権を設定し、土地の賃借人が建物を建築する
事業方式です。土地所有者が土地の所有権を保持し、建物の借入金などがなく、比較的
安定的な収入を一定期間得ることができます。

■自己建設方式
自己建設方式とは、事業計画の立案、資金調達、建設工事の発注など、事業に係わる業
務のすべてを自分で行う事業方式です。

第 6 章

相続・事業承継

章のテーマ

相続・事業承継には、顧客のライフプランを次世代に引き継ぐという狙いがあり、遺産をめぐる争いの防止対策から納税資金対策までの幅広い内容の理解が必要となります。

これから高齢化社会を迎える日本においては、大変重要なテーマとなります。

頻出項目ポイント

頻出度
No. 1

贈与と税金

贈与により財産を取得した個人に対して課税されるのが贈与税です。まずは贈与税の計算の流れを理解し、「基礎控除」や各種の特例（「配偶者控除」）などをしっかり覚えてください。「相続時精算課税制度」も出題頻度が高くなっているので要注意です。

No. 2

相続と税金

相続または遺贈により財産を取得した個人に対して課税されるのが相続税です。まずは、相続税の計算の流れを理解し、「みなし相続財産」「生前贈与加算」「相続時精算課税制度に係る贈与によって取得した財産」などについて覚えておきましょう。

No. 3

相続と法律

相続に関するルールは民法に規定されています。「相続人」「相続順位」などをしっかり理解し、特に「相続分」は学科・実技で頻出の項目となりますのでしっかり覚えてください。また、「遺言」についても種類ごとの特徴を押さえておきましょう。

No. 4

財産の評価（不動産）

財産の評価は、相続税、贈与税の計算の不可欠な内容であり、特に不動産の評価が重要となります。まずは、「路線価方式」の宅地の評価を理解し、「借地権」「貸家建付地」の評価の方法をしっかり覚えてください。「小規模宅地等の評価減の特例」も重要です。

No. 5

贈与と法律

贈与とは、ある者が生前にその者の財産を無償、かつ、無条件で他の者に譲渡することをいいます。「定期贈与」「負担付贈与」「死因贈与」など、さまざまな贈与の種類がありますので、特徴をしっかり覚えてください。

第1節 | 相続と法律

❶ 相続の定義

重要 チェック ✓✓✓

（1）相続の開始

図表 1-1-1

相続とは、ある人が死亡した場合にその人の財産を無償、かつ、無条件で他の人が引き継ぐことをいい、死亡した人を<u>被相続人</u>、相続により財産を無償で承継した人を<u>相続人</u>といいます。なお、相続は人の死亡によって開始します。

相続により引き継がれる財産には、積極財産(土地、建物など)と消極財産(借入金など)があります。

（2）相続の放棄

暗記 図表 1-1-2

相続の放棄をする場合には、<u>相続人ごと</u>に相続の開始があったことを知った時から<u>3ヵ月</u>以内に<u>家庭裁判所</u>へその旨を申述する必要があります。なお、相続を放棄した人は、初めから<u>相続人とならなかったもの</u>とみなされます。

（3）単純承認・限定承認
げんていしょうにん

図表 1-1-2

① 単純承認

単純承認とは、積極財産と消極財産を無制限に承継する意思表示をいい、限定承認または相続の放棄をしなければ単純承認したものとみなされます。

② 限定承認

暗記

限定承認とは、積極財産の範囲内で消極財産を承継する意思表示をいい、消極財産が積極財産より多いが、積極財産の中にどうしても引き継ぎたい財産がある場合や借入金の額が判明していない場合などに行われます。限定承認は<u>相続人全員が共同</u>で相続の開始があったことを知った時から<u>3ヵ月</u>以内に<u>家庭裁判所</u>へその旨を申述します。

図表 1-1-1　相続の開始

図表 1-1-2　相続の放棄・限定承認

第6章 相続と法律

＜単純承認＞

＜限定承認＞

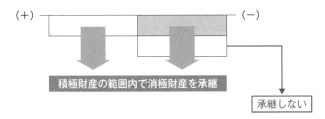

(4) 相続人の範囲と順位

① 相続人の構成

図表 1-1-3

　相続人は民法により限定されており、基本的には被相続人と血縁関係が
ある者と、配偶者が相続人になります。

② 相続人の範囲

　相続人の具体的な範囲は、次の図（親族関係図）のとおりです。

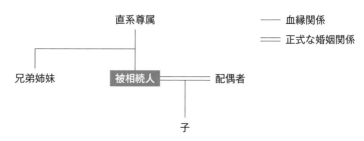

③ 相続順位

図表 1-1-4

　相続人のうち、血族相続人（子、直系尊属、兄弟姉妹）については、同時
に相続人になることはなく、優先順位が付されています。

　なお、配偶者は常に相続人となります。

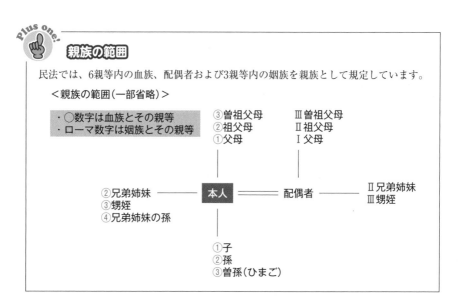

親族の範囲

民法では、6親等内の血族、配偶者および3親等内の姻族を親族として規定しています。

＜親族の範囲（一部省略）＞

・○数字は血族とその親等
・ローマ数字は姻族とその親等

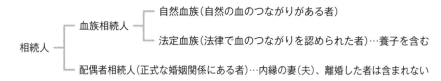

図表 1-1-3 相続人の構成

- 血族相続人
  - 自然血族(自然の血のつながりがある者)
  - 法定血族(法律で血のつながりを認められた者)…養子を含む
- 配偶者相続人(正式な婚姻関係にある者)…内縁の妻(夫)、離婚した者は含まれない

図表 1-1-4 相続順位

配偶者 +	第1順位	子
	第2順位	直系尊属(子がいない場合)
	第3順位	兄弟姉妹(子、直系尊属がいない場合)

相続人の詳細(子、直系尊属)

■子の詳細(嫡出子・非嫡出子)

子は嫡出子、非嫡出子、養子、胎児(死産を除く)に分類されますが、それぞれの間で順位はなく同順位で相続人となります。なお、嫡出子とは正式な婚姻関係の下に生まれた子であり、非嫡出子とは正式な婚姻関係外に生まれた子をいいます。

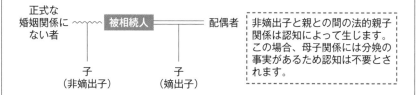

非嫡出子と親との間の法的親子関係は認知によって生じます。この場合、母子関係には分娩の事実があるため認知は不要とされます。

■直系尊属の詳細

直系尊属とは、被相続人の父母、祖父母などの総称をいいます。直系尊属が複数いる場合は、親等の近い者が相続人となるため、被相続人に父母、祖父母がいる場合は父母が相続人となり、父母がいなければ祖父母が相続人となります。

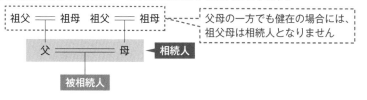

父母の一方でも健在の場合には、祖父母は相続人となりません

❷ 相続分

（1）法定相続分

🔖暗記

法定相続分とは、各相続人が承継する財産の割合をいい、民法で定められています。

	配偶者	配偶者以外	合　計
第1順位 （配偶者と子）	1/2	1/2	1
第2順位 （配偶者と直系尊属）	2/3	1/3	1
第3順位 （配偶者と兄弟姉妹）	3/4	1/4	1

複数いる場合
（原則）　均等頭割り
（例外）　全血兄弟姉妹：半血兄弟姉妹＝2：1

（2）代襲相続分

🔖暗記

代襲相続とは、本来の相続人が以前死亡（被相続人の死亡の前に死亡している）などに該当し、その相続権を失ったときは、その人の子や孫のように本来相続権のない人が代わりに相続することをいいます。

なお、本来の相続人が相続の放棄をしている場合には、代襲相続は発生しません。

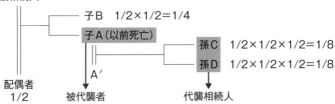

代襲相続により相続人となった者を代襲相続人、代襲された者を被代襲者といい、代襲相続人の相続分は被代襲者と同じであり、もし代襲相続人が複数いれば原則として、均等頭割りとなります。

相続人の詳細（兄弟姉妹）

■兄弟姉妹の詳細（全血兄弟姉妹・半血兄弟姉妹）

兄弟姉妹は全血兄弟姉妹と半血兄弟姉妹に分類されます。全血兄弟姉妹とは、被相続人と父母の双方を同じくする兄弟姉妹であり、半血兄弟姉妹とは、被相続人と父母の片方のみを同じくする兄弟姉妹をいいます。

設例 **相続人・相続分**　　　　　　　　　　　　　　　　　　　実技（資産・個人）

下記の＜親族関係図＞において、民法上の相続人・法定相続分を答えなさい。

①第1順位

②第2順位
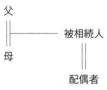

③第3順位
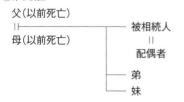

④代襲相続

①第1順位

配偶者	1/2
子A	1/2×1/2＝1/4
子B	1/2×1/2＝1/4

②第2順位

配偶者	2/3
父	1/3×1/2＝1/6
母	1/3×1/2＝1/6

③第3順位

配偶者	3/4
弟	1/4×1/2＝1/8
妹	1/4×1/2＝1/8

④代襲相続

配偶者	1/2
孫B	1/2×1/2＝1/4
孫C	1/2×1/2＝1/4

第6章 相続と法律

❸ 遺産分割

(1) 遺産分割の手続

図表 1-3-1

① 指定分割

指定分割とは、被相続人が<u>遺言</u>で定めた分割の方法です。(協議、審判分割に優先します)

② 協議分割

協議分割とは、共同相続<u>人全員</u>の合意により定めた分割の方法です。

> 協議分割が調わないまたは協議できないときは、各共同相続人は家庭裁判所に調停の申立(調停分割)ができます。

③ 審判分割

調停でも遺産分割協議が成立しない場合、家庭裁判所に審判の申立を行うことができます。これを審判分割といいます。(家庭裁判所は法定相続分に従って分割を行います)

(2) 遺産分割の方法

① 現物分割

個別特定財産(××町××丁目××番地の土地○○㎡、××株式会社の株式○○株)について、その相続する人、数量、金額、割合を定めて分割する方法です。

② 換価分割

各相続人が相続によって取得した財産の全部または一部を、現物で分割することに代え、それを売却して金銭に換価した上でその売却代金を分割する方法です。

③ 代償分割

📖暗記　図表 1-3-2

各相続人のうち、特定の人(代償債務者)が被相続人の遺産を取得し(いわゆる現物分割)、その代償としてその人が自己の固有財産を他の相続人に支払う方法です。

> 代償分割は、被相続人の遺産が自宅だけで物理的に分けることが難しいなどの事情がある場合に行われることが多いです。

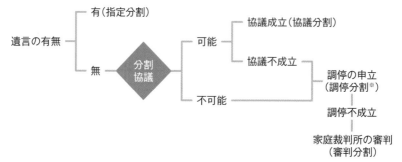

図表 1-3-1　遺産分割の手続

※　共同相続人の分割協議に裁判官と調停委員が加わる

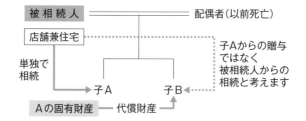

図表 1-3-2　代償分割

成年後見制度

成年後見制度とは、認知症、知的障害などによって物事を判断する能力が十分ではない人について、その人の権利を守る援助者を選ぶことで法律的に支援する制度です。具体的には、下記の法定後見制度（「後見」「保佐」「補助」に分類）と事前に後見人になって欲しい人とその職務の範囲を契約により定めておく任意後見制度の2つがあります。

	後見	保佐	補助
対象となる人	判断能力が全くない人（成年被後見人）	判断能力が著しく不十分な人（被保佐人）	判断能力が不十分な人（被補助人）
行為制限	高度	中度	低度
申立てができる人	本人、配偶者、四親等内の親族、検察官、市区長村長など		

第6章　相続と法律

❹ 遺 言

(1) 遺 贈

図表 1-4-1

人は、遺言により自分の財産を自由に処分することができます。遺言により無償で財産を移転させることを遺贈といい、遺言を残した人を<u>遺贈者</u>（通常、被相続人とよばれます）、遺贈により財産を無償で承継できる人を<u>受遺者</u>といいます。

なお、遺言は遺言者が死亡したときに、その効力が発生します。

> 受遺者は必ずしも相続人とは限りません。相続人以外の人を受遺者にして財産を与えることも可能です。

(2) 遺言の種類

図表 1-4-2

遺言の種類は、普通方式と特別方式に大別でき、普通方式の遺言は、<u>自筆証書遺言</u>、<u>公正証書遺言</u>などに分類されます。いずれの方式も作成方法が民法により厳格に定められており、この方法に従わない遺言は無効になります。

> 遺言は満<u>15歳</u>に達した者であれば誰でも行うことができます。
> 未成年者であっても親の同意は必要ありません。

(3) 遺言の検認

遺言者が死亡した場合、遺言書の保管者や発見者である相続人は、これを家庭裁判所に提出し、検認を受けなければなりません。検認は、相続人に対し遺言の<u>存在</u>と<u>内容</u>を知らせるとともに、検認日現在における遺言書の内容を明確にすることで<u>偽造</u>や<u>変造</u>を防止するための手続です。したがって、遺言が有効か無効かを判断する手続きではありません。

また、封印のある遺言書は、家庭裁判所で相続人等の立会いの上、開封しなければならないことになっています。

> <u>公正証書</u>遺言は、公証役場で保管され、その形式・様態とも明確なため、検認を受ける必要はありません。

図表 1-4-1　遺　贈

図表 1-4-2　遺言の種類　　　　　　　　　　　　📖暗記

種　類	自筆証書遺言	公正証書遺言
作成方法	本人が全文、日付、氏名を自書し押印（代筆・ワープロ不可）なお、財産目録は自書でなくても可	本人が遺言の内容を口述（手話を含む）し、公証人が筆記した上で、公証人が遺言者・証人に読み聞かせます
作成場所	自由	公証役場
証　人	不要	2人以上（利害関係者不可）
署名捺印	本人	本人・公証人・証人
保管場所	自由※	公証役場
検　認	必要（家庭裁判所）※	不要

※　自筆証書遺言を法務局で保管してもらうこともできます。
　　この場合、検認の手続きは不要です。

＜自筆証書遺言の作成例＞

```
遺　言　書

遺言者○○○○は、この遺言書により以下のとおり遺言する。

1. 遺言者が所有する以下の不動産は、妻××が相続すること。
  ⑴　東京都○○区○○町○○○
        宅地　　○○○平方メートル

2. 遺言者が所有する以下の株券は、長男△△が相続すること。
  ⑴　○○物産株式会社　　株式　　○○○○株

3. 遺言者が所有する上記の財産以外のすべての財産とすべての債務は、妻××が相続すること。

4. 東京都○○区　弁護士□□□□を遺言執行者に指定する。

  ○○○○年○○月○○日

                        東京都○○区××
```

第6章

相続と法律

(4) 遺言の取消

図表 1-4-3

遺言者(被相続人)は、いつでも、遺言の方式に従って、その遺言の全部または一部を取り消すことができます。遺言の撤回をする場合は、民法の規定に従わなければなりませんが、先に作成した遺言と同じ方式で作成する必要はありません。たとえば、公正証書遺言を撤回するのに公正証書遺言で行わず自筆証書遺言で行ってもよいのです。

> 前の遺言が後の遺言と内容面で抵触する場合、抵触する部分については、後の遺言で前の遺言を撤回したものとみなされます。

(5) 遺留分(いりゅうぶん)

① 遺留分権利者

📖暗記　図表 1-4-4

遺留分制度は、遺言による被相続人の意思と遺族である相続人の生活保障との調和を図るために設けられている制度です。

相続人が取得できる最小限度の財産の割合を遺留分といい、相続人である配偶者、子(代襲相続人含む)、直系尊属に認められており、兄弟姉妹には認められていません。

② 遺留分と法定相続分の関係

図表 1-4-5

遺留分は、相続人が直系尊属のみの場合は「1/3」、それ以外の場合は「1/2」であり、各人の遺留分は「遺留分×法定相続分」で求められます。

③ 遺留分侵害額請求(いりゅうぶんしんがいがくせいきゅう)

相続人は遺留分を侵害する遺贈等があった場合、遺贈等があったことを知った日から1年以内(または相続開始日から10年を経過する日まで)に遺留分侵害額に相当する金銭の支払いを請求することができます。

> 遺留分を超える遺贈は、無効となるわけではないため、遺留分は相続人が遺留分侵害額請求により取り戻さなければなりません。

図表 1-4-3 遺言の取消

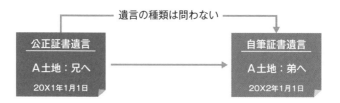

図表 1-4-4 遺留分権利者

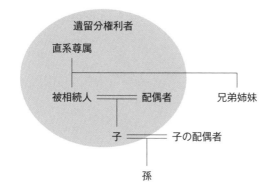

図表 1-4-5 遺留分と法定相続分の関係

法定相続人	遺留分	法定相続分		各人の遺留分
配偶者のみ	1/2	1		1/2
配偶者と子1人	1/2	配偶者	1/2	1/2×1/2＝1/4
		子	1/2	1/2×1/2＝1/4
父と母	1/3	父	1/2	1/3×1/2＝1/6
		母	1/2	1/3×1/2＝1/6

第2節 | 贈与と法律

❶ 贈与の定義

贈与とは、ある人が生前にその者の財産を無償、かつ、無条件で他の人に譲渡することをいい、贈与した者を<u>贈与者</u>、贈与により財産を無償で取得した者を<u>受贈者</u>といいます。なお、贈与は一般的に贈与契約により行われ、贈与者の「あげます」、受贈者の「もらいます」という<u>双方の意思表示の合致</u>により成立します(諾成契約)。

❷ 贈与の種類

(1) 定期贈与

定期贈与とは、贈与者が受贈者に対して<u>定期的</u>に金銭等を給付することを目的とする贈与をいい、原則として、贈与者または受贈者の<u>死亡</u>により効力を失います。

(2) 負担付贈与

負担付贈与とは、贈与者が受贈者に対して一定の給付をなすべき<u>義務</u>を負わせる贈与をいい、受贈者が負担すべき<u>義務</u>を履行しない場合、贈与者はその贈与契約を<u>解除</u>することができます。

(3) 死因贈与

死因贈与とは、<u>贈与者の死亡</u>によって効力が生じる贈与をいい、贈与者の死亡以前に受贈者が<u>死亡</u>した場合には、その贈与契約の効力は生じません。

図表 2-1-1 贈与の定義

生存

財産(土地、建物など)

夫　　　　　　　無　償　かつ　無条件　　　　　→　　　妻

贈与者　　　　　　　　　　　　　　　　　　　受贈者

贈　与

贈与契約は、必ずしも書面で契約する必要はなく、口頭でも民法上の贈与契約は成立します。書面によらない贈与の場合、給付を履行する前であればいつでも取り消すことができます。

第6章

贈与と法律

贈与による財産の取得時期

・書面による贈与の場合：贈与契約の効力が発生した時
・書面によらない贈与の場合：贈与の履行(給付)があった時

親子、夫婦間の金銭貸借

親子、夫婦間といった親族間で金銭の貸借が行われた場合、それが形式上貸借という要件を備えていたとしても、実質的に贈与である場合は贈与税が課税されます。実質的に贈与かどうかは借入金の返済状況などにより判断されます。したがって、その貸借が実質的にも貸借と認められるためには、借入者の所得の状況により判断して返済可能な範囲の金額で、返済条件どおりに履行されなければなりません。

財産の名義変更

不動産、株式などの名義変更があった場合で対価の授受が行われないとき、または、他人名義で不動産、株式などを取得した場合は、原則として贈与があったものとみなされます。

❶ 贈与税の納税義務者

チェック ✓✓✓

　贈与により財産を取得した個人でその財産を取得した時において日本国内に住所を有する人が納税義務者となります。国内に住所を有する人については、贈与により取得した国内外の財産の全部に対して相続税法に規定されている贈与税が課税されます。

❷ 贈与税の申告と納付

チェック ✓✓✓

（1）贈与税の申告

図表 3-2-1

　贈与税の納税義務者は、納付すべき税額がある場合にはその贈与があった年の翌年の<u>2月1日から3月15日</u>までに贈与税の申告書を納税地（原則として、<u>受贈者</u>の住所地）の所轄税務署長に提出しなければなりません。

（2）贈与税の納付方法

原　則	金銭一時納付
例　外	延納（金銭分割納付）ただし、利子税が必要

❸ 贈与税の非課税財産

 チェック ✓✓✓

　次に掲げる財産は、国民感情、公益性、社会的見地から非課税財産として、贈与税は課税されません。

- <u>法人</u>からの贈与財産（贈与税は非課税であるが、一時所得として所得税が課税される）
- 公益事業の用に供する財産
- 扶養義務者相互間における生活費または教育費（通常必要と認められるものに限る）
- <u>香典</u>、ご祝儀、お中元（社会通念上相当と認められるものに限る）
- 心身障害者扶養共済制度に基づく給付金を受ける権利
- 相続・遺贈で財産を取得した者が<u>相続開始の年</u>に被相続人から贈与により取得した財産

Hint! **贈与税は相続税の補完税**

贈与税は、相続税の課税ができない場合に相続税を補完する目的で課税するものであり、両者は密接な関係を有しています。

<図表 3-2-1> **贈与税の申告**

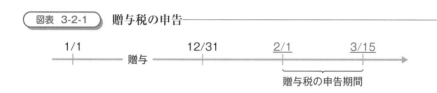

扶養義務者

直系血族および兄弟姉妹は、互いに扶養する義務があり、特別な事情があるときは、家庭裁判所は、3親等内の親族間においても扶養の義務を負わせることができます。

特定障害者扶養信託契約

特定障害者扶養信託契約は、特定障害者(重度の心身障がい者 等)の生活の安定を図ることを目的に、その親族等(委託者)が金銭や有価証券等の財産を信託銀行等(受託者)に信託するものです。当該信託を利用すると特定障害者(1級または2級の身体障害者手帳保有者)については6,000万円、特別障害者以外の特定障害者については3,000万円を限度として贈与税が非課税となります。

離婚による財産分与

離婚による財産分与によって取得した財産には、原則として贈与税が課税されません。しかし、財産分与の額が婚姻中の夫婦の協力によって得た財産の額、その他一切の事情を考慮しても過当なときは、その過当な部分は贈与によって取得したものとみなされます。なお、離婚を手段として贈与税または相続税の回避を図ると認められる場合には、離婚によって取得した財産は贈与によって取得したものとみなされます。

❹ 贈与税の課税財産

(1) みなし贈与財産

　　贈与者が所有していた不動産など本来の財産の他、次の財産が贈与財産とみなされて、課税の対象となります。

① 生命保険金等

図表 3-4-1

　　民法上、生命保険金等は受取人の固有財産となりますが、<u>被相続人</u>および<u>保険金受取人</u>以外の者が保険料を負担していた場合、支払われた死亡保険金は相続税法上、贈与財産とみなされ贈与税が課税されます。

② 低額 譲渡

図表 3-4-2

　　著しく低い価額の対価で財産の譲渡が行われる場合、実質的な贈与とみなされて<u>譲渡財産の時価（土地等、建物等以外は相続税評価額）と譲渡対価の差額</u>に対して贈与税が課税されます。

MEMO

図表 3-4-1　生命保険金等

被保険者	保険料負担者	保険金受取人	課税関係
夫 （死亡）	夫	子	相続税
	子	子	所得税
	妻	子	贈与税

図表 3-4-2　低額譲渡

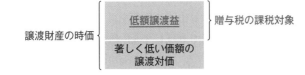

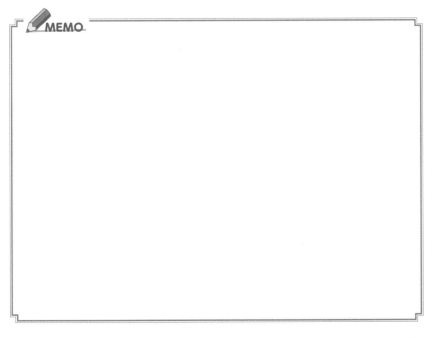

MEMO

❺ 贈与税の計算

（1）贈与税の基礎控除

受贈者単位で<u>110万円</u>を課税価格から控除することができます。したがって、1暦年で贈与財産の価額が<u>110万円</u>以下であれば贈与税は課税されません。

> 贈与者が複数いる場合でも、受贈者単位で1暦年につき<u>110万円</u>です。

（2）贈与税額の計算

1暦年中に贈与で取得した財産の価額を評価し、その合計額である課税価格を計算し、それを基に算出贈与税額を計算し、その税額から税額控除を行い納付すべき贈与税額を計算します。（暦年課税）

（課税価格 － _{基礎控除} <u>110万円</u>）× 税率 － 控除額

<贈与税額の税額速算表>

課税価格（基礎控除後）（A）		一般税率		特例税率	
		税率（B）	控除額（C）	税率（B）	控除額（C）
	200万円以下	10%	0円	10%	0円
200万円超	300万円以下	15%	10万円	15%	10万円
300万円超	400万円以下	20%	25万円		
400万円超	600万円以下	30%	65万円	20%	30万円
600万円超	1,000万円以下	40%	125万円	30%	90万円
1,000万円超	1,500万円以下	45%	175万円	40%	190万円
1,500万円超	3,000万円以下	50%	250万円	45%	265万円
3,000万円超	4,500万円以下	55%	400万円	50%	415万円
4,500万円超				55%	640万円

贈与税額（算出税額）＝（A）×（B）－（C）

> 暦年課税において、直系尊属（年齢要件なし）から贈与により財産を取得した受贈者（財産の贈与を受けた年の1月1日において18歳以上の人）については、「特例税率」を適用し、その他の贈与には「一般税率」を適用して贈与税額を計算します。

<贈与税の計算の流れ>

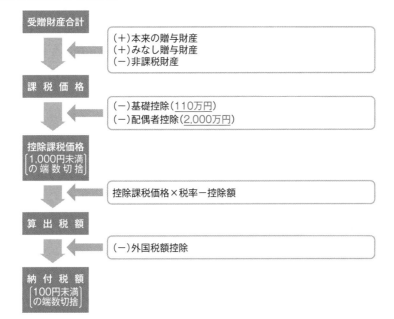

設例 贈与税額の計算

Aさんは、両親等から本年中に下記の金銭を贈与されています。
Aさんが、翌年申告しなければならない贈与税の金額を求めなさい。

父からの贈与	150万円
母からの贈与	100万円
祖母からの贈与	30万円

【解答】

課税価格＝150万円＋100万円＋30万円＝280万円

贈与税額＝(280万円−110万円)×10%＝17万円
（基礎控除）

（3）贈与税の配偶者控除

📖暗記　図表 3-5-1

　　配偶者から居住用不動産などの贈与を受けた場合に、一定の要件を満た

せば2,000万円（居住用不動産などの価額が2,000万円に満たない場合は、

その居住用不動産などの価額）を課税価格から控除することができます。

（その年分の贈与税の課税価格－贈与税の配偶者控除※ － 110万円） × 税率 － 控除額

※ [居住用不動産の価額または
居住用不動産を取得するための金銭の額] ≧ 2,000万円 ∴小さい金額

> 贈与税の基礎控除（110万円）と配偶者控除（最高2,000万円）は併用す
> ることができます。

（4）各種贈与の特例

① 直系尊属から住宅取得等資金の贈与を受けた場合の贈与税の非課税
（ちょっけいそんぞく）

📖暗記　図表 3-5-2

　　直系尊属から住宅取得等資金の贈与を受けた人は、一定の要件を満たし

た場合その贈与により取得した金額のうち、非課税限度額までは贈与税が

課税されません。

（その年分の贈与税の課税価格－非課税限度額－110万円）×税率－控除額
　　　　　　　　　　　　　　　　　　　　基礎控除

■非課税限度額

住宅用家屋の新築等をした場合	非課税限度額	
	右記以外	省エネ等住宅
2026年12月31日まで	500万円	1,000万円

贈与税の配偶者控除

■婚姻要件
　法律上の婚姻関係があり、かつ、贈与時までの婚姻期間が20年以上であること。
■申告要件
　贈与税が「0」になっても必ず贈与税の申告書を提出しなければならない。
■適用回数要件
　同じ配偶者からは、一生で1回限りの適用となる。
■贈与財産の要件
　居住用不動産、または、居住用不動産を取得するための金銭の贈与であること。
■居住要件
　贈与を受けた年の翌年3月15日までに、贈与で取得した居住用不動産に居住し、その後も引き続き居住の用に供する見込みであること。

図表 3-5-2 **住宅取得等資金の特例**

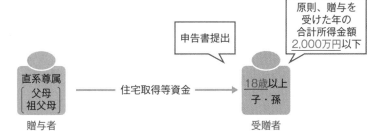

住宅取得等資金とは、住宅用家屋の新築等やその敷地の用に供される土地等の取得の対価に充てるための金銭をいいます。

② 直系尊属から教育資金の一括贈与を受けた場合の贈与税の非課税

【暗記】 　図表 3-5-3

　直系尊属から教育資金の一括贈与を受けた人は、一定の要件を満たした場合、受贈者1人につき<u>1,500万円</u>までの金額(学校等以外の者に対して直接支払われる金銭は500万円まで)については贈与税が課税されません。

③ 直系尊属から結婚・子育て資金の一括贈与を受けた場合の贈与税の非課税

図表 3-5-4

　直系尊属から結婚・子育て資金の一括贈与を受けた人は、一定の要件を満たした場合、受贈者1人につき<u>1,000万円</u>までの金額については贈与税が課税されません。

(5) 相続時精算課税制度

① 適用対象者

【暗記】 　図表 3-5-5

　相続時精算課税制度が選択適用できる贈与は、贈与者が<u>60歳</u>以上の親および祖父母(特定贈与者といいます)、受贈者が<u>18歳</u>以上の子である推定相続人および孫である場合です。

> 贈与財産が住宅取得等資金の場合は、60歳未満の父母および祖父母からの贈与についても適用をすることができます。

② 贈与税額

【暗記】

　相続時精算課税を選択した受贈者は、1年間に贈与により取得した財産の価額の合計額から、暦年課税の基礎控除額(110万円)とは別に基礎控除額(110万円)を控除し、特別控除(最高2,500万円)の適用がある場合は特定贈与者ごとに、その金額を控除した残額に20%の税率を乗じて算出します。

$$\left\{ \begin{array}{l} \text{特定贈与者からのその年中の} \\ \text{贈与財産の価額の合計額} \end{array} \right\} \overset{\text{※}}{-} 110\text{万円} - \text{最高}2,500\text{万円} \Big\} \times 20\%$$

※　毎年控除し、110万円を下回る場合は申告不要となります。

図表 3-5-3 教育資金の一括贈与の特例

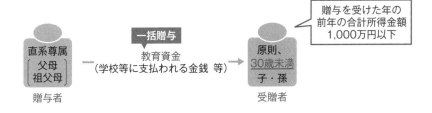

図表 3-5-4 結婚・子育て資金の一括贈与の特例

図表 3-5-5 相続時精算課税制度

相続時精算課税制度を選択した場合、その選択に係る特定贈与者から贈与を受ける財産については、その選択した年分以降、すべて相続時精算課税が適用され、暦年課税へ変更することはできません。

特定贈与者が死亡した場合、その選択に係る受贈者は、必ず、相続税の納税義務者となります。

第4節 | 相続と税金

❶ 相続税の納税義務者

　相続または遺贈（死因贈与を含む）により財産を取得した人で、その財産を取得した時において日本国内に住所を有する人が納税義務者となります。国内に住所を有する人については、相続または遺贈により取得した国内外の財産の全部に対して相続税が課税されます。

❷ 相続税の申告と納付

(1) 相続税の申告方法

　相続人等は、納付すべき相続税額がある場合には、その相続の開始があったことを知った日の翌日から10ヵ月以内に相続税の申告書を納税地（原則として、被相続人の住所地）の所轄税務署長に提出しなければなりません。

> 配偶者の税額軽減、小規模宅地等の減額の特例は、申告書を提出することにより適用を受けることができます。

(2) 相続税の納付方法

　相続税の申告書を提出した者は、その申告書の提出期限までに納付すべき税額の全額を金銭納付（金銭一時納付）しなければなりません。

① 延　納

　相続税の納期限までに金銭一時納付が困難な場合、納期限を延長して金銭で分割納付することを延納といいます。延納を選択すると毎回の分納税額に合わせて利子税を納付しなければなりません。

② 物　納

　金銭一時納付も延納も困難な場合には、相続税特有の納付方法として、相続または遺贈により取得した財産そのものを納付することができますが、この方法を物納といいます。

❸ 相続税の非課税財産

次に掲げる財産は、国民感情、公益性、社会的見地から非課税財産とし
て、相続税は課税されません。

- ・墓地、仏壇、仏具、祭具
  （投資対象として所有するものを除く）
- ・公益事業の用に供する財産
- ・国、地方公共団体、特定の公益法人等に対して贈与（寄付）した財産
  （相続税の申告期限までに贈与した財産に限る）　等

図表 4-2-1　相続税の申告方法

10ヵ月以内

相続 翌日　　　　　　　相続税の申告期限
開始

延納の要件

延納の適用を受けるための要件は次のとおりとなります。

- ・相続税が10万円を超えること
- ・相続税の納期限までに金銭で一時に納付することが困難であること
- ・担保を提供すること（延納税額100万円以下、かつ延納期間が3年以下は不要）
- ・相続税の納期限までに延納申請書などを提出して税務署長の許可を受けること

物納適格財産

物納に充てることができる財産は、日本国内にある次のものに限定され、その物納順位
も決められています。

第1順位	国債、地方債、不動産、船舶、金融商品取引所に上場されている株式、社債、証券投資信託等の受益証券（ETFやREITなど）
第2順位	金融商品取引所に上場されていない社債、株式、証券投資信託等の受益証券
第3順位	動産

❹ 相続税の課税財産

 !重要

(1) みなし相続財産

被相続人が所有していた不動産など本来の財産の他に、次の財産が相続財産とみなされて、課税の対象となります。

① 生命保険金等

民法上、生命保険金等は受取人の固有財産となりますが、<u>被相続人が保険料を負担</u>していた場合、支払われた保険金は相続税法上、相続財産とみなされ相続税が課税されます。

被保険者	保険料負担者	保険金受取人	課税関係
夫 (死亡)	<u>夫</u>	<u>子</u>	<u>相続税</u>
	子	子	所得税
	妻	子	贈与税

② 退職手当金等

被相続人が生前に勤務していた会社を死亡退職した場合、遺族に対して退職手当金が支払われることがあります。この退職金は民法上の相続財産ではありませんが、相続税法上、相続財産とみなされます。

③ 生命保険金等の非課税金額および退職手当金等の非課税金額 📖暗記

相続人が取得した相続財産とみなされた生命保険金等や退職手当金等のそれぞれについて、次の金額を限度として相続税は課税されません。

<u>500万円</u> × 法定相続人の数(p.349参照)

相続人でない者(<u>相続放棄者</u>など)も生命保険金等を受け取ることはできますが、非課税金額は適用されません。

④ 弔慰金等の非課税金額

被相続人の死亡により相続人等が受け取る弔慰金、花輪代、葬祭料など
も課税対象となりますが、次の金額を限度として相続税は課税されません。

・業務上の死亡の場合	相続開始時の普通給与※ × 3年分	※ 扶養手当を含み、賞与は含まない
・非業務上の死亡の場合	相続開始時の普通給与※ × 6ヵ月分	

⑤ 生命保険契約に関する権利

相続開始時に保険事故が発生していない生命保険契約に関する権利は、
解約返戻金相当額が相続財産となります。

 設例 **生命保険金等の非課税金額**  計算 ／実技 (保険)

次の資料に基づき、相続または遺贈により取得したものとみなされる生命保険金の額
（生命保険金等の非課税適用後）を求めなさい。

《資料》

被相続人甲の死亡を保険事故として、次の生命保険契約の保険金が保険金受取人に支
払われた。なお、被相続人甲の法定相続人は、配偶者乙と子Ａ、子Ｂ（放棄者）の3人
である。

保険契約者	保険料負担者	保険金受取人	保険金額
甲	甲	乙	3,000万円
		A	2,000万円
		B	1,000万円

【解答】

乙 3,000万円 − 900万円※ = 2,100万円

A 2,000万円 − 600万円※ = 1,400万円

※ 生命保険金等の非課税金額：500万円 × 3（法定相続人の数） = 1,500万円

乙 $1,500万円 \times \dfrac{3,000万円}{3,000万円 + 2,000万円} = 900万円$

A $1,500万円 \times \dfrac{2,000万円}{3,000万円 + 2,000万円} = 600万円$

B 1,000万円（放棄者には非課税金額は適用されない）

（2）相続開始前3年以内に被相続人から贈与を受けた財産（生前贈与加算）

① 内　容

📖暗記　図表 4-4-1

　　相続または遺贈により財産を取得した人が、その相続開始前7年以内（改正前は3年以内）にその相続に係る被相続人から暦年課税による贈与により財産を取得したことがある場合には、その贈与により取得した財産の価額（その財産のうち相続開始前3年以内に贈与により取得した財産以外の財産については、その財産の価額の合計額から100万円を控除した残額）を相続税の課税価格に加算（生前贈与加算）しなければなりません。

贈与の時期	贈与者の相続開始日	加算対象期間
2024年1月1日〜	2024年1月1日〜 2026年12月31日	相続開始前3年間
	2027年1月1日〜 2030年12月31日	2024年1月1日〜相続開始日
	2031年1月1日〜	相続開始前7年間

上記の取扱いにより、同じ財産に対して贈与税と相続税の二重課税の問題が生じますが、これは「税額控除」により調整されます。

② 贈与税の配偶者控除の特例との関係

　　居住用不動産の贈与を受け、配偶者控除の適用を受けていた人は、贈与後に贈与者が死亡した場合でも、居住用不動産のうちこの配偶者控除を受けた部分の価額に相当する金額は、相続税の課税価格へ加算する必要はありません。

（3）相続時精算課税制度に係る贈与によって取得した財産

図表 4-4-2

　　相続時精算課税の適用者が、その特定贈与者から贈与により取得したすべての財産については、贈与時の価額（時価）から、基礎控除額（110万円）を控除した残額を相続税の課税価格に加算しなければなりません。

上記の取扱いにより、同じ財産に対して贈与税と相続税の二重課税の問題が生じますが、これは「税額控除」により調整されます。

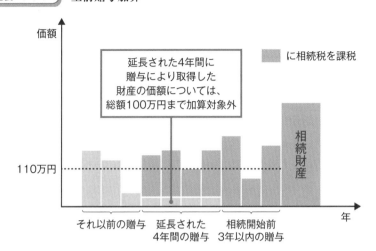

図表 4-4-1 生前贈与加算

価額

延長された4年間に
贈与により取得した
財産の価額については、
総額100万円まで加算対象外

□ に相続税を課税

相続財産

110万円

それ以前の贈与　延長された　相続開始前
　　　　　　　4年間の贈与　3年以内の贈与

年

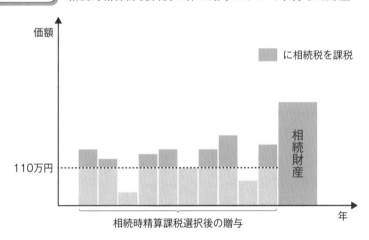

図表 4-4-2 相続時精算課税制度に係る贈与によって取得した財産

価額

□ に相続税を課税

相続財産

110万円

相続時精算課税選択後の贈与

年

❺ 債務控除

（1）債 務

図表 4-5-1

被相続人から財産(積極財産)とあわせて債務(消極財産)を承継した相続人等は、その差額に対して相続税が課税されます。このことを正味財産課税といい、財産(積極財産)から債務(消極財産)を控除することを債務控除といいます。

なお、控除される債務は一定のものに限定されています。

（2）葬式費用

図表 4-5-2

被相続人に係る葬式費用も債務控除が認められます。本来、葬式費用は被相続人の債務ではありませんが、相続開始に伴い必然的に生じるものであるため国民感情などを考慮して控除が認められています。

相続人以外の人(相続放棄者)が遺贈により財産を取得している場合、実際に負担した葬式費用は控除することができます。

MEMO

図表 4-5-1 債　務

控除できるもの	控除できないもの
・銀行などからの借入金、住宅ローン	・非課税財産に係る債務
・土地、家屋に係る固定資産税の未払分	（墓地・仏壇などの購入未払金）
・被相続人の所得税、住民税の未納分	・団体信用生命保険付住宅ローン
・遺言作成費用　等	・遺言執行費用　等

図表 4-5-2 葬式費用

控除できるもの	控除できないもの
・本葬式費用、仮葬式費用、通夜費用	・香典返戻費用
・お布施、枕経料、戒名料	・墓地などの購入費用
・火葬費用、納骨費用	・初七日法会費用
・遺体運搬費用　等	・遺体解剖費用　等

MEMO

❻ 相続税の計算

第1ステップ(相続人等ごとに課税価格を計算)

<各人の課税価格の計算>

> 本来の相続財産 － 非課税財産 ＋（みなし相続財産 － 非課税金額）
> ＋ 相続開始前3年以内の贈与財産 ＋ 相続時精算課税に係る贈与財産
> － 債務 － 葬式費用

第2ステップ(相続税の総額を計算)

<課税遺産総額の計算>

> 課税価格の合計額 － 遺産に係る基礎控除額 ＝ 課税遺産総額
> ↓
> <u>3,000万円 ＋ 600万円</u> × 法定相続人の数

<相続税の総額の計算>

> 1)法定相続分に応じた取得金額
>   課税遺産総額 × 各法定相続人の法定相続分 ＝ 各法定相続人の取得金額
>   (千円未満切捨)
> 2)相続税の総額の基礎となる税額
>   各法定相続人の取得金額 × 税率 － 控除額 ＝ 各法定相続人の税額
>   (速算表より)
> 3)相続税の総額
>   各法定相続人の税額の合計額 ＝ 相続税の総額(百円未満切捨)

<各人の算出相続税額の計算>

> 相続税の総額 × 按分割合 ＝ 各相続人等の算出相続税額
> ↓
> 各相続人等の課税価格
> ─────────────
> 課税価格の合計額

第3ステップ(相続人等ごとに納付税額を計算)

<各人の納付税額の計算>

> 各相続人等の算出相続税額 ＋ 相続税の2割加算 － 配偶者の税額軽減などの税額控除

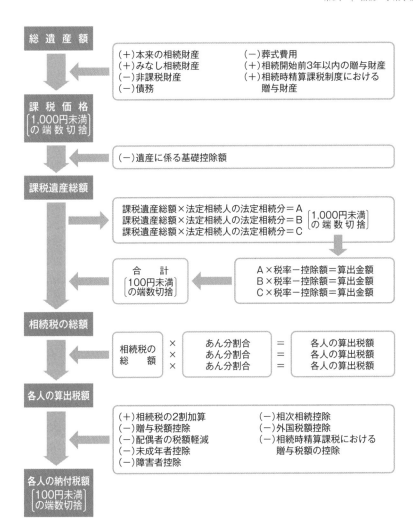

＜相続税の税額速算表＞

法定相続人の取得金額（A）		税率（B）	控除額（C）
	1,000万円以下	10%	0円
1,000万円超	3,000万円以下	15%	50万円
3,000万円超	5,000万円以下	20%	200万円
5,000万円超	1億円以下	30%	700万円
1億円超	2億円以下	40%	1,700万円
2億円超	3億円以下	45%	2,700万円
3億円超	6億円以下	50%	4,200万円
6億円超		55%	7,200万円

相続税額（相続税の総額の基礎となる税額）＝（A）×（B）－（C）

(1) 相続税法上の法定相続人

① 民法上の法定相続人との違い

　相続税法上の法定相続人は、必ずしも民法上の法定相続人と一致しません。通常、法定相続人とは民法上の法定相続人を指し、相続の放棄があればその放棄後の相続人を指します。しかし、相続税計算上の法定相続人は、租税回避目的で意図的に相続人を増やすことを防止するため、相続の<u>放棄</u>があった場合にはその<u>放棄</u>がなかったものとした場合における相続人を指します。

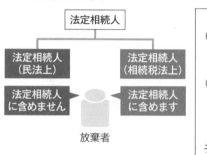
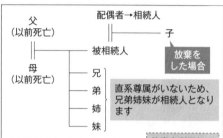

② 法定相続人の数に算入される養子の数の制限

　被相続人に養子がいる場合、相続税計算上の法定相続人の数に算入できる養子の数にも租税回避目的で意図的に相続人を増やすことを防止するため、次のとおり制限があります。

実子の有無	養子の数	法定相続人の数に算入できる養子の数
有	1人以上	<u>1人</u>
無	1人	
	2人以上	<u>2人</u>

養子縁組制度

養子縁組制度には、普通養子と特別養子があり、特別養子は実子として取り扱われるため、上記の養子の数の制限を受けません。

	普通養子	特別養子
養親の条件	満20歳以上である者	満25歳以上で、夫婦ともに養親
養子の条件	養親よりも年少者	原則15歳未満の者
親族関係	実方の父母との親族関係は<u>継続</u>	実方の父母との親族関係は<u>終了</u>

設例 **相続税法上の法定相続人**

甲さん(被相続人)の親族関係図(子Dは相続放棄している)は次のとおりである。
この場合の相続税の遺産に係る基礎控除額を求めなさい。

＜甲さんの親族関係図＞

【解答】

遺産に係る基礎控除額

3,000万円＋600万円×4(法定相続人の数)＝5,400万円

法定相続人は、配偶者乙、子C、子D[※1]、子E[※2]の4人となります。

※1 相続を放棄している子Dも法定相続人の数に含めます。

※2 甲さんには実子がいるため、法定相続人の数に算入できる養子の数は「1人」までとなります。

設例 **相続税の総額の計算** 🖩計算 ✎実技(個人・保険)

甲さんの相続に係る課税遺産総額(「課税価格の合計額－遺産に係る基礎控除額」)が5,000万円であった場合の相続税の総額を求めなさい。

＜甲さんの親族関係図＞

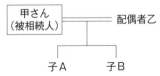

＜資料＞ 相続税の速算表(一部抜粋)

法定相続人の取得金額		税率	控除額
1,000万円超	3,000万円以下	15%	50万円

【解答】

課税遺産総額を5,000万円とした場合の相続税の総額は、次のとおりとなります。

・法定相続分に応じた取得金額

配偶者　　　　　5,000万円×1/2＝2,500万円

子A、子B　　　5,000万円×1/2×1/2＝1,250万円

・相続税の総額の基礎となる金額

配偶者　　　　　2,500万円×15%－50万円＝325万円

子A、子B　　　1,250万円×15%－50万円＝137.5万円

・相続税の総額

325万円＋137.5万円×2(子A、子B)＝600万円

(2) 相続税額の2割加算

図表 4-6-1

　被相続人の父母、子(子が以前死亡等している場合の代襲相続人を含む)、配偶者以外の人が相続税の課税を受ける場合、これらの者は、算出相続税額の2割増しで相続税を納付しなければなりません。

> 子であっても、被相続人の直系卑属(孫など)でその被相続人の養子となった者(孫養子など)は加算の対象となります。

(3) 配偶者の税額軽減

暗記　図表 4-6-2

　一定の要件を満たした場合、配偶者の課税価格のうち、その「配偶者の法定相続分」または「1億6,000万円」までは相続税が軽減されます。

> 配偶者の税額軽減は、相続税の申告期限までに遺産分割が調い、配偶者の取得する財産が確定していなければなりません。

その他の税額控除

(1)贈与税額控除

　生前贈与加算の適用により、贈与財産を相続財産に加算することで生じる贈与税と相続税の二重課税を排除するための税額控除

(2)未成年者控除

　相続または遺贈により財産を取得した人が、法定相続人であり、かつ、未成年者である場合に、18歳に達するまでの年数に10万円を乗じた金額を控除する税額控除

(3)障害者控除

　相続または遺贈により財産を取得した人が、法定相続人であり、かつ、障害者である場合に、85歳に達するまでの年数に10万円(特別障害者の場合は20万円)を乗じた金額を控除する税額控除

(4)相次相続控除

　10年以内に2回以上相続がある場合、相続人の税額から一定の金額を控除できるという税額控除

(5)外国税額控除

　日本の相続税と外国の相続税等に相当する税金との二重課税を排除するための税額控除

(6)相続時精算課税における贈与税額の控除

　相続時精算課税の適用により、贈与財産を相続財産に加算することで生じる贈与税と相続税の二重課税を排除するための税額控除

図表 4-6-1 相続税額の2割加算

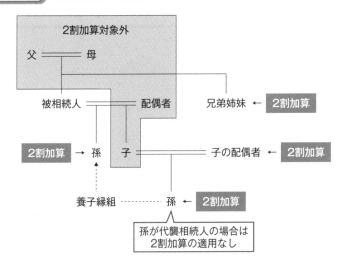

図表 4-6-2 配偶者の税額軽減

■法律上の婚姻関係があること(内縁関係は不可)。

　→婚姻期間の長短は関係ない。

■相続税の申告書を提出すること。

　→相続税額が「0」になっても必ず申告書を提出しなければならない。

■相続または遺贈により財産を取得していること。

　→配偶者が相続を放棄しても、遺贈により財産を取得している場合には適用があります。

■取得財産が確定していること。

　→申告期限までに遺産分割協議が調い、配偶者の取得額が確定していること。

❶ 建 物

（1）自用家屋

　　自己の居住用家屋の評価方法は、倍率方式であり、この方式で評価された家屋の評価額のことを自用家屋評価額といいます。

> 固定資産税評価額 × 倍率(1.0)

（2）家屋の上に存する権利

図表 5-1-1

① 借家権（借家人の相続財産）

　　借家権は、家主の相続財産である貸家を評価するため、便宜的に評価方法が決められています。

> 自用家屋評価額 × 借家権割合 × 賃貸割合

② 貸家（家主の相続財産）

　　貸家は、家屋の自用家屋評価額から借家権を控除して評価します。

> 自用家屋評価額 － 自用家屋評価額 × 借家権割合 × 賃貸割合
> 　　　　　　　　　　　　　　借家権
> ＝ 自用家屋評価額 ×（1 － 借家権割合 × 賃貸割合）

図表 5-1-1 家屋の上に存する権利

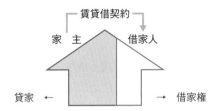

その他の財産の評価

	評　価　方　法
建築中の家屋	費用現価※1×70%
家屋と構造上、一体となっている設備	家屋の価額に含めて評価
門・塀等の設備	（再建築価額※2－経過年数に応ずる減価の額）×70%
庭園設備	調達価額※3×70%
構築物	（再建築価額－経過年数に応ずる減価の額）×70%

※1　課税時期までに投下された建築費用の額を課税時期の価額に引き直した額の合計額
※2　課税時期において、その財産を新たに建築または設備するために要する費用の額の合計額
※3　課税時期において、その財産をその財産の現況により取得する場合の価額

❷ 宅 地

(1) 評価の方式

図表 5-2-1

　　宅地の評価方法には、路線価方式と倍率方式の2つの方法があり、利用単位である「一画地」ごとに、この方式で評価された宅地の評価額のことを自用地評価額といいます。

> 路線価の付されている都市部の宅地は路線価方式、路線価の付されていない郊外の宅地は倍率方式で評価します。

① 路線価方式

　　路線価方式とは、評価対象宅地の接する公道(路線)に付された路線価を基礎とし、その宅地の状況、形状などを考慮した補正率によりその路線価を修正して求めた金額に地積を乗じて評価する方式です。

　　なお、宅地の一方が公道(路線)に接している宅地の評価は、次のとおりです。

路線価 × 奥行価格補正率 × 地積

> 奥行価格補正率とは、対象宅地の奥行の長短によるその利用価値の大小を評価上加味するために設けられた割合です。

② 倍率方式

　　倍率方式とは、路線価が定められていない地域について、その宅地の固定資産税評価額に国税局長が定めた一定倍率を乗じて計算した金額によって評価する方式です。

固定資産税評価額 × 倍率

図表 5-2-1　土地の評価単位

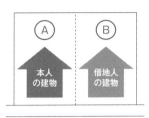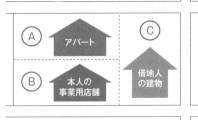

A・Bそれぞれ別個に評価　　　　A・B・Cそれぞれ別個に評価

設例　宅地の評価（路線価方式）　📱計算

次の資料に基づき、宅地の評価額（自用地評価額）を求めなさい。

《資料》

普通住宅地区

30m
25m
750㎡
路線価　100D

奥行価格補正率　　25m……0.99
　　　　　　　　　　30m……0.98

記号	借地権割合	記号	借地権割合
A	90%	E	50%
B	80%	F	40%
C	70%	G	30%
D	60%		

【解答】
　自用地評価額　　100千円×0.99×750㎡＝74,250千円

＜路線価図（抜粋）＞

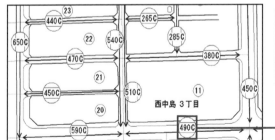

記号	借地権割合	記号	借地権割合
A	90%	E	50%
B	80%	F	40%
C	70%	G	30%
D	60%		

1㎡当たり490千円
借地権割合:70%

路線価図上の数字は隣接する宅地の1㎡当たりの評価額を「千円単位」で表し、アルファベットは借地権割合を表しています。

第6章 財産の評価（不動産）

❸ 宅地の上に存する権利

(1) 貸宅地および借地権の評価
かしたくち

　宅地の所有者(地主)が賃貸借契約により宅地を他人(借地人)に貸し付けている場合、その宅地には借地権が発生します。この借地権は、借地人の相続財産として相続税が課税されるため、地主はその宅地の自用地評価額から借地権の価額を控除した価額に対して相続税が課税されます。

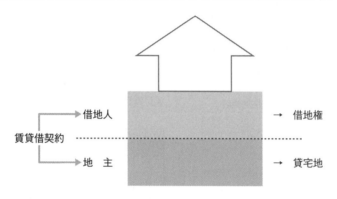

① 借地権(借地人の相続財産)　📖暗記

　借地権(定期借地権を除く)は、国税局長が定める借地権割合によって評価します。

> 自用地評価額 × 借地権割合

② 貸宅地(地主の相続財産)　📖暗記

　貸宅地とは、借地権が設定されている宅地をいい、宅地の自用地評価額から借地権の価額を控除して評価します。

> 自用地評価額 － 自用地評価額 × 借地権割合 ＝ 自用地評価額 × (1 － 借地権割合)
> 　　　　　　　　　　　借地権

設例 借地権および貸宅地の評価　　　計算　実技（資産）

次の資料に基づき、借地権および貸宅地の評価額を求めなさい。

《資料》

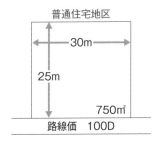

普通住宅地区

30m

25m

750㎡

路線価　100D

奥行価格補正率　25m……0.99
　　　　　　　　　30m……0.98

・上記の宅地を建物所有を目的とする賃貸借契約により貸し付けている。

・借地権割合は60％とする。

【解答】

まず、自用地評価額を求め、続いて借地権および貸宅地の評価額を求めます。

自用地評価額　100千円×0.99×750㎡＝74,250千円

借地権　　　　74,250千円×60％＝44,550千円

貸宅地　　　　74,250千円×（1−60％）＝29,700千円

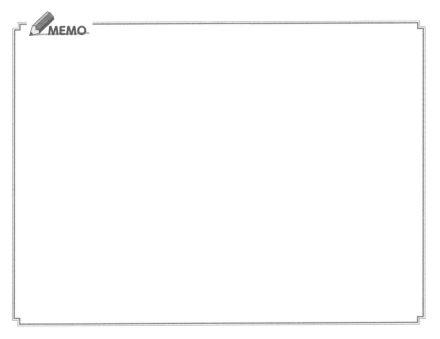

MEMO

（2）貸家建付地および借家人の有する権利の評価

かしやたてつけち

宅地の所有者（地主）が賃貸マンション（貸家）などを建築し、賃貸借契約により他人（借家人）に貸し付けている場合、その賃貸マンションなどが建築されている宅地を貸家建付地といいます。

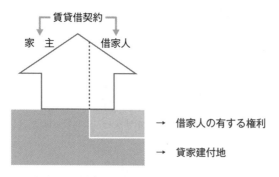

① 借家人の有する権利（借家人の相続財産）

借家人の有する権利は、地主の相続財産である貸家建付地を評価するため、便宜的に評価方法が決められているものであり、借地権の価額に国税局長が定める借家権割合と賃貸割合を連乗して評価します。

> 借地権の価額 × 借家権割合 × 賃貸割合
> ＝ <u>自用地評価額 × 借地権割合</u> × 借家権割合 × 賃貸割合
>   借地権

借家権割合は、財産評価基本通達により「30%」と定められており、賃貸割合とは、賃貸マンションの入居者の有無を評価上加味するために使用する割合です。

② 貸家建付地（地主の相続財産）

貸家建付地は、宅地の自用地評価額から借家人の有する権利の価額を控除して評価します。

> 自用地評価額 － <u>自用地評価額 × 借地権割合 × 借家権割合 × 賃貸割合</u>
>   借家人の有する権利
> ＝ 自用地評価額 × <u>（1 － 借地権割合 × 借家権割合 × 賃貸割合）</u>

設例 貸家建付地の評価

次の資料に基づき、貸家建付地の評価額を求めなさい。

《資料》

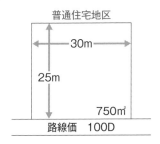

奥行価格補正率　25m……0.99
　　　　　　　　30m……0.98

路線価　100D

・上記の宅地の上にマンションを建築し、賃貸借契約により貸し付けている。
・借地権割合は60%、借家権割合は30%、賃貸割合は100%とする。

【解答】

まず、自用地評価額を求め、続いて貸家建付地の評価額を求めます。

　自用地評価額　100千円×0.99×750㎡＝74,250千円
　貸家建付地　　74,250千円×（1−60%×30%×100%）＝60,885千円

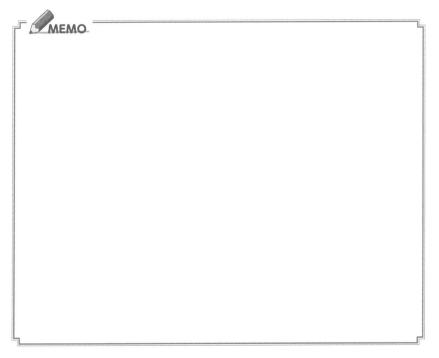
MEMO

❹ 小規模宅地等の評価減の特例

(1) 内　容

図表 5-4-1

　　相続または遺贈により取得した宅地などで、被相続人等の事業の用または居住の用に供されていた宅地等については、一定の部分(200㎡・330㎡・400㎡)について一定の評価減(50%・80%)が認められています。

(2) 要　件

- ・被相続人が事業用※、居住用、貸付用※として使用していた宅地等であること
- ・その宅地等を引き継いだ相続人等が同じ目的で使用すること
- ・相続税の申告書を提出すること
- ・申告期限までに遺産分割協議が整い、各相続人等の取得額が確定していること

※　原則として、相続開始前3年以内に新たに事業の用および貸付事業の用に供された宅地等は除かれます。

(3) 減額限度面積および減額割合

特定事業用宅地等	80%(400㎡)
特定居住用宅地等※	80%(330㎡)
貸付事業用宅地等	50%(200㎡)

※　被相続人の居住用宅地等を配偶者が引き継いだ場合、特定居住用宅地等となります。

　　種類の異なる宅地等が複数存在する場合、特定事業用宅地等と特定居住用宅地等のみを適用する場合は、それぞれの減額限度面積まで適用することができます(合計で730㎡まで適用可能)。

> 貸付事業用宅地等を併用する場合には、減額限度面積の調整が必要となるため、注意が必要です。

(4) 評価減の金額計算

　　減額金額の計算は、次の方法によります。

課税価格に算入すべき金額 ＝ 宅地等の評価額 － 小規模宅地等の減額金額※

※　小規模宅地等の減額金額

$$宅地等の評価額 \times \frac{(400㎡ \ or \ 330㎡ \ or \ 200㎡)}{総地積(㎡)} \times (80\% \ or \ 50\%)$$

図表 5-4-1 小規模宅地等の評価減

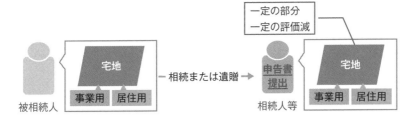

設例 小規模宅地等の評価減　　　　　　　　　　　　　　　　　　計算

被相続人の居住用宅地（500㎡）100,000千円（自用地評価額）を配偶者が相続した場合の相続税の課税価格に算入される宅地の評価額を求めなさい。

【解答】

被相続人の居住用宅地を配偶者が相続しているため、特定居住用宅地等に該当し、330㎡まで80％の評価減を受けることができます。

(1)減額される金額

$$100,000千円 \times \frac{330㎡}{500㎡} \times 80\% = 52,800千円$$

(2)相続税の課税価格に算入される金額

$$100,000千円 - \underset{評価減}{52,800千円} = 47,200千円$$

Hint! 小規模宅地等の評価減の特例の概要

相続または遺贈により取得した宅地等で、被相続人の事業の用または居住の用に供されていたものについては、遺族となった相続人等の生活基盤を維持するために欠くことができない財産であり、相続税を納税するために処分をすることもできないなどの制約を受ける。

そこで、当該宅地等について相続税の評価額を減額することで、遺族の生活を保護する目的があります。

第6節 | 財産の評価(金融資産) 頻出度 B

❶ 株 式

重要 チェック ✓✓✓

(1) 上場株式

暗記

全国の金融商品取引所に上場されている株式は、次のとおり評価されます。

次の①~④のうち最も低い価額で評価する。
①課税時期の最終価格
②課税時期の属する月中の毎日の最終価格の平均額
③課税時期の属する月の前月中の毎日の最終価格の平均額
④課税時期の属する月の前々月中の毎日の最終価格の平均額
※ 課税時期→相続開始(被相続人の死亡)の時点
　最終価格→終値(金融商品取引所における終値)

(2) 取引相場のない株式

図表 6-1-1

取引相場のない株式とは、上場株式以外の株式をいい、株式を取得した者が支配株主か少数株主かによって、次のとおり評価方法が異なります。

株式の取得者	評 価 方 式
支配株主	原則的評価方式(会社の規模により方式が異なる)
少数株主	特例的評価方式(配当還元価額方式)

支配株主・少数株主

支配株主とは、議決権割合の高い株主のことをいい、その株式のもつ議決権を通じて株式発行会社の経営に参加できるため、その会社の実体を反映する評価方式である原則的評価方式(類似業種比準価額方式・純資産価額方式)で行います。

少数株主とは、議決権割合の低い株主のことをいい、その議決権を通じて株式の発行会社の経営に参加することは実質的には不可能であり、少数株主にとって株式は配当を得るための手段にすぎません。したがって、少数株主の有する株式は、過去の配当実績を基礎とした特例的評価方式(配当還元価額方式)で行います。

設例 上場株式の評価 ■計算

次の資料に基づき、上場株式の評価額を求めなさい。

なお、相続により取得した株式数は10,000株とする。

《資料》

> ① 課税時期の最終価格：100円
> ② 課税時期の属する月中の毎日の最終価格の平均額：105円
> ③ 課税時期の属する月の前月中の毎日の最終価格の平均額：104円
> ④ 課税時期の属する月の前々月中の毎日の最終価格の平均額：99円

【解答】

99円×10,000株＝990,000円

①〜④のうち最も低い価額(99円)に取得した株式数を乗じて評価額を求めます。

図表 6-1-1 取引相場のない株式

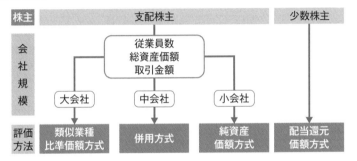

会社規模の判定

原則的評価方式は、会社の規模を直前期末以前1年間における「従業員数」、直前期末における「総資産価額」、直前期末以前1年間の「取引金額」により、「大会社」、「中会社」、「小会社」に区分します。

取引相場のない株式の評価方法

■類似業種比準価額方式(大会社の評価方法)

評価会社と類似する上場会社の株価をベースに、その類似業種の1株当たりの「株価」に「配当金額」「利益金額」「純資産価額」などの比準要素を乗じて求めた類似業種比準価額で評価します。

■純資産価額方式(小会社の評価方法)

課税時期における相続税評価額ベースの純資産価額を基に評価された価額で評価します。

■併用方式(中会社の評価方法)

大会社の類似業種比準価額と小会社の純資産価額を併用して評価します。

❷ その他の財産

(1) 預貯金

種　類	評　価　額
定期預金等	預入高＋（既経過利子の額－源泉徴収税額相当額） ↓ 元本額×解約利率×$\dfrac{既経過日数}{365日}$
普通預金 （利子が少額）	預入高（利子評価は不要）

(2) 公社債

	評　価　額
利付公社債 （時価あり）	課税時期における最終価格＋（既経過利子の額－源泉徴収税額相当額）
個人向け 国債	額面金額＋経過利子相当額－中途換金調整額

(3) 証券投資信託の受益証券

金融商品取引所に上場されている証券投資信託（J－REIT、ETF）
　　上場株式に準じた評価額

(4) ゴルフ会員権

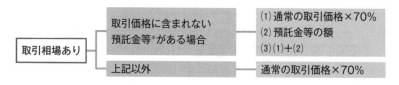

※　預託金等は、返還されるものに限ります。

365

第7節 | 相続対策

頻出度
C

❶ 相続対策の必要性

チェック

相続対策には、次の遺産分割対策、節税対策、納税資金対策に分類することができます。

（1）遺産分割対策

遺産分割対策とは、残される相続人にどの財産を承継させるかを考え、その考えどおりにスムーズに財産が移転するようにすることをいいます。遺産分割対策としては、次の方策があります。

・遺言書の作成
・生前贈与対策
・分割しやすいような相続財産への整理

（2）節税対策

節税対策とは、相続発生前において合法的に相続税を少なくする対策をいいます。節税対策としては、次の方策があります。

・金融資産の計画的な贈与
・生命保険の活用
・所有不動産の貸付け

（3）納税資金対策

納税資金対策とは、節税対策を講じてもなお発生してしまう相続税の納税資金と引き継ぎに係る経費のための資金を確保することをいいます。納税資金対策としては、次の方策があります。

・生前財産移転対策
・生命保険の活用
・物納の準備

索　引

MEMO

大原の合格ノウハウ満載の
Web特典のご案内

試験にでる数値・用語はこれで確認！
合格虎の巻

●数値！虎の巻

数字に関連する項目がよく出題されるFP試験。
試験によく出る重要な数値を「金額」「年齢」等、項目ごとにまとめた一覧をWebで公開！
暗記に最適な虎の巻です。試験に直結する内容なので、直前の確認に役立ちます。

1. 金額

金額	内容
200円、400円	任意加入の付加年金の付加保険料400円（月額）を納付すると、200円×付加保険料納付済期間の月数の年金額を受給することができる
1万円	個人向け国債は、額面金額で最低1万円から1万円単位で購入可能
25,000円	住民税の地震保険料控除は、地震保険料の1/2（最高25,000円）
4万円	所得税の生命保険料控除は、一般分が最高4万円、介護医療分が最高4万円、個人年金分が最高4万円（平成24年以後契約分）

※2023-24年版の虎の巻です。

●用語集

テキストに出てくる用語を理解するのにぴったりな用語集をWebで公開！
用語と内容があいうえお順に並んだ一覧で、辞書のように使えます。
分からない用語はすぐに確認して、理解を深めてください。

＜特典のご利用方法＞

下記の申込フォームより、必要事項をご登録ください。
ご登録のメールアドレスに「2大Web特典」ご利用のURLをお送りいたします。
※特典のご利用には、メールアドレスが必要となります。

▌FP書籍購入特典 申込フォーム

https://www.o-hara.jp/form/best/fp/book/
form.html

登録期限	2025年5月31日	閲覧期限	2025年5月31日

2級（AFP）合格コース （全18回）

専門的な知識を身につけ、2級・AFPを取得するためのすべてが揃ったコース！

カリキュラム

2級基本講義　全14回
＜INPUT＞

3級レベルを修了されている方を対象に、より高いレベルの6課目の知識を習得していきます。
また、FPにとって重要なコンプライアンス（法令順守）や倫理等についても学習します。

- FP総論
- 提案書

FP各論
- ○ライフプランニングと資金計画
- ○リスク管理　○金融資産運用
- ○タックスプランニング
- ○不動産　○相続・事業承継

日本FP協会認定：AFP認定研修

2級直前対策　全4回
＜OUTPUT＞

2級総まとめ（学科・実技）

公開模試（学科・実技）

※実技対策は「資産設計提案業務」に対応しています。

2級FP技能検定　AFP登録

日本FP協会認定講座

本コースは「AFP認定研修」として日本FP協会の指定を受けているので、コースを修了することにより、2級FP技能検定の受検資格が付与されるとともに、2級FP技能検定合格後にAFPとして登録することも可能です。

受講料
（消費税10％込）

※ 大原グループの講座（通学・通信）に初めてお申込みの方は、受講料の他に入学金6,000円（税込）が必要です。

	一般価格	大学生協等割引価格
映像通学　教室通学	**97,700円〜**	**92,810円〜**

大原の多彩な学習スタイル

映像通学

収録した講義映像を大原校内の個別視聴ブースにて視聴する学習スタイルです。自分のスケジュールに合わせて無理なく受講を続けることができます。

教室通学 （名古屋校）

大原に通って講義を受ける学習スタイルです。講師の情熱溢れる講義や解説を、同じ目的を持った仲間と一緒に受講します。

ゴウカクスルナラオオハラ

講座パンフレットのご請求はフリーダイヤルで　☎**0120-597-008**

正誤・法改正に伴う修正について

本書掲載内容に関する正誤・法改正に伴う修正については「資格の大原書籍販売サイト　大原ブックストア」の「正誤・改正情報」よりご確認ください。

https://www.o-harabook.jp/
資格の大原書籍販売サイト　大原ブックストア

正誤表・改正表の掲載がない場合は、書籍名、発行年月日、お名前、ご連絡先を明記の上、下記の方法にてお問い合わせください。

お問い合わせ方法

【郵　送】　〒101-0065　東京都千代田区西神田2‐2‐10
　　　　　　大原出版株式会社　書籍問い合わせ係
【ＦＡＸ】　03-3237-0169
【E-mail】　shopmaster@o-harabook.jp

※お電話によるお問い合わせはお受けできません。
　また、内容に関する解説指導・ご質問対応等は行っておりません。
　予めご了承ください。

'24.6-'25.5 CBT試験対応 読めばわかる！
ＦＰ3級合格テキスト

■発行年月日	2016年3月15日　初版発行
	2024年5月13日　第10版発行
■著　　　者	資格の大原　FP講座
■発　行　所	大原出版株式会社
	〒101-0065
	東京都千代田区西神田1-2-10
	TEL 03-3292-6654
■印刷・製本	株式会社メディオ